高等院校公共基础课系列教材

大学生职业生涯发展与指导

（第2版）

张硕秋　主编

清華大學出版社
北　京

内 容 简 介

本书基于学生身心发展规律和生涯发展特点，以生涯规划相关理论和方法为指导，系统地阐述了大学生职业生涯发展的重要主题，既包括生涯觉醒、自我认识、职业认识和决策行动等经典模块，又论述专业认知、求职策略、生涯管理和创业探索等具有时代性的议题，通过本章概要、案例导入、理论内容、课堂活动、延伸阅读、讨论与思考等部分将理论学习和自我实践结合起来，旨在引导学生认识自我，探索职业世界，科学理性决策，明确发展目标，提高生涯成熟度和适应力。

本书可作为高等院校大学生职业生涯指导课程的教材，也可作为青年大学生生涯规划的重要参考书。

图书在版编目(CIP)数据

大学生职业生涯发展与指导 / 张硕秋主编. —2 版. —北京：清华大学出版社，2023.8(2025.9 重印)
高等院校公共基础课系列教材
ISBN 978-7-302-64475-0

I. ①大… II. ①张… III. ①大学生－职业选择－高等学校－教材 IV. ①G647.38

中国国家版本馆 CIP 数据核字(2023)第 147377 号

责任编辑：王　定
封面设计：周晓亮
版式设计：思创景点
责任校对：马遥遥
责任印制：沈　露

出版发行：清华大学出版社
网　　址：https://www.tup.com.cn，https://www.wqxuetang.com
地　　址：北京清华大学学研大厦 A 座　　邮　　编：100084
社 总 机：010-83470000　　邮　　购：010-62786544
投稿与读者服务：010-62776969，c-service@tup.tsinghua.edu.cn
质 量 反 馈：010-62772015，zhiliang@tup.tsinghua.edu.cn
印 装 者：小森印刷（天津）有限公司
经　　销：全国新华书店
开　　本：185mm×260mm　　印　　张：17.25　　字　　数：398 千字
版　　次：2020 年 1 月第 1 版　　2023 年 9 月第 2 版　　印　　次：2025 年 9 月第 5 次印刷
定　　价：49.80 元

产品编号：103086-01

编 委 会

前　言

习近平总书记在党的二十大报告中明确指出："教育、科技、人才是全面建设社会主义现代化国家的基础性、战略性支撑。必须坚持科技是第一生产力、人才是第一资源、创新是第一动力，深入实施科教兴国战略、人才强国战略、创新驱动发展战略，开辟发展新领域新赛道，不断塑造发展新动能新优势。""我们要坚持教育优先发展、科技自立自强、人才引领驱动，加快建设教育强国、科技强国、人才强国，坚持为党育人、为国育才，全面提高人才自主培养质量，着力造就拔尖创新人才，聚天下英才而用之。""教育是国之大计、党之大计。培养什么人、怎样培养人、为谁培养人是教育的根本问题。育人的根本在于立德。全面贯彻党的教育方针，落实立德树人根本任务，培养德智体美劳全面发展的社会主义建设者和接班人。"

2007 年 12 月，教育部办公厅关于印发《大学生职业发展与就业指导课程教学要求》的通知(教高厅〔2007〕7 号)，明确提出将职业发展与就业指导课程作为公共课纳入教学计划。此后，国家出台了一系列关于加强学生发展指导、提高学生综合能力、促进学生全面发展的政策。加强对高校学生生涯教育和指导，不仅是重大的国家战略，也是学生身心发展的客观需要。当前高校面临着学生需求的多样性和多样性供给不足的矛盾、学生个性精准指导和规模教育定型的矛盾以及德才兼备综合指导和当前重知识教育、轻人生指导的矛盾，因此，根据新时代学生的思想特点和发展诉求，引导学生认识自我、认知世界，尽早确立生涯发展目标，实现学生自主性、独特性和高质量的发展，是高等教育在生涯教育的新的努力方向。

大学阶段是人生发展的综合转型期，是人生发展的角色丰富期，是人生发展的能力迭代期，更是职业生涯规划的重要时期。本书旨在帮助在校大学生加强自我认识，主动探索外部世界，明确生涯发展目标，增进人生发展意义，最终通过行动有效地适应大学生活，实现人生目标。

生涯之学，即应变之学，职业选择是一个发展的过程，它不是一个单个的决策，而是一系列的决策，是经过多年时间做出的决策。在职业选择过程中的每一步，都与前后所做的决策有着一定的联系。尤其是我们已经进入"乌卡时代"，社会更加模糊、复杂和不确定，影响人生发展的生涯变量越来越多，如何应对社会和职业发展的这种"不确定性"？我们应打造底层知识架构，增进能力的可迁移性；提高生涯应变力，增进生涯成熟度。希望本书能够作为一个"促进者"和"激发者"，能够促进你更加积极地思考人生，激发你更加努力地提高生涯适应能力。

新高考改革进一步倒推高校生涯教育改革，课程教学仍然是生涯教育的主途径，教材是课程中非常重要的元素。生涯书籍大致分为两版：教材版多是基于传统理论开发，主要集中在教师用书和学生用书两方面；通俗版多针对学生层面，文字较为浅显，工具性较差。基于以上原因，开发适用于教师和学生两个主体，融合教材类和通俗类两方面的优势，面向学生未来成长的生涯能力，融合理论、案例、数据、故事和研究等教材元素，为本书的编写方向。

全书共分为十二章，第一章从整体上介绍了生涯规划的基础知识，促进生涯觉醒，为读者勾勒理解生涯规划的基本框架；第二章至第五章主要是进行自我探索，包括个体倾向性评估和个体能力测评；第六章主要是对外部职业世界的探索，帮助读者了解外部就业环境和需求的变化；第七章和第八章主要是协助读者科学有效决策，明确生涯目标，制订行动计划；第九章至第十二章主要是符合时代需要的专题化学习，包括专业认知与职业规划、求职策略、职业生涯管理和创业探索。每章都包括本章概要、案例导入、理论内容、课堂活动、延伸阅读、讨论与思考等部分。

本书有三大特色：①兼具知识性和工具性，既包含经典的生涯理论知识，又为学习者提供个性化的生涯探索工具。②兼顾体系化和分段式，既包含完整的生涯学习体系，又独立成块，学习者可以根据需求分段学习。③富含时代性和创新性，基于国家战略、教育政策和学生需求层面，优化生涯内容供给，助力学习者个性化发展。

在本书编写过程中，我们力求全面系统地阐述当前生涯教育领域的经典理论和前沿发现，并参考借鉴了国内外部分专家、学者的研究成果，在此向原作者表示感谢。由于能力有限，尽管我们付出了极大的努力，也难免存在不足之处，在此，真诚地期待各位专家学者和广大师生给予批评指导。

本书配有教学课件、教学大纲、电子教案，读者可扫描下方二维码免费获取。

教学课件　　教学大纲　　电子教案

编　者

2023 年 5 月

目　录

第一章
生 涯 觉 醒

大学时期是重要的职业探索和定向期。大学期间开设的大学生生涯规划指导，是一门能够帮助大学生对未来进行有效探索和定向的课程，而生涯觉醒是这门功课的开篇，也是整个生涯规划的序曲。

本章旨在帮助学生初步了解职业、生涯和职业生涯规划的含义，深刻认识职业生涯规划对一个人成长的重要作用；此外，还简要介绍了职业生涯规划的内容和方法、理论和实践。通过本章的学习，读者应了解和掌握以下内容：

(1) 理解生涯规划的概念。

(2) 提高对生涯规划重要性的认识。

(3) 掌握常见的生涯发展理论和方法。

案例导入

如果大学能够重来

如果大学能够重来，
我想我不会把自己封闭在自己的小世界里，我会活泼开朗，和很多人交朋友。
如果大学能够重来，
我想我不会总是把自己隐藏在角落里，我会站在大家的身旁，和大家一起欢乐歌唱。
如果大学能够重来，
我想我不会把自己贬低到卑微的尘埃里，我会看见自己的优点，对自己充满自信。
如果大学能够重来，
我想我不会只是自己品尝苦涩，我会向我的朋友们倾诉，请他们给我一点温暖。
如果大学能够重来，
我想我不会放弃自己的青春年华，我会直面我的爱情，不再选择逃避。
如果大学能够重来，
我想我不会把所有的事都看作与己无关，我会积极参与，我会很忙很开心。
如果大学能够重来，

我想我不会只坐教室的最后一排，不会每天碌碌无为、无所事事。

如果大学能够重来，

我想我会好好学习，天天向上。

如果大学能够重来，

我不会一个人吃饭，不会一个人走路，不会一个人长时间发呆，不会自己和自己说话。

如果大学能够重来，

我会开开心心、快快乐乐地过每一天。

(资料来源：作者教学素材)

每年六月，既是毕业季，又是高考季，这个季节也是很多人大学生涯结束或开始的季节。这篇《如果大学能够重来》的作者以过来人的身份，为刚刚跨入大学校门的莘莘学子提供一些镜鉴，直击已经流逝的大学生活的痛点、迷茫和遗憾。除了文章中提到的这些问题和反思之外，在学习工作中，你还遇到过以下这些同学的困惑吗？

- 德××是一名大一的学生，在填写高考志愿时，并未仔细考虑自己的性格、兴趣，只是考虑自己的分数能被录取的学校、专业，找到差不多吻合的学校和专业，在父母的建议下，便匆匆做了选择。这种选择未来职业的方法虽然比较保险，但德××一进大学就发现自己对所报专业根本没有兴趣，他想退学，这时有人建议他利用学校大类招生允许调剂专业的机会，重新选择自己喜欢的，也有人建议他通过考研在更高的层次上重新定位，他该何去何从呢？
- 张××是一名大二的学生，学校开设了职业生涯规划课，但他认为学校根本没必要开设这门课程，船到桥头自然直，这个世界变化太快，很多事无法预料，再规划也是枉然。他的舍友刘××则认为，一定要好好规划，现在好好规划一下，以后就不用了。另外一个舍友李××则认为，生涯规划只是属于想成功的人，我只想做个普通人，根本用不着规划。到底该如何看待职业规划这门课呢？
- 刘××是一名大三计算机专业的学生，他特别喜欢交朋友和下围棋，在学院当学生社团负责人的时候，还为创办学院围棋社投入大量精力。不仅如此，他还利用业余时间面向社会开展围棋培训，一年下来小有创收，基本满足了自己大学生活的花费，还能补贴父母家用。但是一年以后，他发现自己有两门专业课挂科了，学生会干部因为成绩挂科也被撤职了，他该怎么办？
- 刘××是一名来自三线城市的女学生，马上就要毕业了，她想趁着年轻和男朋友一块到北京闯一闯，最差也要留在省会发展，但遭到了父母的坚决反对。父母认为，他们只有她这一个孩子，希望未来孩子能回到自己身边，而且大城市房价太高，生活成本高、压力大。但刘××认为县城闭塞，一点变化都没有，她不敢想象未来几十年的生活状态。她该怎么办？

你在生活中是否听说或者遇到过与上述几位同学相似的问题，有着与他们相似的困惑？这些问题都是我们在工作学习和生活中常常遇到的，也是可以运用生涯规划理论解决的。要解决好这些，我们必须了解下面几个概念：职业、生涯和职业生涯规划。

第一节 职业和生涯的概述

近几十年来，职业生涯规划一词频繁出现在我们的工作和生活中，受到人们的普遍关注，职业生涯规划的理念和理论实践都得到了极大的发展。希望通过本章的概括性学习，能够帮助大家对相关理论建立一个简单而全面的认知，以方便今后更深入系统地学习相关知识。

一、职业的概述

职业这一词对我们每个人来说并不陌生，职业是我们实现理想的桥梁，对职业的准确认知，将直接影响大学生职业理想的规划和未来求职标准的定位。

(一) 职业的定义

职业是社会发展的动力，也是社会控制的手段。小到获取经济收入、维持家庭生活，大到推动社会繁荣进步，我们都得依靠各自的职业来完成。那么，究竟什么是职业呢？职业是一种运用专门的知识和技能为社会创造物质财富和精神财富，以获取合理报酬作为物质生活来源，并满足精神需求的工作。职业是一个人与社会联系的主要途径。职业具有鲜明的社会性、经济性、技术性和时代性等特征。

按照《辞海》的解释，职业是人们在社会中所从事的作为谋生手段的工作。心理学家把职业定义为“跨越个人一生的相关工作经历模式”。仔细分析“职业”一词，由“职”和“业”两字构成。“职”意为社会职责、天职、权利和义务等。“业” 意为从事业务、事业、事情、独特性工作。由于欧洲工业革命引发了社会的巨大变革，经济面貌焕然一新，很多新兴的产业带来了崭新的工作岗位和工作机会，原来的农民和小手工业者由于失业或者积累财富的原因开始从事新的工作。职业概念最早来源于20世纪初期的美国大移民。成千上万的欧洲人举家迁徙到美国，进入新的行业，开展新的生意，发展新的技能，这也是为什么职业生涯规划的概念首先诞生于美国。

(二) 职业的变迁

职业是在人类长期生产活动中，随着生产力发展和社会劳动分工的出现，而逐步产生和发展起来的。职业的剧烈变迁反映着时代的进步、社会的发展、人民生活水平的提高和生活方式的改变。职业随着时代的变化而变化，在不同的历史时期，某些职业会消失，新的职业会不断出现，原有的职业也会获得新的时代内容。特别是在科学技术日新月异的今天，市场经济的多元化以及人们需求的多样化，都会引起职业种类的细化和新兴职业的诞生。而且随着科技的进一步发展、社会生产力的不断提高，人类对自然界改造的深度和广度将进一步加强，新的工作岗位不断涌现，给人们带来更多的就业机会。同时，人类文明的进步，也使很多传统职业慢慢淡出历史舞台。专家预测，今后每十年将发生一次全面的

"职业大革命"，其中，重大变化每两年就会有一次。另有专家预计，未来人类职业将面临每隔 15 年更换 20%的严峻局面。

职业的变迁，包括新职业的发展和老职业的衰退与消亡，是一个不可逆转的潮流。随着社会的飞速发展，社会分工越来越细，职业更替的周期正在不断缩短，我们的职业构成和工作方式都发生了深刻的变化，如图 1-1 所示。把握职业变迁的趋势，成功开拓自己未来的职业生涯，这是我们必须持续关注的一个现实的话题。

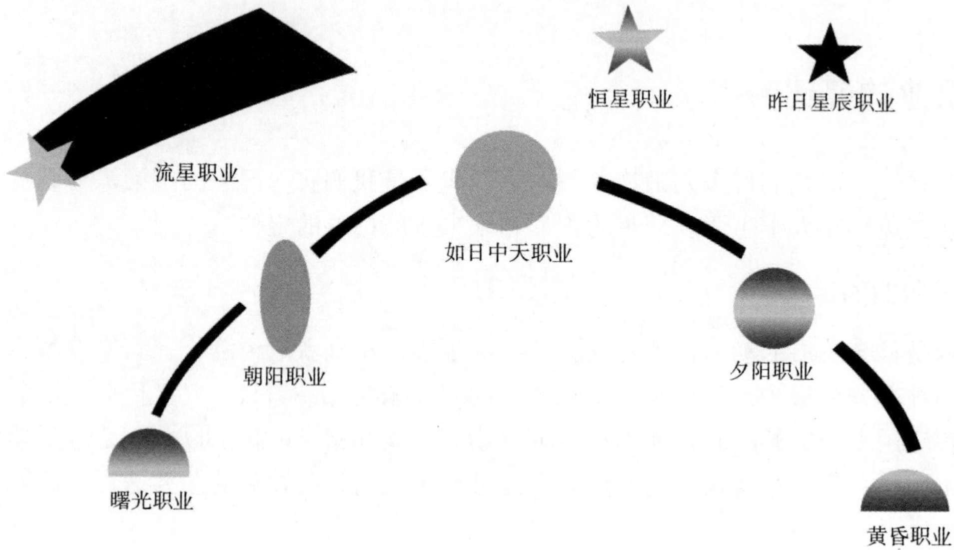

图 1-1　职业分类表述图

【课堂活动 1-1】

列举职业

结合自己的认识，和大家讨论什么是曙光职业、朝阳职业、夕阳职业、恒星职业，并请试着列举具体职业。

二、生涯的概述

我们常用"人生"一词来指代生涯，指的是一个人的生命从开始到结束的历程。生涯是我们所生活、经历而且已置身其中的发展过程，所有人一出生就身处生涯中。

(一) 什么是生涯

"洗手的时候，日子从水盆里过去；吃饭的时候，日子从饭碗里过去；默默时，便从凝然的双眼前过去。我觉察他去的匆匆了，伸出手遮挽时，他又从遮挽着的手边过去。天黑时，我躺在床上，他便伶伶俐俐地从我身上跨过，从我脚边飞去了。等我睁开眼和太阳再见，这算又溜走了一日。我掩着面叹息。但是新来的日子的影儿又开始在叹息里闪过了。"朱自清在散文《匆匆》中的这段话以及 2000 多年前孔子发出的"逝者如斯夫，不舍昼夜"

的感慨，大概是最能表现生命形式的语言了。生命的形式是川流不息，生命的特征是一去不复返，生命的意义在于不负此生。从生命的起点到终点，囊括了我们的一切成长经历。这一切让我们意识到了两个字——生涯。

生是“活着”，涯是“边际”。生涯指的是人生经历和生活道路。我国古人在很早以前就已经有了生涯的意识。庄子曾说：“吾生也有涯，而知也无涯。以有涯随无涯，殆已。”孔子曾说：“吾十有五而志于学，三十而立，四十不惑，五十而知天命，六十而耳顺，七十而从心所欲，不逾矩。”在日常生活中，我们常听到“生涯”一词，如“艺术生涯”“戎马生涯”“学术生涯”等说法。《辞海》对“生涯”一词的定义是指从事某种活动或职业的生活。一个人的生命是有限的，选择一种或者几种生活方式度过人生，其实就是一连串的决策过程。

与生涯相对应的英文是 career。从字源上看，其来自罗马字 via crraria 及拉丁字 carrus，二者的意义均指古代的战车通过泥泞路所留下的车辙。在希腊，career 这个单词有疯狂竞赛的意义，最早常用作动词，如驾驭赛马(to career a horse)。在西方人的概念中，使用“生涯”一词就如同在马场上驰骋竞技，隐含未知、冒险等精神。后来 career 又引申为道路，即人生的发展道路。

(二) 有关生涯的观点综述

美国国家生涯发展协会提出，生涯是指个人通过从事工作所创造出的一种有目的的、延续不断的生活模式。

美国职业理论专家舒伯(Super，1976)的论点：生涯是生活里各种事态的演进方向和历程，它统合了人一生中的各种职业和生活角色，是个人终其一生所扮演的角色的整个过程，由时间(个人生命的时程)、广度(扮演角色的多少)、深度(角色投入程度)三个方面构成。

我国台湾学者金树人认为生涯一词涵盖了三个重点：一是生涯的发展是一生当中连续不断的过程；二是生涯包括个人在家庭、学校和社会中与工作有关的经验；三是这种经验塑造了独特的生活方式。

美国学者韦伯斯特认为生涯指个人一生职业、社会关系与人际关系的总称，即个人终身发展的历程。

以上这些观点，包含了一些重要的观念，澄清这些观念对于理解与掌握职业生涯规划的理论非常重要。

(1) 生涯是延续不断的，是终身发展和连续的，生涯本质上是一个持续一生的过程，生涯发展是一个需要终身学习、终身发展的过程。

(2) 生涯是不断选择和创造的，生涯是人们终其一生不断做出选择的结果，而不是一个自然而然的过程，是人们在理想、愿望和现实与可能性之间进行比较与权衡的结果。

(3) 生涯是有目的的，生涯不是偶然和随波逐流的结果，而是个人经过规划、考量、制定和执行的结果，是一个人依据其人生规划和人生目标，为自我实现而开展的独特的生命历程。

(4) 生涯是多角色交互的综合体，生涯不仅是指一个人从事的工作和获得的职务，而且包括他同时期所扮演的各种生活角色和他安排这些角色的方式。

(5) 关于非职业角色对生涯发展的意义，我国台湾学者金树人的描述很生动贴切，他说："生涯辅导将休闲视为生涯当中与教育、职业不可分割的部分。宛如一幅画中，留白的部分也同时构成全幅画的精髓；又似一盆插花，空间的部分也是花道的精华。"

(6) 生涯具有独一无二和不可复制性。每个人的生涯都是在个人特定的历史和背景上，基于每个人不同的特点，因此，生涯对于每个人来讲都是独一无二的。

应该说，生涯不是个人随意的短暂行为，也并不简单地就是一份职业，它是经过人们的规划、思考和权衡而创造出来的，是人们的一种生活方式。生涯整合了人一生中依次发展的各种角色，也包括和工作有关的其他角色，如学生、家长、配偶、公民、休闲者等。选择一种什么样的生活方式度过自己的人生，并努力让自己的人生发挥得淋漓尽致，这其实是一连串的决策过程。

我们希望大家直面这样一个现实：生涯概念所体现出来的生命周期，是从生理变化的角度来看待人的发展，其特征为单向性和不可逆性，这是我们在生涯各个阶段中随时会感受到时间的紧迫，从而进一步体现出我们积极主动开发、有效管理生涯的重要意义。同时，我们应该注意到，与舒伯的观点相比，美国国家生涯发展协会的定义更为积极主动，代表了从"寻找适合于我的生涯"到"发展属于我自己的生涯"的变迁，强调了人在生涯规划中的主观能动性，希望以此能达到促进大家在生涯觉醒的基础上做好自己生涯规划的目的。

【课堂活动 1-2】

我的困惑清单

请根据自己的实际情况列出大学期间的困惑，在今后的课程中逐一进行解决。

我的困惑清单

【课堂活动 1-3】

我的生命线

生命线是每个人一生走过的路线。这个游戏就是画出你人生的路线图。

1. 请在白纸上画一条直线，这条直线的长度代表了你生命的长度。思考一下，你期待自己活到多少岁？将直线的一端视为你生命的开始，另一端写上你期待可以活到的年龄。

2. 在这条生命线中找到你现在的年龄点，并标记出来，写下现在的年龄。

3. 回顾你过往生命历程中发生的重大事件，在直线上方写出 2~3 件对你有积极影响的事件，并在直线相应位置上标明年龄，在直线下方写出 2~3 件对你有消极影响的事件，并在直线相应位置上标明年龄。

4. 思考一下这些事件对你的影响，即它们如何使你成为今天的你。

这个游戏告诉我们，生命线的轨迹不是掌握在别人手里，它只有一个主人去描画，就是你自己，且每人的生命线只能画一条，它时时刻刻静悄悄地毫无被察觉地进行着。你在生命线上的起起伏伏，伴随着你的心跳律动，奔向人生的终点。我们需要做的就是专心致志做好你最感兴趣的事情，努力不负此生。

第二节　职业生涯规划的概述和意义

通过对职业和生涯概念的学习，我们知道，不应该将职业生涯规划简单等同于找工作，或者局限于与工作相关，而应该从个人持续一生的角度出发去看待职业生涯规划。

一、职业生涯规划的概述

什么是职业生涯规划？职业规划是指对自己的职业志向进行计划、准备、尝试的过程，是个人结合自身情况、眼前机遇和制约因素，为自己确立职业目标，选择职业发展途径，确定学习计划，为实现职业生涯目标而预先设计的系统安排。

大量事实证明，职业生涯规划不是引起成功的直接因素，但是可以帮助我们降低追求成功所需要付出的时间成本、挫折成本、机会成本，增加行动的动力，寻找成功的捷径，加快成功的步伐。

职业生涯规划既然这么重要，它是怎么发展起来的？又是什么时间传入我国的？

职业生涯指导从 20 世纪初诞生之后，大致经历了三个发展阶段，即职业与职业指导阶段、职业生涯发展与职业生涯辅导阶段、生涯发展与辅导阶段。

1908 年，有“职业指导之父”之称的帕森斯，针对美国大量年轻人失业的情况，成立了波士顿职业局，提出了职业指导的概念，帮助人们梳理复杂的职业选择过程。求职者在他的帮助下审视自我特点，结合当地的就业状况，并最终进行就业机会的选择。这就是职业生涯咨询的肇始，帕森斯在研究中提出了特质因素论。随着研究的不断深入，20 世纪 50 年代，舒伯等人提出了生涯的概念，将职业生涯的发展看成一个持续渐进并伴随人一生的过程。至此，静态的、一次性完成的职业指导开始向动态的、多次完成的生涯辅导转变，生涯辅导开始取代了职业指导。1959 年，霍兰德提出了影响广泛的职业兴趣理论。如今职业生涯规划进一步扩大到家庭生活；职业辅导从以民间、社会为主，过渡到学校、政府，再到企业的全面参与。人们更多地采用生命全程和生活整体的观点来审视，将职业生涯纳入个人整个生涯之中，探讨工作和家庭有机统一和平衡，丰富和发展了职业生涯的理论。

职业生涯规划已经走过了一百多年的发展历程，逐步形成了较为成熟的理论体系和科学的规划方法。西方一些发达国家比较重视职业生涯的设计。在美国，生涯教育运动开展得非常普遍。生涯教育是美国广泛实施的咨询活动和学校心理辅导的重要组成部分。美国职业教育学会于 1972 年在推广生涯教育的工作报告中指出：“生涯教育是针对所有国民，从孩提时代至成年的整个教育过程。它能使学生对学习的目的有清楚的认识，并且对将来所要从事的工作有热忱，这是整个教育事业的重心与目标。”

20 世纪 70 年代中期，职业生涯规划在我国台湾兴起，90 年代末传入中国大陆，21 世纪初出现了专门的服务机构。在我国，生涯规划相对起步较晚，主要集中在高等教育阶段，现在正向初等教育阶段推进。国家、社会和学校日渐重视，从政策、经费、师资等方面加大了投入。但目前大学生中具有职业规划意识并能主动付诸实施的学生较少，很多大学新生存在生涯规划离自己还很遥远的想法。其实不然，从大一开始做生涯规划，起步已经不早了。我们必须知道，生涯规划越早开始越好。

二、职业生涯规划的意义

职业生涯规划能让人有目标，目标让人生富有意义。奥地利心理学家维克多•埃米尔•弗兰克尔(Viktor Emil Frankl)凭借生命的意义成为奥斯维辛集中营少有的幸存者之一，并开创了心理治疗中的“意义疗法”。他说：“你不要去问生命，你应该回答生命对你的质询。”在生涯规划中，目标的制定是一个探索过程，这个过程帮助一个人逐渐去厘清生命的价值与意义，并用行动去实现它，好像为飘忽不定的人生加了一个锚，无论风雨来自何方，人生之船都自有它的方向。

哈佛大学有一个关于目标对人生影响的跟踪调查，调查对象是一群智力、学历和环境等条件都相仿的年轻人，调查显示：

3%的人有清晰且长期的目标，一直朝着同一个方向努力。25 年后，他们几乎都成了社会各界的顶尖成功人士，其中不乏创业者、行业领袖和社会精英。

10%的人有清晰的短期目标，大都生活在社会的中上层。他们的共同特点是：不断完成预定的短期目标，生活状态逐步上升。25 年后，他们成了诸如高级主管、医生、律师、工程师等各行各业不可或缺的专业人士。

60%的人目标模糊，25 年后能安稳地工作与生活，但大都没有特别突出的成绩。

其余的 27%是那些没有目标的人群，他们几乎都生活在社会的底层，生活过得很不如意，经常失业，靠社会救济，并且常常都在抱怨他人、抱怨社会。

青年时期是人生发展的黄金期，大学是职业生涯规划的关键期。大学阶段的基本任务提出了职业生涯规划的需求。大学与小学、中学的明显差异在于提供划分专业的学习。划分专业学习的目的就是为毕业后参与社会分工做准备，大学阶段的学习任务就是为日后可能从事的职业进行专业积累、能力锻炼、人际搭建和各种意识与精神的培养。

大学阶段的职业生涯规划是大学生探索自己终身职业志向的第一步，这个阶段的生涯发展任务是从多种机会中探索自我，对自己的个性特征、兴趣爱好、能力水平和价值取向进行综合评价，在充分认识自己在职业选择上的优势和不足的基础上，选择适合自己从事的职业领域，找到具有自己特色而且合理的职业定位，为自己描绘一个清晰、科学、合理的职业蓝图，及早定向、定点、定位、定心，并在所选定的领域中开始起步。

职业生涯是有关工作经历的过程和结果，不仅仅是外在的客观经历，同时也是一种主观选择、塑造和适应的过程。虽然这个过程相对具有挑战性，但是只要有足够的动机并为之付出相应的时间和精力，我们就能够发展技能，学会规划并掌控自己的生涯。

【课堂活动 1-4】

我心中的乌托邦

1. 在纸上罗列我之所以上大学的 10 个理由。
2. 我为什么选择现在的专业？我是否喜欢自己的专业？
3. 我对自己的专业了解多少？(专业名称、培养目标、核心课程、教学方法、知识技能、相关专业、知识领域、就业岗位群、业界业态等)
4. 除了所选专业，我还喜欢或者更喜欢哪些专业？
5. 我将怎样合理安排我的大学生活？

请同学之间相互传递纸条并展开讨论。

第三节　生涯发展的理论

生涯规划理论的发展可以上溯到职业规划理论，以 1909 年美国著名的职业指导先驱帕森斯出版的《职业选择》一书为标志，至今已经有一百多年的历史。一百多年来，职业生涯理论经历了从入职匹配的职业指导阶段到关注全面发展和终身发展的生涯指导阶段，逐步形成了一些较为成熟的理论体系和科学的规划方法，诞生了很多经典的理论。这些理论虽然从不同角度提出了一些新的观点，但它们都强调了了解自我的独特性，都强调了家庭和社会环境对个人的影响，都认为生涯的发展是一个持续的、长期的选择和决策的过程。

本章通过对这些理论的学习，帮助大家对生涯发展理论有一个简要全面的认识，为后面章节的学习奠定基础。

一、帕森斯的特质因素论

(一) 地位

特质因素论最早由美国波士顿大学的帕森斯教授在其 1909 年所著的《职业选择》一书中首次提出，这是用于职业选择与职业指导的最经典的理论之一，也是最早的职业辅导理论，在 20 世纪 50 年代曾经非常流行，至今仍然对职业辅导工作具有重要的指导意义。由于帕森斯在职业辅导工作上做出的巨大贡献以及深远影响，他被人们尊称为“职业辅导之父”。

(二) 观点

特质因素论的基本假设是：每个人都具有稳定的特质。所谓特质就是指个人的人格特征，包括能力倾向、兴趣、价值观和人格等，这些都可以通过心理测量工具来考量。而职业必须由一组稳定的因素来构成，因素是指在工作中要取得成功所必须具备的条件和资格，这可以通过对工作的分析来了解。将个人和职业相匹配，如果个人的特质和职业蕴含的因素越接近，则个人成功的可能性就越大。

基于以上假设，帕森斯明确提出了职业选择过程中的三大要素，即对自我爱好和能力的认识、对工作环境和性质的了解，以及自我与职业世界的协调和匹配。

帕森斯的理论强调：在做出职业选择之前首先要评估个人的能力，因为个人选择职业的关键就在于个人的特质与特定行业的要求是否相配；其次是进行职业调查，即强调对工作进行分析，包括研究工作情形、参观工作场所、与工作人员进行交谈；最后要以人职匹配作为职业指导的最终目标。帕森斯认为只有这样，人才能适应工作，并且使个人和社会同时得益。

(三) 评价

帕森斯的特质因素论存在着一定的理论缺陷，但作为职业选择的经典性理论，至今仍然有效，并对职业生涯规划和职业心理学的发展具有重要的指导意义。

二、霍兰德的职业兴趣理论

(一) 地位

约翰·霍兰德是美国约翰·霍普金斯大学心理学教授，美国著名的职业指导专家。他于1959年提出了具有广泛社会影响的职业兴趣理论。霍兰德的职业兴趣理论认为，就职业选择而言，兴趣是个体和职业匹配的过程中最重要的因素。霍兰德职业兴趣理论是最具影响力的职业发展理论和职业分类体系，自20世纪50年代起，生涯发展领域基于霍兰德的理论发展出最为广泛使用的工具，不断产生指导人们如何选择职业的大量研究。霍兰德编制的兴趣量表(职业自我探索量表)畅销全世界。霍兰德的方法被广泛用于研究各种社会环境和工作环境，得到了普遍认可。

(二) 观点

霍兰德的基于职业兴趣的类型论也被称为RIASEC理论，该理论主要从兴趣的角度出发来探索职业指导的问题。在霍兰德的职业兴趣理论中，人格被看作兴趣、价值、需求、技巧、信仰、态度和学习个性的综合体。兴趣是人们活动的巨大动力，凡是具有职业兴趣的职业，都可以提高人们的积极性，促使人们积极地、愉快地从事该职业。该理论认为，大多数人的职业兴趣可以归纳为六种类型：现实型、研究型、艺术型、社会型、企业型和事务型，即RIASEC。霍兰德的RIASEC模型是在实践中得到广泛引用和在学术上得到普遍认可的模型之一，如图 1-2 所示。RIASEC 这六个英文字母分别代表六种类型的人和六种职业环境。这六种类型之间具有关联性，并被画成六边形。通常用三个字母(代表最强的三种兴趣类型)的代码来表示一个人的职业兴趣，三个字母之间的顺序表示不同类型的强弱程度，这个代码被称为霍兰德代码。该模型以六边形标示出六大类型的关系，包括相邻关系、相隔关系和相对关系。在六边形模型中，任何两种类型之间的距离越近，其职业环境与人格特质的相似和匹配程度就越高。这种匹配将会增加个人的工作满意度、职业稳定度和职业成就感。但由于现实的复杂性，人们在职业选择时有时会不断妥协，寻求于相邻职业环境，甚至相隔职业环境，在这种环境中，个体需要逐渐适应工作环境。但如果个体寻找的是相对的职业环境，意味着所进入的是与自我兴趣完全不同的职业环境，则工作起来可能难以适应，或者难以做到工作时觉得很快乐。

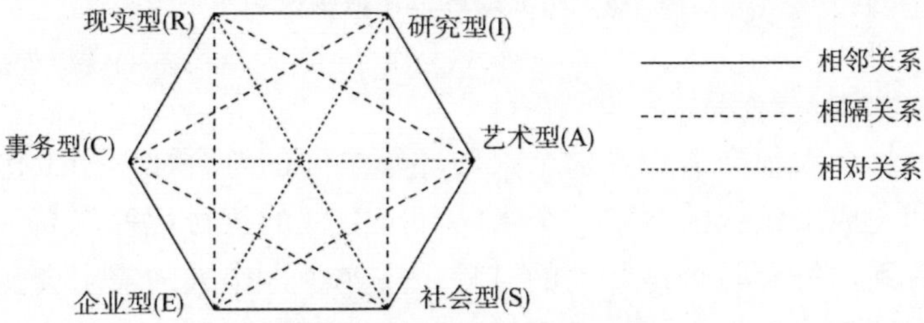

图1-2 霍兰德六边形模型

(三) 评价

霍兰德的职业兴趣理论尽管存在一定的局限性，但他提供了一个重要的生涯辅导理念：把个人特质和适合这种特质的工作联合起来。霍兰德巧妙地拉近了自我与工作世界的距离。借助霍兰德代码，人们能迅速地、有系统地，而且有所依据地在一个特定的职业群里进行探索活动。霍兰德将其职业人格类型理论运用于美国劳工部制定的职业条目词典，借助其中职业分析的有关内容，将其中 12099 种职业赋予霍兰德人格类型代码，编撰了“霍兰德职业代码词典”(the dictionary of Holland occupational codes)，为各类人员按照自己的职业兴趣类型搜寻合适的职业提供了参考依据。

三、明尼苏达工作适应理论

(一) 地位

明尼苏达工作适应理论起源于美国明尼苏达大学，20 世纪 60 年代由罗圭斯特和戴维斯提出。简单来说，就是只有当工作环境能满足个人的需求(内在满意)，个人也能满足工作的技能要求(外在满意)时，个人在该工作领域才能够得到持久发展。该理论现已发展成为强调人—境符合的心理学理论，其模式如图 1-3 所示。

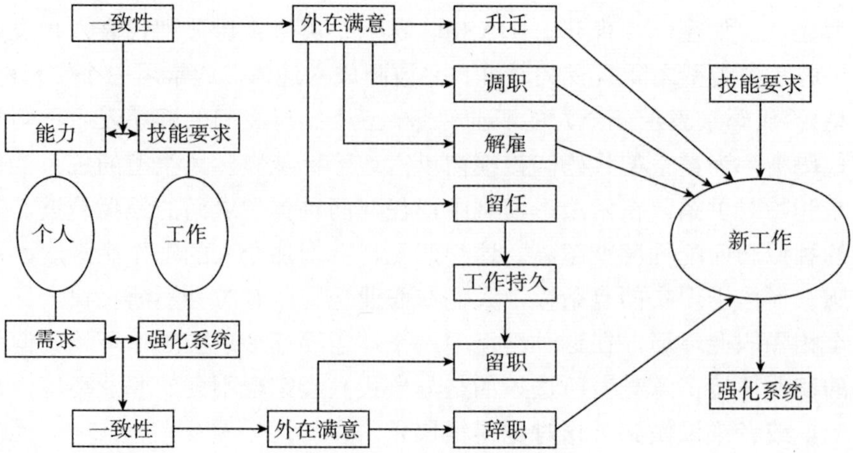

图 1-3　明尼苏达工作适应模式

(二) 观点

该理论认为，每个人都会努力寻求个人与环境之间的符合性，当工作环境能满足个人的需求，又能顺利完成工作上的要求，个人与环境之间的符合程度就高。不过个人与工作之间存在互动的关系，符合与否是互动的过程。现实中，个人的需求会变，工作的要求也会随时间或情势而调整，如个人能努力维持其与工作环境间符合一致的关系，则个人工作满意度越高，在这个工作领域也越能持久。

(三) 评价

事实上，工作适应理论仍属于特质论的范畴，不过已将其重点扩及个人在工作情境中的适应问题，强调就业后个人需要的满足，同时亦考虑能否达成工作环境的要求。

明尼苏达工作适应理论的创新之处在于，它提出了外在满意的概念，对于就业适应问题具有重要的指导意义，为研究个人的工作满意度和工作适应问题提供了一个比较完整而且系统的理论框架。

四、舒伯的生涯发展理论

(一) 地位

舒伯是生涯管理理论研究和实践发展过程中一位里程碑式的大师，他集差异心理学、发展心理学、职业社会学、人格发展理论和角色理论之精髓，于 20 世纪 50 年代开始提出关于生涯发展的新思路。他的生涯发展理论在职业辅导理论史上是个分水岭，标志着生涯辅导正式代替了职业辅导，生涯的概念正式取代职业概念，他的理论观点至今仍然是生涯辅导的重要基石。

(二) 观点

1953 年，舒伯在《美国心理学家》发文，提出“生涯”的概念，指出个人通过职业选择来寻求自我概念的实现。这一观点与人格、职业这两个概念紧密结合，形成了他对生涯的看法。简单讲，舒伯是从人们的自我概念、年龄和生活角色来看待生涯的。舒伯把生涯的发展看成一个持续渐进的过程，从童年时代开始一直伴随一个人的一生。舒伯的生涯彩虹理论认为，每个人在其一生的不同时期内承担着一个或者多个生活角色。此外，每个人承担的生活角色的强度和力度随着时间发生变化。而这些生活角色的结合及其强度构成了每个人的生涯基础。舒伯的职业生涯发展理论是指建立在一种生涯整合观念之上的，强调的是主客观的相互作用，主要包括以下几个要点。

(1) 自我概念是舒伯理论中的核心概念。所谓自我概念，就是指个人对自我的兴趣、能力、价值观和人格特征等方面的认识和主观评价。一个人的自我概念在青春期之前就开始形成，至青春期较为明晰，并于成人期由自我概念转化为生涯概念。一个人对自己的工作和生活是否满意，在很大程度上取决于他是否在工作和生活中找到实现自我的机会，用舒伯的话来说，即“生涯就是每个有差异的人对自我的实现”。

(2) 舒伯开创了职业阶段理论。一个人在其一生中一般会在一个或多个职业选择中实现自我概念。这个自我实现的过程，也就是生涯发展的过程，如表 1-1 所示。生涯发展过程可以划分为五个阶段，在每个阶段都有其独特的职责和角色，面临不同的发展任务。并且，上一阶段发展任务的完成情况会影响下一阶段的发展。职业选择与适应是一个连续过程，人的职业生涯的成长、探索、建立、维持、退出各阶段的总和，即构成一连串的人生阶段。

表 1-1　生涯发展过程表

阶段	年龄	发展任务
成长阶段	出生至 14、15 岁	发展自我概念，发展对工作世界的正确态度，并了解工作的意义
探索阶段	15~24 岁	发展相关的技能使职业偏好逐渐具体化、特定化，并实现职业偏好
建立阶段	25~44 岁	在适当的职业领域稳定下来，巩固地位，并力求晋升
维持阶段	45~64 岁	维持既有成就与地位，更新知识与技能，创新
退出阶段	65 岁以上	减少在工作上的投入，计划安排退休生活，退休

(3) 角色是舒伯理论中的重要概念。舒伯认为，个人所扮演的角色是对自我概念的具体体现。每个人在不同时期扮演着不同的角色，并且对不同的角色有不同程度的认同和投入，如表 1-2 所示。在舒伯看来，人的一生必须扮演九种重要角色，即子女、学生、休闲者、公民、工作者、配偶、持家者、父母和退休者。舒伯认为，角色之间是相互影响的，过于投入某一显著角色并为其成功付出太大的代价，有可能导致其他角色的失败。角色和显著角色的概念有助于我们评估一个人在各方面的投入程度和相互影响程度，从而帮助我们更好地平衡工作和生活。

表 1-2 舒伯的循环发展任务

生涯阶段	青春期 (14~25 岁)	成年期 (25~45 岁)	中年期 (45~65 岁)	老年期 (65 岁以上)
成长期	发展非职业性的角色	发展适宜的自我概念	学习与他人相处	接受自身的限制
探索期	寻找合适的退休处所	了解更多的机会	选择心仪的工作机会	辨识新问题并设法解决
建立期	从事未完成的梦想	在选定的领域里起步	在一个选定的工作安顿下来	发展新的技能
维持期	维持生活乐趣	验证目前所做的职业选择	致力维持工作的稳定	巩固自己面对竞争
退出期	减少工作时间	减少休闲活动的时间	减少运动的时间	专注于重要的活动

(4) 舒伯提出了生涯彩虹图。舒伯认为，人的一生是一个角色扮演和角色变换的过程，而角色的扮演和变化主要受生涯发展阶段的影响。他形象地将这种关系通过一个综合图形来描绘——生涯彩虹图，如图 1-4 所示。

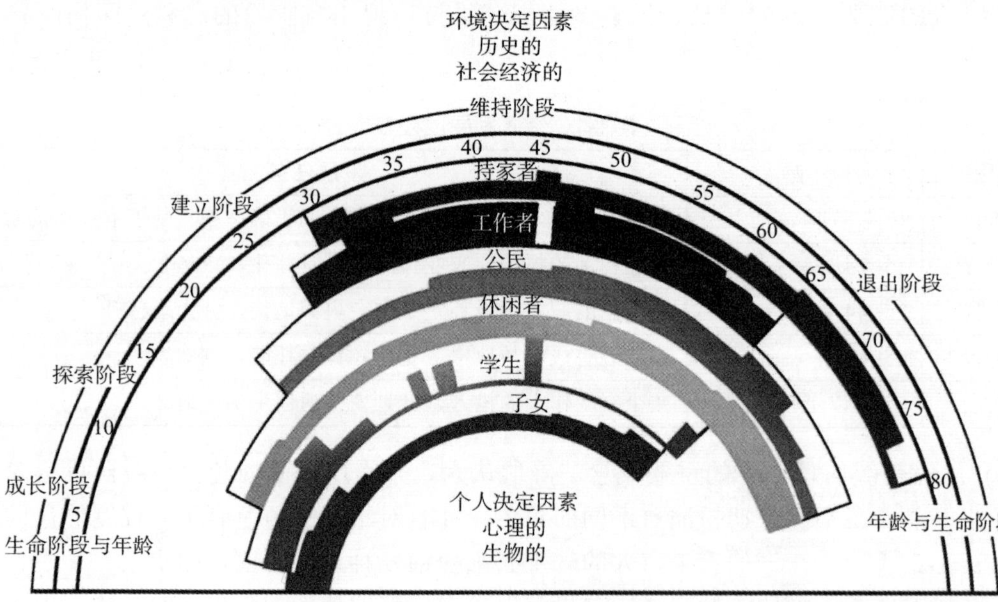

图 1-4 生涯彩虹图

生涯彩虹图最外面的那层代表横跨一生的“生活广度”，即生涯发展的各阶段。内部各层由一系列生涯最基本的角色组成，代表纵观上下的“生活空间”。阴影代表在各个阶段对角色的投入程度，阴影越厚代表角色投入越多。该图简单精确地告诉我们各阶段该如何调配角色安排，十分有利于帮助大家独立设计自己的生涯。

通过这个形象的图片，我们可以发现舒伯把人生分为三个层面：第一是时间层面，就是一个人的生命历程；第二是广度层面，就是一个人终其一生所扮演的各种不同角色；

第三是深度层面，就是扮演每个角色时所投入的程度。这三者的结合，就是舒伯所理解的生涯。

(三) 评价

舒伯的生涯发展理论对于生涯辅导来说是一个非常大的进步，自该理论提出以后，动态发展性的“生涯”的概念逐渐取代了静态稳定性的“职业”的概念，以规划人生长期生涯发展为主线的生涯辅导，慢慢取代了以短期职业选择为重心的职业指导。

五、克朗伯兹的社会学习理论

(一) 地位

社会学习理论由班杜拉于 20 世纪 70 年代提出，它以经典行为主义、强化理论和认知信息加工理论为基础。克朗伯兹将之引入生涯辅导领域，从社会学习的观点来解释生涯选择的行为，弥补了其他职业生涯理论在这方面的不足。

(二) 观点

社会学习理论认为，个人的社会成熟度和职业决策在很大程度上依赖于学习。其中，遗传因素和特殊能力、环境因素和事件、学习经验和任务技能是影响职业决策的关键因素。生涯辅导不仅是将个人特质与工作相匹配，其重点在于个人应通过参与各种不同性质的活动，获得多种多样的学习经验，这些所学到的技能都有可能在未来的工作中派上用场，并能拓展个人的兴趣，培养个人适当的自我信念和世界观。生涯教育应当融合于广泛而丰富的普通教育之中。

(三) 评价

克朗伯兹的社会学习理论的贡献在于，它认为其他理论所强调的兴趣也是学习的结果，因此，职业选择的关键在于广义的学习。

六、认知信息加工理论

(一) 地位

1991 年，盖瑞・彼得森、詹姆斯・桑普森和罗伯特・里尔登三人，共同发表《职业生涯开发和服务：一种认知的方法》一书。在书中，他们提出一种思考职业生涯发展的新方法。这种新方法就是认知信息加工，简称 CIP 方法，为职业生涯规划和职业咨询领域做出了新的贡献。

(二) 观点

这一理论认为：职业生涯选择基于我们如何去想，如何去感受；做出生涯选择是一项解决问题的活动；解决生涯问题的能力是基于我们知道什么和我们如何思考；生涯决策需要良好的记忆；生涯决策需要动机；生涯开发的延续是我们终身学习和成长的一部分；我们的生涯绝大部分有赖于我们想什么，如何想；我们生涯的质量有赖于我们是否很好地学习和掌握了做出生涯决策所需的技能。我们可以通过改进认知信息加工技能，来提高生涯管理的能力。

按照我们进行信息加工的特点，该理论构建的模型如图 1-5 所示。

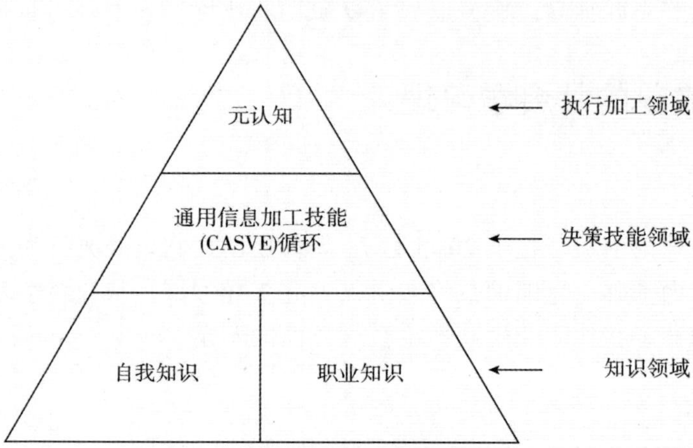

图 1-5 信息加工金字塔模型

信息加工金字塔模型分三层。最高层是称为元认知的执行加工领域，是个人对自己认知过程及结果的知识、体验、调节、控制；它包括自我言语、自我觉察、控制与监督。中间层是决策技能领域，即通用信息加工技能的五个步骤，包含进行良好决策的沟通(communication)、分析(analysis)、综合(synthesis)、评估(value)和执行(execution)，缩写为CASVE，构成了决策的循环。底层是知识领域，包含自我知识和职业知识。自我知识包括了解自己的价值观、兴趣和技能；职业知识包括理解特定的职业、学校专业及其组织方式。执行加工领域相当于电脑的工作控制功能，操纵电脑按指令执行程序，对其下的两个领域进行监控和调节。决策技能领域相当于电脑的应用软件，对所存储的信息进行加工处理。知识领域相当于电脑的数据文件。从这个模型可以看出，任何一个层次出现问题，都会影响职业生涯规划决策的质量。

通用信息加工的五个步骤具体介绍如下。

(1) 沟通。沟通包括内部沟通和外部沟通，使人意识到理想条件和现实情境之间不容忽视的差距。就职业计划而言，你所接收到的信息可能是对你的职业计划不确定的焦虑感(内部沟通)，在你毕业后，父母或朋友可能会问你一些有关职业方面的问题(外部沟通)，结果你意识到自己有做出职业选择的需要。

(2) 分析。主要分析职业选择需要方面的信息，这些信息可以从研究和观察中获得，可以增长关于自身兴趣、技能、价值观的知识，以及职业、研究领域、工作组织等方向的知识。

(3) 综合。综合是把收集到的有关自身和职业的所有信息放到一起，并扩展开来，然后再逐步缩小自由选择的范围，以消除决策过程开始时的差距。

(4) 评价。评价包括使用最佳的判断对保留下来的选择予以排序，以及对职业、工作或者大学专业做出选择。

(5) 执行。执行是整套 CASVE 的最后一个部分，它意味着对你的想法付诸积极行动并解决在沟通阶段所确定的职业问题。

成功地完成这个过程，依赖于每个步骤的成功。研究表明，任何一个步骤出现问题，都会减缓或影响整个问题解决。

(三) 评价

认知信息加工理论强调生涯发展是一个持续的学习过程，生涯决策能力的获得也可以被视为一种学习策略。它区别于其他理论最主要的方面是，强调了认知信息加工的重要性，提出了具体直观的加工金字塔模型和决策步骤来阐述信息加工的过程，尤其强调了元认知的作用。

延伸阅读 1-1
钱学森先生的生涯分析

以上内容重点介绍了一些生涯辅导理论，这些理论相对比较成熟，也有着比较完整的理论结构和实际的研究支持，对人们的工作实践具有较大的影响。除此之外，还有一些比较流行的生涯辅导理论，这里不再赘述，感兴趣的读者可以自行了解相关内容。

第四节　职业生涯规划的内容与步骤

生涯规划就是一个人从生到死的规划。生涯规划不能仅仅局限于工作和职业生涯规划，它还包含这个人在职业之外的更多方面的规划，如家庭生涯规划、生活生涯规划、休闲生涯规划等。其中，因为人在工作中的时间几乎占到人生的一半，职业生涯也是人们最大、最重要的生涯，人们往往以此来推动其他人生理想的实现。

一、职业生涯规划的内容

每个人都希望自己的生命过得有意义，都希望家庭幸福、身体健康、工作如意、人际和谐，都希望在各方面取得成功。

根据生涯和生涯规划的概念，生涯规划的领域应当是个体角色所涉及的各个领域。从总体上看，可以归纳为八个领域：健康、家庭、工作、人际关系、理财、心智、休闲和心灵，如图 1-6 所示。

(1) 健康规划。世界卫生组织将健康定义为一种身体上、精神上和社会适应上的完好状态，而不仅仅是没有疾病或虚弱的现象。健康规划就是为身心健康而进行的规划。健康是人生事业的基础，没有健康就没有一切。在加强体育锻炼、养成良好的生活习惯、呵护身体健康的同时，还需要悦纳自己、接受他人、热爱生活、接受现实、控制情绪、完备人格，做到心理健康。

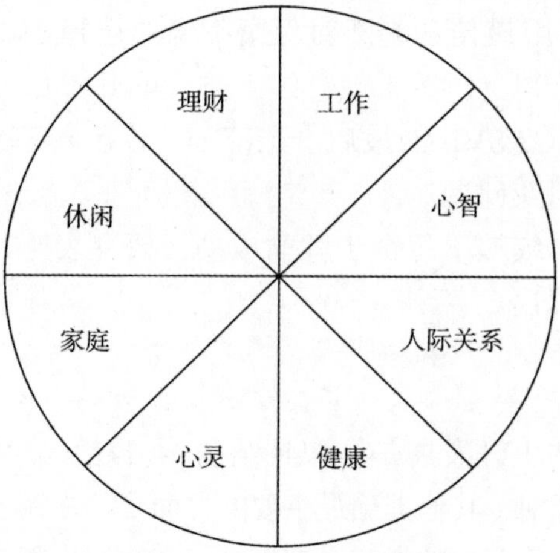

图 1-6　生涯规划的领域

(2) 家庭规划。家庭包括原生家庭和即时家庭。这里说的家庭规划主要是即时家庭，即我们离开原生家庭而组建的家庭。何时组建家庭，担当家长角色也是生涯规划的重要方面。

(3) 工作规划。工作规划也可以看成职业生涯规划。一个人的一生中可能不仅从事一种职业，每一种职业也可能不是一种工作。职业成为事业，则是更大的升华。工作规划也包括我们正式职业之外的兼职。

(4) 人际关系规划。人际关系规划主要指一个人的社会归属。按照马斯洛的需要层次论，爱与归属的需要是人的基本需要之一。每个人一生下来，就会处于一定的社会关系当中，进行人际关系规划就是为未来的工作生活建立人生的支持系统。

(5) 理财规划。这是我们赖以生存的重要基础，现今理财的概念已经远远超出从事某一职业挣钱的概念，生活中存在多种理财渠道。

(6) 心智规划。心智规划主要指我们的知识、技能、观念的发展规划。

(7) 休闲规划。休闲规划多指工作之外所从事的非谋生活动，主要源于个人的兴趣和爱好。在现代社会，休闲规划是一个值得重视和加强的课题。

(8) 心灵规划。心灵规划是指思想和道德发展以及人生思想境界、信仰等方面的规划。

根据生涯规划的内容，大学生的生涯发展目标可以归纳为以下 10 项：①生涯自主与责任意识；②系统性的自我探索；③发展暂定生涯目标；④以暂定生涯目标为主的生涯探索；⑤收集生涯资料的主动性；⑥整合个人特质与教育生涯的关系；⑦从环境资源检视暂定生涯目标的可行性；⑧提高生涯决策能力；⑨形成在校期间的短期目标；⑩增进生涯计划与问题解决能力。

二、职业生涯规划的步骤

一个人系统的生涯规划应当包括生涯觉醒、认识自己、认识工作世界、决策、行动和再评估/成长六个步骤。

(1) 生涯觉醒。在这个阶段，我们能够了解到生涯规划的重要性和作用，并愿意花时间来规划自己的生涯。但需要提醒的是：生涯规划是一个过程，是一种面对生涯发展的态度，未必能立竿见影，马上为自己带来理想的工作。就好像我们所播下的种子，未必能马上发芽一样。所以，对生涯规划要有合理的预期。

(2) 认识自我。系统化的生涯规划是一个“从内而外”的过程。因此，在生涯规划时首先要认识自己，诚实地自问：

- 我有哪些人格特质？
- 我的兴趣是什么？
- 哪些东西是我生命中不能缺少的？我最看重什么？
- 我有哪些技能是与众不同、赖以为生的？

……

(3) 探索工作世界。工作世界信息和自我信息是生涯规划中重要和基础的部分。对工作世界的了解，具体包括：

- 专业与职业的关系。
- 工作世界的宏观发展趋势。
- 具体职业对工作人员的要求、条件和待遇等。
- 继续教育方面的选择。

(4) 科学理性决策。决策是综合整理和评估信息的部分，在决策时有可能因信息不全而重新回到前面两个步骤，具体内容包括：

- 综合与评估信息。
- 目标设立与计划。
- 处理决策过程中的各种问题，如生涯信念、障碍。

(5) 制订计划与行动。行动是将全部的探索和思考落实的阶段。要通过行动来实现自己设立的工作目标，通常包括：

- 具体的求职过程。
- 制作简历、面试。

也有可能在与现实的接触过程中，你对自己有新的发现，由此对生涯发展有新的思考。所以，虽然我们为了方便学习，将生涯规划人为地割裂成不同的步骤，但无论在哪个步骤，自我与外部信息的探索都不会停止，不要忽略这些部分带给你的新启示。

(6) 评估调整/成长。生涯规划是个人生活与工作的蓝图。当我们在实践中迈出生涯的重要一步——进入工作世界时，随着外部环境的变化，我们或许会继续沿着过去的规划前进，也有可能发现过去的规划已不适合自己，或者发现过去的规划有未曾想到的缺点，或者在实际执行中遇到一些困扰。这就需要定期检查预定目标的达成进度和原因，以便再次进行生涯探索，修正以往的生涯规划。所以说，生涯规划是一个循环的过程，需要一辈子来探索。

延伸阅读 1-2
18 岁的心理断乳

延伸阅读 1-3
三文鱼的一生

延伸阅读 1-4
阅读并体会名人名言

延伸阅读 1-5
卓越表现：从大学到社会

讨论与思考

1. 有些学生认为，职业生涯规划是一门很有用的课程，但我刚刚进入大学校门，毕竟离找工作还很遥远，现在学习是否太早？是否清楚找工作和职业规划的区别和联系？

2. 学完这一章后，请你谈一谈对职业、生涯、职业生涯等概念的理解，对你今后的学习、工作和生活有什么启发？

3. 请根据本章学习的内容，运用本章学到的生涯规划的相关理论，结合对自身特质的分析和对外部职业世界的定位，和同学们讨论交流一下你对自己未来的职业规划的初步思考。

第二章
兴 趣 探 索

兴趣是影响人们工作满意度、职业稳定性和职业成就感的重要因素，是对职业进行分类的重要基础，同时也是生涯规划中进行自我探索的一个重要方面。通过本章的学习，读者应了解和掌握以下内容：

(1) 了解兴趣与职业兴趣的概念，兴趣的分类、品质，以及兴趣对于职业发展的影响等内容。

(2) 熟悉霍兰德的兴趣类型理论。

(3) 能够利用不同的兴趣测评方法探索自己感兴趣的职业。

案例导入

陈景润：永远纯真的数学巨人

1950 年春夏之交，陈景润考进厦门大学，他念的是数理系，全班只有四个学生。他酷爱读书，尤其爱读数学书。有幸进了大学，他就像高尔基所描绘的“像一个饥饿的人扑在面包上”，进入痴迷状态，把所有精力都用在学习上。

在大学读书期间，陈景润没有看过一次电影，也没有去过近在咫尺、风光奇秀的鼓浪屿。他嗜书如命、舍命苦读的精神，令同学们惊叹不已，于是，有人给他起了个外号“爱因斯坦”。对陈景润最了解的林群院士，曾经说过一段非常精辟的话：“科学好比登山，有的人登上一座山，浏览了峰顶的风光，就满足而归了。而陈景润却不一样，同样登山，倘若上山有十条小径，他每一条小径都要去爬一次。他重视的不全是结果，而是贵在过程。直到把上山的路径全摸透了，他才会感到满足。功底、基础就是这样一步一个脚印建立起来的。”

对于从事数学研究的人来说，读书是学习，重在掌握知识；解题则是实践，贵在提升能力。两者的结合，就像苦心修炼，为后来的攻坚克难奠定了坚实基础。陈景润后来创造的神话般的奇迹，实际是建立在超出常人的深厚基础之上的。

1953 年，陈景润大学毕业，被分配到北京第四中学任教。他虽然学识精深，但如一个独行侠，习惯于在数学王国中踽踽而行，而且天性不善言辞，无法适应中学教学。对此，他又闷又急，本来身体就不大好，一年中，居然住了六次医院，后来，不得不辞职回到福州，靠摆书摊勉强度日。一个厦大毕业生落到如此窘境，的确很无奈。时任厦大校长王亚南得知这一消息后，决定把陈景润调到厦大数学系资料室工作。

重回厦大的陈景润，除了日常工作以外，就是夜以继日地读书。对于自己读书的方法，成名之后，陈景润在一篇文章中有一段十分精彩的独白：我读书不只满足于读懂，而是要把读懂的东西背得滚瓜烂熟，熟能生巧嘛！我国著名的文学家鲁迅先生把他搞文学创作的经验总结成四句话：“静观默察，烂熟于心，凝思结想，然后一挥而就。”我走的就是这样一条路子，真是所见略同!当时我能把数、理、化的许多概念、公式、定理、定律一一装在自己的脑海里，随手拈来应用。

不少数学著作又大又厚，携带十分不便，陈景润就把书一页页拆开来，随时带在身上，走到哪里读到哪里。像华罗庚的数学名著《堆垒素数论》，有一块砖那么厚，陈景润就是一页页拆开，一个字、一个字地研究，读了 30 多遍，几乎达到滚瓜烂熟的地步。陈景润日夜兼程地驰骋于学术的天地里，生活被他简化得只剩下两个字：数论。

他将几乎耗尽心血的成果，写成了一篇关于“他利问题”的论文。对于这篇论文的水平和价值，中国科学院数学研究所的专家们，至今的评价仍然是：一个数学家一生中能有一个这样的发现，便算幸运了。

(资料来源：http://theory.people.com.cn/n1/2023/0522/c40531-32691400.html)

【课堂讨论】

你认为兴趣在陈景润的数学生涯中发挥了什么作用？为什么？

有研究发现：人在从事自己喜欢的工作时，能发挥其潜能的 80%～90%；在从事其不喜欢的工作时，只能发挥其潜能的 20%～30%。可以说，兴趣是事业成功的起点，一个人找到了自己感兴趣的工作，就等于踏上了通往成功的道路。有人对国内许多成功人士做的调查也显示：94%的人都在从事着他们自己喜欢的职业。许多心理学家和职业规划大师都赞同这样一种观点，兴趣是影响人们工作满意度、职业稳定性和职业成就感的重要因素，它也是生涯规划中进行自我探索的重要内容。

很多大学毕业生面临就业时常常会有这样的疑问，是选择自己喜欢的还是盲从社会热门的职业？当然若能兼顾二者那将是何其完美，但要做到又是何其困难。一些从事过多年学生工作，担任过大学生职业生涯规划课的教师，在跟学生们交流时经常会听到这样的问题：“老师，我感觉自己好像没什么兴趣，也不知道自己到底想干什么？”“老师，我的兴趣有很多，真不知道选哪个好？”“我不喜欢现在这个专业，这个专业是我父亲不顾我反对，一意孤行给我选的，老师你说我该怎么办呀？”有很多学生为此苦恼。如何正确地认识自己，了解自己的兴趣，并将兴趣与自己的专业和职业结合起来，是大学生们面临的一个普遍性问题。

找到自己的兴趣，认真学习这个领域的知识，然后反复地练习技能，把兴趣变成一种职业能力，那么找到合适的工作便不会有问题。通过对本章内容的学习，你将会了解兴趣的内涵，探索自己的兴趣所在，通过职业兴趣测量找到自己适合的、喜欢的职业。

第一节　兴趣与职业兴趣

兴趣可以划分为职业兴趣和非职业兴趣，但几乎每一种兴趣都可以与某种职业联系起来。并非所有的兴趣都应该或能够在自己的职业中体现，兴趣也可以通过兼职、志愿活动、社团活动、业余爱好等多种方式来表达，关键在于在工作和生活之间的协调与平衡，以及工作与个人爱好的适度统一。

一、兴趣概述

大学生在大学毕业时选择的职业千差万别，即便是选择了同一个职业，选择的理由也各不相同。比如同样是教师这个职业，有的人选择当教师是因为“可以指导他人”，而有些人选择当教师是因为“教师这个职业可以展示自己”，这些差异的背后就是兴趣。

(一) 兴趣的含义

兴趣是指人们以特定的事物或活动为对象，所产生的积极的、带有倾向性的和选择性的态度和情绪。兴趣所指向的对象主要有以下几种：一是对特定的事物感兴趣，比如对手机、电脑、火锅等有兴趣；二是对特定的人或动物感兴趣，比如对某一个人或某种小动物有兴趣；三是对各种各样的活动感兴趣，比如喜欢参加志愿服务活动、喜欢旅游等。

兴趣是人们内心动力和快乐的来源，对感兴趣的人或事会很关注，对不感兴趣的人即使他站在你面前，你也不会关心；有些活动你会特别在意，有些活动就不会引起你的注意，因为它无法给你带来积极的情绪体验。兴趣常常表现为一种自觉自愿、乐此不疲的精神状态。

所以，一定得找到自己的兴趣。如果没找到，那请继续找。就像乔布斯所说的，你一定要找到自己所热爱的东西，然后坚持。如果你还没有找到，可以通过下面的方法找到你的兴趣。

多去外面走走，开阔眼界，让自己沉浸在足够多的感官体验中。让自己有机会体会到更多不一样的事情，从而更有可能发现自己的兴趣。为什么？你没有找到自己的兴趣，可能是因为你的生活面太狭窄，接触的人和事太少，所以想法也太少。

面临毕业的大学生，如果能够选择到与自己的兴趣和爱好相一致的职业，将会使自己的潜能得到充分的调动，使自己的主动性得到最大的发挥。一个人对某种职业有兴趣，他在学习和工作中就能全神贯注、积极热情、富有创造性地投入；若对自己的专业或工作毫无兴趣，即便聪明能干，也会因缺乏自觉、主动地追求新成就的热情，而不可能在本专业或本行业中有所建树。

延伸阅读 2-1
摩西“奶奶”

从摩西奶奶的故事中，我们可以得到这样的启示。

(1) 你最愿意做的那件事，才是你真正的天赋所在。

(2) 人到底该在什么时候做什么事，并没有明确规定。如果我们想做，就从现在开始。

(3) 有人总说：已经晚了。实际上，“现在”就是最恰当的时候。对一个真正有追求的人来说，生命的每个时期都是年轻的、及时的。

(二) 兴趣与需要、爱好的关系

兴趣是在一定需要的基础上，在社会实践中形成的，兴趣实际上是需要的延伸。人们常说无欲则刚，你只要有需要、有欲望，你就会对某些事物或活动有倾向和选择。兴趣是人们基于内心的需要，表现出来的以特定的事物或活动为对象，所产生的积极的、带有倾向性和选择性的态度和情绪。

需要是有机体感到某种缺乏而力求获得满足的心理倾向，它是有机体自身和外部生活条件的要求在头脑中的反映。简单来说，需要是指当我们身心的某种平衡被打破之后，我们力求去满足的心理倾向。需要通常是以某种客体的欲望、意愿、兴趣等形式表现出来的。

由于人的需要是复杂多样的，从而决定了兴趣也是多种多样的。有的人喜欢动手，有的人喜欢动脑；有的人喜欢与人打交道，有的人喜欢与物打交道；有的人喜欢独自钻研，有的人喜欢集体协作……

在校期间，我们经常会填写一些有关兴趣爱好的表格，在求职面试时我们也会被问及这样的问题：你有哪些兴趣爱好。兴趣和爱好常常被同时提到，但其实这两者是有区别的。兴趣是内隐的，它表现为心理上的某种倾向或情绪，是爱好的前提；爱好则是兴趣的发展和行动，它是兴趣的表现，爱好比兴趣更直观、更持久，有主观的投入度。所以，兴趣是内心的源动力，爱好是我们的外在表现。如果用公式来表示的话，即：兴趣+行动＝爱好。

(三) 兴趣的品质

(1) 兴趣的广阔性。广阔性主要是指兴趣的范围。兴趣的范围因人而异，有的人兴趣广泛，有的人则把自己局限在一个小天地里。一般来说，兴趣广泛的人对新鲜事物十分敏感，对什么事都容易产生兴趣，因而知识面也就越宽，在事业上会更有作为。历史上许多卓越人物具有令人惊讶的渊博知识，就是因为他们具有广泛的兴趣。马克思就是这样的卓越人物。当马克思的女儿请求他说出他所爱好的格言时，他写下了古代的一句谚语：“人类的一切东西，对我都不是陌生的。”

(2) 兴趣的稳定性。一个人必须有持久的、稳定的兴趣，才能经过长期的钻研，获得系统而深刻的知识，才能把一项工作坚持到底，才能取得成就。有些人有多种多样的兴趣，但是不能持久，一种兴趣迅速地被另一种兴趣所替代，这种见异思迁的人很难有很大的成就。

(3) 兴趣的中心性。这是指在广泛兴趣的基础上要有一个中心的兴趣。多方面的兴趣只有在与某个中心兴趣相结合的情况下，才是一个珍贵的品质。例如有一位数学教师，他是一个文艺的爱好者，他能够出色地做各种教育报告，他读了很多有关历史方面的书籍，他特别醉心于传记文学，他对于艺术理论与哲学也感兴趣，而且还研究过心理学的问题。但他对于数学具有一种特别的、任何东西都比不上的兴趣。他说："这门学科经常给我以创造性的愉快，并且这种愉快逐年在增长。"这是一位既有广泛兴趣又有中心兴趣的教师。

(4) 兴趣的效能性。这是针对兴趣对活动能够产生效果的大小而言。有的人的兴趣只停留在期望和等待的状态中，不能促使人去积极主动地努力满足这种兴趣。这种兴趣缺乏推动的力量，不能产生实际的效果。有的人的兴趣则不然，它能推动一个人去积极活动，能产生实际的效果。

(5) 兴趣的倾向性。倾向性是指个体对什么感兴趣。不同的人，由于年龄、环境、层次、属性不一样，兴趣的指向性也不同。就大学生来说，有人喜欢文科，有人喜欢理科、工科，他们的兴趣倾向就不一样。

(四) 兴趣的分类

兴趣是一种带有情感色彩的认识倾向，它以认识和探索某种事物需要为基础，是推动一个人去认识事物、探求事物的一种重要动机，是一个人学习和生活中最活跃的因素。

目前，关于兴趣的分类方法有很多。比如，根据人的身心需要为基础来划分，可以分为物质兴趣和精神兴趣。物质兴趣主要是指人们对舒适的物质生活的选择倾向和追求，比如衣、食、住、行等；精神兴趣主要指人们对精神生活的选择倾向和追求，比如学习、研究、成就感、被认可等。

根据满足兴趣背后的需求为基础来划分，可以分为直接兴趣和间接兴趣。直接兴趣是指对活动过程的兴趣，这种兴趣使人精力更集中，更加投入，往往更长久；间接兴趣是指对活动过程所产生的结果的兴趣，这种兴趣往往需要借助途径来满足，没有了目标和外界强化，会逐渐消退，对环境的依赖性更大。

以社会背景和社会文化的影响为基础来划分，可以分为个人兴趣和社会兴趣。个人兴趣是指一个人力求认识某种事物或从事某种活动的心理倾向，比如成为科学家、工程师、作家等；社会兴趣指在一定社会背景下，社会成员对某一领域的普遍倾向，或社会某一领域对社会成员的普遍需求。

本书主要根据个性心理发展来谈谈兴趣的分类。古典在《你的生命有什么可能》一书中认为，兴趣分为三个级别，分别是直观兴趣、自觉兴趣和潜在兴趣。

直观兴趣最容易理解，它是通过直观的感官刺激所产生的兴趣。你觉得冰激凌很冰很甜、湘菜川菜很辣很爽、明星衣橱的衣服很好看，这都属于直观兴趣。它都是直接地刺激感官而产生的。这种兴趣会让我们当时觉得很兴奋，却无法让我们形成一种能力。

比直观兴趣更为高级一点的是自觉兴趣。它是指在情绪的参与下，把兴趣指向思维，让兴趣更为持久。例如，有人喜欢摄影，他会去报培训班学习摄影知识和技能，然后参加摄影大赛并且获了奖。有人喜欢烹饪，他会开始学习食谱中做菜的方法，然后家人和朋友都夸他的手艺很好。有人喜欢写作，他会不断地阅读和写文章，然后有一天可以出版自己写的书。

那些世界级的高手有一种更加强大而持久的兴趣，这就是潜在兴趣。例如，马克•扎克伯格痴迷计算机技术，所以他从 11 岁就开始学习，后来创办社交网站 Facebook，成了最年轻的亿万富翁。之所以他能功成名就，是因为他把自己对计算机技术的疯狂热爱与志向绑定，一直专注计算机技术，从而让兴趣更加持久。

如果你找到了兴趣，一定要弄清楚自己的兴趣是属于第几种。最好的兴趣是和你的志向、你的理想相结合。只有这样，你的兴趣才不会像昙花一样，突然一现又突然消失。

我国著名的心理学家林崇德说过"天才的秘密在于强烈的兴趣与爱好"。一个人在自己的生活里，是否有兴趣爱好，其生活历程是大不相同的。兴趣起源于人类寻求快乐的本能，它是一种无形的动力，是促使我们在某一领域追求成功的驱动力。"兴趣盎然""妙趣横生""兴趣是最好的老师"，这些成语和俗语告诉我们，凡是有兴趣的事情，都不会让人感到枯燥乏味，而是使人废寝忘食，锲而不舍，直到走向成功。

(五) 兴趣发生和发展的一般过程

从兴趣的产生和发展的过程来看，一般要经历有趣、乐趣、志趣三个阶段。

有趣是兴趣过程的第一个阶段，也是兴趣发展的低级阶段，它往往短暂易逝，非常不稳定。处于这一阶段的兴趣常常与对某一事物的新奇感相联系，随着这种新奇感的消失，兴趣也会自然地逝去。

乐趣是兴趣过程的第二个阶段，它是在有趣定向发展的基础上形成的，是兴趣发展的中级阶段。这一阶段的兴趣变得专一、深入起来，如喜爱文学的人很可能会沉溺于文学作品中。

志趣是兴趣发展过程的第三个阶段，当乐趣同社会责任感、理想、奋斗目标结合起来时，乐趣便变成了志趣。志趣是取得成就的根本动力，是成功的重要保证。古话说得好："知之者不如好之者，好之者不如乐之者。"我们认为，乐之者不如志之者，志趣会让我们更加坚定专心。

二、职业兴趣概述

当人们的兴趣对象指向职业活动时，就形成了人的职业兴趣。职业兴趣主要是回答"我喜欢做什么"的问题，对人的职业活动有着重要的影响。一份符合自己兴趣的工作，常常能够给自己带来愉悦感、满足感。在选择职业时，人们总会将自己是否对此有兴趣作为考虑因素之一。我们应该努力培养自己多方面的兴趣、爱好，并且注意培养自己的中心兴趣，努力发展自己的专长，从而使得自己的兴趣、爱好有明确的方向性。李开复曾提过关于兴趣的五点建议：选你所爱，爱你所选，把握每一个选择兴趣的机会，忠于自己的兴趣，找到最佳结合点。

延伸阅读 2-2　李开复：为什么大学从法学系转到计算机系

(一) 职业兴趣的含义

职业兴趣是兴趣在职业方面的表现，是指人们对某种职业活动具有的比较稳定而持久的心理倾向，使人对某种职业给予优先注意，并向往之。它是一个人对待工作的态度，表现为有从事相关工作的愿望和兴趣。拥有职业兴趣将增加个人的工作满意度、职业稳定性和职业成就感。一个人的职业兴趣会极大影响职业的适宜度，当他从事的职业与其兴趣相吻合时，就可能发挥最佳水平，易于做出成就；反之则可能感到极不适应或者毫无兴趣，即使取得一定的成绩也难以获得成就感。著名的生涯辅导理论家霍兰德认为，人的人格类型、兴趣与职业密切相关，而且职业兴趣与人格之间存在很高的相关性。

(二) 当代大学生职业兴趣的特点

(1) 职业兴趣模糊。很多学生，尤其是低年级的学生，由于安逸的生活和纷繁的诱惑，而对自己的职业生涯没有足够的认识，对职业兴趣关注较少，对自己在职业上的喜好和倾向知之甚少或模糊不清。这是一个普遍存在的问题。

(2) 职业兴趣污染。职业兴趣污染是指个体尤其是大学生受到多元价值观和外部多样的、不实际的社会信息的影响，使个体对某种职业的倾向偏离自己的本性初衷，使个体的倾向内容偏离职业本身的状况。许多大学生对职业兴趣的回答往往出现好大喜功，只看重表面和结果的特点。

(3) 职业兴趣范围狭窄。主要指很多学生认为自己兴趣点少、内容不丰富的现象。根据个体内心体验和外在表现的明显程度，可以把职业兴趣分为显性兴趣和隐性兴趣。显性兴趣是指个体能明显体验到对某一职业有心理倾向，且有较明显的具有倾向性的外部行为。隐形兴趣是指个体通过对职业的了解和认识可以对其产生兴趣的心理特征，只有受到外部刺激时才会明显表现出来。

(4) 兴趣的稳定性不够，结构不合理。大学生的职业兴趣稳定性不够，持续时间不长，且有从众心理。在兴趣结构上，许多大学生没有体现出层次感，有的学生各方面的兴趣程度都差不多，或重心易出现偏移，没有形成较为稳定的中心职业兴趣。

(5) 对兴趣职业信心不够。现代社会竞争激烈，高校毕业生逐渐增多，就业岗位明显不足，巨大的就业压力造成大学生择业的悲观情绪，渴求工作的心理很强，但对自己的职业兴趣顾及却很少。有资料显示，56%的学生认为与专业相关的工作几乎没有，84%的学生认为找工作会考虑兴趣爱好，但迫于就业压力，对职业兴趣的关注则很少。

(三) 职业兴趣的培养

虽然职业兴趣形成后便在职业生涯中具有一定的稳定性，但根据实际需要仍可以通过多种途径，加上自己的努力去规划、改变、发展和培养职业兴趣的。在培养职业兴趣时，可以从以下几方面去努力。

(1) 在日常生活中培养广泛兴趣。具有广泛兴趣的人，不仅对自己职业领域有浓厚的兴趣，而且对其他方面也有兴趣。这种人眼界比较开阔，解决问题时也可以从多方面得到启发，在职业生涯规划的选择上有较大的余地。如一个电视节目主持人，利用闲暇时间研究、搜集古玩，即使他不再担任电视节目主持人，他原来的“业余爱好”——能够鉴定古玩的特长，也会使他继续他的职业生活。

(2) 在社会实践中体验职业兴趣。只有通过职业实践，才能对职业本身有深刻的认识和了解，才能激发自己的职业兴趣。职业实践活动内容十分丰富，包括生产实习、社会调查、参观访问以及组织兴趣小组等。每一个人都可以通过参加各种职业实践活动，调节和培养兴趣，根据社会和自我需要有意识地去培养和发展兴趣，为事业的成功创造条件。目前，国内高校大都利用寒暑假组织学生到企业、学校、政府部门等进行生产实习或社会实践，这为学生在校期间提供了体验职业兴趣的良好时机，从而能够更好地激发、培养其职业兴趣。

(3) 在日常工作中强化职业兴趣。我们应在某一方面有持久稳定的兴趣，不能朝三暮四、见异思迁，这样才能投入更多的热情和精力，深入钻研相关内容，在事业上有所发展和成就。

(4) 在直接兴趣基础上培养间接兴趣。直接兴趣是由于对事物本身感到需要而引起的兴趣，间接兴趣则不是对事物本身的兴趣，而是对于这种事物未来的结果感到需要而产生的兴趣。人在最初接触某种职业时，往往对职业本身缺乏强烈的兴趣，必须从间接兴趣着手培养直接兴趣。只有把直接兴趣和间接兴趣有机地结合起来，才能充分发挥一个人的积极性和创造性，才能持之以恒，明确目标，取得成功。

三、兴趣对职业发展的影响

美国芝加哥大学心理学教授米哈利(Mihaly)通过研究发现，当人们在专心致志地、积极地参与某种活动，忘记了时空和自己的时候，他们感到最为愉快和满足。他将这种状态称之为流动(flow)，即“聚精会神”“忘我”的状态。在这种状态下，整个人都忘情地投入其中，享受从事这个活动过程本身带来的快乐。大家应该知道著名科学家爱迪生的故事，他经常在实验室里吃饭、睡觉，每天工作十几个小时，但他从不叫苦，爱迪生称：“我一生中从未间断过一天的工作，我每天其乐无穷。”

大量研究也表明，兴趣和工作满意度、职业稳定性和职业成就感之间存在着明显的关系。兴趣能够给职业发展带来动力，是一个人在工作中取得成功的重要推动力，它能将一个人的潜能最大限度地挖掘出来，对个人的职业发展具有积极的推动作用。

(一) 兴趣是职业选择的重要依据

兴趣是最好的老师，是一种强大的精神力量。兴趣可以使人集中精力去获得所喜欢的职业知识，启迪智慧并创造性地开展工作。当一个人对某种职业产生兴趣时，他就能发挥全身心的积极性；就能积极地感知和关注该职业的知识、动态，并且积极思考，大胆探索；就能情绪高涨、想象丰富；就能增强记忆效果，增强克服困难的意志。因此，在职业选择的过程中，人们常常会倾向于寻找与个人兴趣相关的职业，尤其是在外界限制比较小的时候，人们都会选择自己感兴趣的职业。

(二) 兴趣是职业发展的重要动力

个人兴趣属于内驱动，特点是持久强劲，幸福感和成就感更强，也更容易取得大的成就。如果一个人对某种工作产生兴趣，那么他的智力、潜能就能得到充分发挥，就能调动他的自觉性和积极性，即使是枯燥的工作也不会觉得是负担，反而会觉得是一种享受，对自己感兴趣的工作全身心投入，最后一步步走向成功，其人生兴趣即职业。股神巴菲特说自己每天上班都是跳着踢踏舞去的。“一年中的每一天，我都能做我想做的事。”“当我到办公室时，我会觉得工作就像是躺着用笔画天花板一样轻松，太好玩了。”“做自己喜欢做的”，这可能就是巴菲特事业成功的真谛。

(三) 兴趣是职业稳定的重要因素

我国香港著名实业家李嘉诚说过：“对创业者自身成就事业至关重要的是培养自己对所从事职业的浓厚兴趣。”一个人对某一事物感兴趣，就会激发自己对该事物的求知欲与探索热情，调动自己的积极性，使智能与体能进入最佳的状态，从而最大限度地施展才华，充分发挥主动性与创造性。对所从事的工作感兴趣，就愿意钻研，就会出成绩，能够让自己对所从事的工作感到满意，而且能够让工作单位也感到满意。那么，在这种情况下，个人的职业稳定性就有了保障。

在了解兴趣对职业的影响后，大学生在做职业生涯规划时，不仅需要知道自己有能力从事怎样的工作，也需要知道自己对哪类工作感兴趣，因为做自己感兴趣的工作更容易成功，并且能够从中得到无穷的乐趣。将能力与兴趣结合起来考虑，才更有可能取得职业生涯的成功。诺贝尔物理学奖获奖者丁肇中曾说过：“兴趣比天才重要。”

第二节　霍兰德兴趣类型理论

既然兴趣如此重要，很多人不禁要问：“我的兴趣是什么，如何找到自己感兴趣的职业？”想要找到答案，我们需要认真学习一下霍兰德的兴趣类型理论。

一、兴趣类型论的理论来源

对于兴趣的研究，西方国家开始得比较早，1909 年美国波士顿大学教授弗兰克·帕森斯在其《职业选择》的著作中就提到了包括能力倾向、兴趣、价值观和人格等与职业相关的人格特征。桑代克于 1912 年对兴趣和能力的关系进行了探讨。1915 年詹穆士编制了一个关于兴趣的问卷，标志着兴趣测验的系统研究的开始。1927 年，斯特朗编制了《斯特朗职业兴趣调查表》，是最早的职业兴趣测评量表。库德又在 1939 年发表了《库德爱好调查表》。这些兴趣量表获得了极大的发展，且应用领域十分广泛。

1959 年，美国约翰·霍普金斯大学心理学教授、著名的职业指导专家约翰·霍兰德在前人研究的基础上，提出了具有广泛社会影响的职业兴趣理论。他认为人的人格类型、兴趣与职业密切相关，兴趣是人们活动的巨大动力，凡是具有职业兴趣的职业，都可以提高人们的积极性，促使人们积极地、愉快地从事该职业，并且职业兴趣与人格之间存在很高的相关性。在这种思想的基础上，霍兰德归纳了人的六种人格类型。由于这种分类是职业上的反映，因此也可以理解为职业兴趣类型。另外，霍兰德还对职业环境类型按与人格类型相同的模式进行研究和分析，对职业环境的类型采用了与人格类型相同的名称。

霍兰德提出的广为人知的职业兴趣六边形模型(RIASEC)，奠定了他在职业咨询和发展领域的卓越地位，他编制的量表是当今世界上应用最为广泛的职业测评量表之一。

二、兴趣类型论的六个基本原则

(1) 选择一种职业是一种人格的表现。

(2) 职业兴趣是人格(生理、心理、社会的总和)的呈现，职业兴趣测验就是人格测验。

(3) 职业的刻板化印象是可靠的，具有重要的心理与社会意义。

(4) 从事相同职业的人具有相似的人格特点与相似的个人发展史。

(5) 同一职业团体内的人对于各种情境与问题的反应方式是相似的，由此塑造出特有的人际环境。

(6) 个人的职业满意度、稳定性与成就感取决于个人的人格与工作环境之间的适配性。

三、兴趣类型论的四大假设

霍兰德的兴趣类型理论主要由四个基本假设组成：①按人格特征人基本上可以分为六大类，即现实型(realistic，简称 R)、研究型(investigative，简称 I)、艺术型(artistic，简称 A)、社会型(social，简称 S)、企业型(enterprising，简称 E)、事务型(conventional，简称 C)，这既是兴趣类型也是人格类型，因为霍兰德认为职业兴趣的选择表达了一个人的人格特征。②按工作环境人也可以分成六种类型，其名称、性质与兴趣类型和人格类型相一致。③人们都在寻找一种环境，能够运用他们的技能和能力、表达他们的态度和价值观、处理适当的问题和承担一定的角色，并且能够让他们感到愉快，如现实型的人倾向于找现实型的工作环境。④兴趣与职业的匹配程度决定了个体的职业满意度、稳定性和成就感。

四、兴趣类型论六种类型

(一) 现实型(realistic，又译技能型)

(1) 人格特点：愿意使用工具从事操作性强的工作，天生对工具比较感兴趣；动手能力强，做事手脚灵活，动作协调；偏好于具体任务，更愿意与物打交道，对虚幻的、天马行空的东西不感兴趣；做事保守，较为谦虚，认为技能永远无止境，天外有天；通常喜欢独立做事，具有比较强的实践性。

(2) 职业领域：经常使用工具、机器，重视操作技能的工作；对要求具备机械方面才能、体力或从事与物件、机器、工具、运动器材、植物、动物相关职业有兴趣，并具备相应能力。

(3) 典型职业：工程师、技术员；机械操作员、维修安装工人、木工、电工、鞋匠等；司机；测绘员、描图员；农民、牧民、渔民等。代表人物为爱迪生、鲁班。

(4) 常见优势：注重实用，关注实效，用事实说话，务实；追求技术高、精、深，身体协调、动手能力强。

(5) 可能局限：对人际关系不敏感，不善于管理，灵活性不强。

(二) 研究型(investigative，又译调查型)

(1) 人格特点：求知欲强，肯动脑，善思考；抽象思维能力强；喜欢独立的和富有创造性的工作；知识渊博，有学识才能；喜欢逻辑分析和推理；不断探讨未知的领域。

(2) 职业领域：喜欢智力的、抽象的、需分析的、需钻研的工作；喜欢独立的定向任务；喜欢将通过观察、评估、衡量等得到的结果形成理论，并由此发现和解决新的问题。

(3) 典型职业：自然科学和社会科学方面的研究人员、专家；化学、冶金、电子、无线电、电视、飞机等方面的工程师、技术人员；飞行驾驶员、计算机操作人员等。代表人物为达尔文、钱学森。

(4) 常见优势：能够透过现象看到本质；善于独立思考、擅长分析；注重逻辑。

(5) 可能局限：不善于沟通，不愿主动影响他人；思考大于实践。

(三) 艺术型(artistic，又译创造型)

(1) 人格特点：有创造力，乐于创新，对具有创造、想象及自我表现空间的工作显示出明显偏好；渴望表现自己的个性，喜欢以各种艺术形式的创作来表现自己的才能；做事理想化，追求完美；具有一定的艺术才能；善于表达、展示，乐于创造新颖的、与众不同的艺术成果。

(2) 职业领域：要求具备一定艺术修养的工作；对创造力、表达能力和直觉要求比较高的工作；能将想象力和创造力应用于语言、行为、声音、颜色等表达方式的工作。

(3) 典型职业：音乐、舞蹈、戏剧等方面的演员、艺术家；文学、艺术方面的评论员；广播节目的主持人、编导、编辑；作家、画家、书法家、摄影家；艺术、家具、珠宝、房屋装饰等行业的设计师等。代表人物为莫扎特。

(4) 常见优势：创新思维、创造力强；有较强的表现能力。

(5) 可能局限：有时想法与实际不相符合；较为自负，不服从管理。

(四) 社会型(social，又译社交型或服务型)

(1) 人格特点：具有合作、友善、助人、负责、圆滑、善社交、善言谈、洞察力强等人格特征，喜欢从事为他人服务和教育他人的工作；喜欢参与解决人们共同关心的社会问题，渴望发挥自己的社会作用；比较看重社会义务和社会道德；喜欢社会交往、有教导别人的能力。

(2) 职业领域：各种直接为他人服务、与他人打交道的工作；为他人提供信息、启迪、教导和帮助的工作；医疗、护理、教育等工作。

(3) 典型职业：教师、保育员、行政人员；医护人员；衣食住行服务行业的经理、管理人员和服务人员；福利人员等。代表人物为南丁格尔。

(4) 常见优势：人际交往能力较强；有服务奉献精神；有耐心。

(5) 可能局限：过于敏感，抗压能力弱。

(五) 企业型(enterprising，又译经营型或管理型)

(1) 人格特点：追求权力、权威和地位；具有影响力和领导才能；喜欢竞争、敢冒风险，有野心、有抱负；习惯以利益、权力、地位、金钱等来衡量做事的价值；做事有较强的目的性。

(2) 职业领域：经营、管理、监督和领导类的工作；有挑战、有声望的工作；有经济地位和社会地位的工作；有领导力和魄力，权力与责任相结合的工作。

(3) 典型职业：企业家、政府官员、行政部门工作者、企业管理者；项目经理、销售人员、营销管理人员等。代表人物为马云、福特。

(4) 常见优势：具有影响、管理、掌控能力；勇于挑战，抗压能力强；果断，目标明确。

(5) 可能局限：独断，甚至武断；缺乏耐心。

(六) 事务型(conventional，又译传统型、常规型)

(1) 人格特点：具有顺从、谨慎、保守、实际、稳重、效率高等人格特征；喜欢按计划办事，习惯接受他人的领导，自己不谋求领导职位；喜欢高度有序、要求明晰性的工作，对于规则模糊、自由度大的工作不太适应；不喜欢冒险和竞争；工作踏实、忠诚可靠，遵守纪律；工作仔细，有毅力，有条理，责任心强，对社会地位、社会评价比较在意，通常愿意在大型机构做一般性工作。

(2) 职业领域：注重细节、精确度、有系统、有条理的工作；记录、归档、整理的工作；根据特定要求或程序进行信息组织和管理的工作，主要指各类文件档案、图书资料、统计报表等相关的工作。

(3) 典型职业：会计、出纳、统计人员；打字员、办公室人员、秘书和文书；图书管理员；导游、外贸职员；保管员、邮递员、审计人员、人事职员等。代表人物为洛克菲勒。

(4) 常见优势：遵守规则与流程；责任感强；稳重踏实细致，条理清楚。

(5) 可能局限：过于保守，缺乏创造性；有一定的依赖性。

以上是霍兰德对每一种人格类型的描述，都是该种特质理想的、典型的形式。而在现实当中，没有哪种描述能一丝不差地符合某一个人的情况。因此，为了比较全面地描绘个人的人格类型，通常用最强的三个人格类型的字母代码来表示一个人的人格类型，这个代码称为“霍兰德代码(Holland code)”。这三个字母的顺序表示人格特征的强弱程度的不同。

五、六大类型的关系

霍兰德按人格特征和职业环境所划分的六大类型之间的关系并非是并列的，也没有明晰边界，他以六边形标示出六大类型之间的关系(参见图 1-2)。

从图 1-2 中可以看出，每一种类型与其他类型之间存在着不同程度的关系，六种类型之间存在着三种关系，任何两种类型之间的距离越近，其职业环境及人格特征的相似程度就越高；反之，两种类型之间的距离越远，其职业环境及人格特征的相似程度就越低。

(1) 相邻关系，如 RI、IA、AS、SE、EC、CR。属于这种关系的两种类型的个体之间共同点较多，其职业环境及人格特征的相似程度最高。如企业型(E)和社会型(S)距离最近，它们的相似性也最高，这两种类型的人都较其他类型的人更喜欢与人打交道。而现实型(R)与研究型(I)的人都不太偏好人际交往，这两种职业环境中也都较少机会与人接触。

(2) 相隔关系，如 RA、RE、IC、IS、AE、SC。属于这种关系的两种类型个体之间共同点较相邻关系少，具有中等程度的相似性。如研究型(I)和事务型(C)两种类型正好是相隔关系，它们的距离较近，两者的人格特征具有一定的相似性，这两种类型的人工作都比较仔细，有条理，责任心强，而且不愿意担任领导职务，不愿意管理和领导他人；但研究型的人多半是好奇的、具有批判性的，喜欢具有创造性、挑战性的工作，不太喜欢固定程式的任务；而事务型的人则喜欢要求明晰的工作，对于规则模糊、自由度大的工作不太适应，不愿意去挑战新的工作。

(3) 相对关系，在六边形上处于对角位置的类型之间即为相对关系，如 RS、IE、AC，相对关系的人格类型共同点最少。如现实型(R)和社会型(S)正好处于相对的位置，现实型的人愿意从事操作性的工作，动手能力强，但是不善言辞，缺乏社交能力；而社会型的人则喜欢与人打交道，具有较强的社会活动能力，关心社会问题，渴望发挥自己的社会作用，这两种类型的人相似性最低。

六边形模型可以帮助我们对人格特征类型与职业环境类型之间的适配性进行评估。例如，一个研究型人格特征占主导地位的人在一个研究型职业环境中工作会感到更快乐，但如果让他在一个企业型的工作环境中工作，他可能会感到不舒服，因为这两种类型具有不同的特点。因此，我们应该尽量选择与自我兴趣类型匹配的职业环境，这样才能更好地发挥个人的潜能，更好地适应职业环境和职业角色。

第三节　发现自己的职业兴趣

上一节介绍了霍兰德提出的六种兴趣类型及其特点，你能从中发现自己的兴趣类型吗？如果还不清楚的话，我们可以通过兴趣测评的方法来发现自己的兴趣类型。

一、兴趣测评的分类

为了更加科学地探索职业兴趣，很多心理学家和职业指导专家编制了职业兴趣测评量表。其中，除了斯特朗的《斯特朗职业兴趣调查表》、库德的《库德爱好调查表》，目前使用比较广泛的兴趣测验是《霍兰德自我探索量表》，它主要包括两个部分：评价手册和职业索引表。除了以上兴趣测评量表之外，还有一些其他的兴趣测评方法，如问答法、兴趣岛法、职业幻想评估法等。职业兴趣测评大致可以分为两种：正式测评法和非正式测评法。我们可以通过这两种方法来探索自己的职业兴趣。

(一) 正式测评法

我们以《霍兰德自我探索量表》为例，学习如何通过兴趣测评量表来发现自己的职业兴趣。

【课堂活动 2-1】

职业倾向自我探索

本测验旨在帮助你探索可能从事的兴趣职业，请仔细遵循每一页的引导完成。

1. 活动

下面列举了各种活动，请就这些活动判断你的偏好。L 代表“喜欢”，D 代表“不喜欢”或者“无所谓”。请在相应的○里打√。

R	L	D
修理或组装电子产品	○	○
修理自行车	○	○
修理或组装机械产品	○	○
用木头做东西	○	○
参加技术教育或手工制作课程	○	○
参加机械制图课程	○	○
参加木工技术课程	○	○
参加自动化机械课程	○	○
与杰出的机械师或者技术人员一起工作	○	○
在室外工作	○	○
操作自动化机器或者设备	○	○
	L 的总数	( )

I	L	D
阅读科学书籍和杂志	○	○
在研究室或实验室工作	○	○
从事一项科学项目	○	○

(续表)

I	L	D
研究一个科学理论	○	○
从事与化工品有关的工作	○	○
应用数学解决实际问题	○	○
上物理课	○	○
上化学课	○	○
上数学课	○	○
上生物课	○	○
研究学术或者技术问题	○	○
	L 的总数	**(　　)**
A	**L**	**D**
素描/制图/绘画	○	○
设计家具，服装或者海报	○	○
在乐队/管弦乐队/其他组团中演奏	○	○
练习乐器	○	○
创造肖像或者拍照	○	○
写小说或者戏剧	○	○
上艺术课	○	○
编曲或者谱曲(不限曲种)	○	○
与有天赋的艺术家、作家或者雕塑家一起工作	○	○
为他人表演(跳舞、唱歌、小品等)	○	○
阅读艺术、文学或者音乐类文章	○	○
	L 的总数	**(　　)**
S	**L**	**D**
会见重要的教育家或者咨询师	○	○
阅读社会学文章和书籍	○	○
为慈善团体工作	○	○
帮助他人解决他们的个人问题	○	○
研究青少年的犯罪问题	○	○
阅读心理学文章或者书籍	○	○
上人类关系课程	○	○
在高中教书	○	○
照看有精神疾病的病人的活动	○	○
给成年人讲课	○	○
从事志愿者的工作	○	○
	L 的总数	**(　　)**

E	L	D
学习商业成功的策略	○	○
创业	○	○
参加销售会议	○	○
参加行政管理或领导力的短期课程	○	○
担任任何组织的负责人	○	○
监督管理其他人的工作	○	○
会晤重要的执行长官或者领导	○	○
领导一个团队实现某个目标	○	○
参加政治竞选	○	○
担任某一组织或者企业的顾问	○	○
阅读商业杂志或文章	○	○
	L 的总数	(　　)

C	L	D
填写收入报税表	○	○
在交易或记账时进行加、减、乘、除的计算	○	○
使用办公设备	○	○
坚持做详细的开支记录	○	○
建立记录系统(如记录钱，人员，原材料等)	○	○
上会计课	○	○
上商业数学课	○	○
建立生活用品或商品的清单	○	○
检查文案或者产品中的错误或瑕疵	○	○
更新记录或文档	○	○
在办公室内工作	○	○
	L 的总数	(　　)

2. 能力

Y 代表你完全能做或者能做的很好的活动，N 代表从来没做过，或者做的很差的活动。请在相应的○里打√。

R	Y	N
我能使用电锯、车床或磨砂机等木工工具	○	○
我能画有比例要求的图纸	○	○
我能给汽车加油或者换轮胎	○	○
我能使用电钻、磨床或缝纫机等电动工具	○	○
我能给家具或木制品刷漆	○	○
我能修理简单的电器用品	○	○
我能修理家具	○	○
我能使用很多手工工具	○	○

(续表)

R	Y	N
我能简单地修理水管	○	○
我能制造简单的木工作品	○	○
我能粉刷房间	○	○
	Y 的总数	( )
I	**Y**	**N**
我能使用代数解决数学问题	○	○
我能执行一项科学实验或者调查	○	○
我明白放射性元素的半衰期	○	○
我能使用对数表	○	○
我能使用计算机研究一个科学问题	○	○
我能描述白细胞的功能	○	○
我能解释简单的化学方程式	○	○
我明白为什么人造卫星不会坠落到地球上	○	○
我能写一篇科学报告	○	○
我明白宇宙大爆炸理论	○	○
我明白 DNA 在遗传中的作用	○	○
	Y 的总数	( )
A	**Y**	**N**
我能演奏乐器	○	○
我能参加二部或四部合唱	○	○
我能独唱	○	○
我能演戏	○	○
我能朗诵	○	○
我能画画(油画或水彩)或雕塑	○	○
我能创作或者编曲	○	○
我能设计衣服、海报或者家具	○	○
我会写很不错的故事或诗	○	○
我能写一篇演讲稿	○	○
我能拍摄很吸引人的照片	○	○
	Y 的总数	( )
S	**Y**	**N**
我发现与不同类型的人交谈很容易	○	○
我擅长向其他人解释或说明一些事情	○	○
我能做一个有亲和力的组织者	○	○
人们常向我诉说他们的困扰	○	○
我能很轻松地教小孩子	○	○

(续表)

S	Y	N
我能很轻松地教成年人	○	○
我擅长帮助感到不安或者困扰的人们	○	○
我对社会关系有很好的理解	○	○
我擅长教别人	○	○
我擅长使别人感到轻松	○	○
相比物和观念，我更擅长与人打交道	○	○
	Y 的总数	( )

E	Y	N
我知道如何成为一个成功的领导	○	○
我是一个优秀的公共演说者	○	○
我能组织某个销售活动	○	○
我能组织其他人的工作	○	○
我是一个有抱负而且意志坚定的人	○	○
我擅长让别人按照我的方式做事	○	○
我有很好的推销能力	○	○
我有很强的辩论能力	○	○
我非常有说服力	○	○
我有很不错的规划技能	○	○
我具有某些领导力	○	○
	Y 的总数	( )

C	Y	N
我能将函件或其他文件分门别类管理	○	○
我能从事办公室工作	○	○
我能使用自动化的办公设备(如打印机、复印机、计算机等)	○	○
我能很快地完成大量的文案工作	○	○
我能使用简单的数据处理设备	○	○
我能进行收支记录	○	○
我能准确地记录付款和销售额	○	○
我能使用计算机输入信息	○	○
我能撰写商业信函	○	○
我能完成一些常规的办公室工作	○	○
我是一个细心而且有条理的人	○	○
	Y 的总数	( )

3. 职业

这是你关于很多工作态度和情感的清单。如果某个职业你很感兴趣或者很受吸引，则在相应的 Y 下面的○上画 √；如果你不喜欢或者没兴趣，则在 N 下面的○上画 √。

R	Y	N
飞机机械师	○	○
汽车机械师	○	○
木工技师	○	○
汽车司机	○	○
测量工程师	○	○
建筑工地现场监理员	○	○
无线电机械师	○	○
交通机车(如火车)工程师	○	○
机械技术员	○	○
电器技术员	○	○
农业技术员	○	○
飞机驾驶员	○	○
电子技术员	○	○
焊接技术员	○	○

R 类 Y 的总数(　　)

I	Y	N
气象学科研人员	○	○
生物学科研人员	○	○
天文学科研人员	○	○
医学科研人员	○	○
人类学科研人员	○	○
化学科研人员	○	○
独立的研究科学家	○	○
科学书籍的作家	○	○
地质学科研人员	○	○
植物学科研人员	○	○
科研技术员	○	○
物理学科研人员	○	○
社会科学研究人员	○	○
环境分析学者	○	○

I 类 Y 的总数(　　)

A	Y	N
诗人	○	○
音乐家	○	○
小说家	○	○
演员	○	○

(续表)

A	Y	N
自由职业作家	○	○
编曲家	○	○
新闻学家 / 记者	○	○
艺术家	○	○
歌唱家	○	○
作曲家	○	○
雕刻家	○	○
剧作家	○	○
漫画家	○	○
娱乐节目的艺人	○	○
	A 类 Y 的总数	**(　　)**
S	**Y**	**N**
职业咨询师	○	○
社会学者	○	○
高中教师	○	○
物质依赖(如对酒精、药物等依赖)治疗师	○	○
青少年犯罪专家	○	○
语言治疗师	○	○
婚姻咨询师	○	○
临床心理学家	○	○
人文社会课教师	○	○
私人咨询师	○	○
青少年野营主管	○	○
社会工作者	○	○
残障人康复咨询师	○	○
儿童乐园主管	○	○
	S 类 Y 的总数	**(　　)**
E	**Y**	**N**
采购员	○	○
广告宣传主管	○	○
工厂管理者	○	○
商业贸易主管	○	○
晚会或仪式主持人	○	○
销售人员	○	○
房地产销售员	○	○

(续表)

E	Y	N
百货商场经理	○	○
销售经理	○	○
公共关系主管	○	○
电视台经理	○	○
小企业主	○	○
法官	○	○
机场经理	○	○
	E 类 Y 的总数	( )
C	**Y**	**N**
账目记录员	○	○
预算规划员	○	○
注册会计师	○	○
金融信用调查员	○	○
银行出纳员	○	○
税务专家	○	○
物品管理员	○	○
计算机操作员	○	○
金融分析员	○	○
成本估算员	○	○
工资结算员	○	○
银行督察员	○	○
会计职员	○	○
审计职员	○	○
	C 类 Y 的总数	( )

4. 自我评估

下面列出6种能力，请与自己的同龄人比较一下，对自己的实际情况进行评估。在最适合自己的等级数字上画圈，尽量避免对每项能力的打分相同。

自我评估(1)

机械操作能力 科学研究能力 艺术创作能力 教授讲解能力 商业推销能力 事务管理能力。

高	7	7	7	7	7	7
	6	6	6	6	6	6
	5	5	5	5	5	5
中	4	4	4	4	4	4
	3	3	3	3	3	3
	2	2	2	2	2	2
低	1	1	1	1	1	1
	R	I	A	S	E	C

自我评估(2)

动手能力　数学能力　音乐能力　理解他人能力　管理能力　行政能力

高	7	7	7	7	7	7
	6	6	6	6	6	6
	5	5	5	5	5	5
中	4	4	4	4	4	4
	3	3	3	3	3	3
	2	2	2	2	2	2
低	1	1	1	1	1	1
	R	I	A	S	E	C

组织你的填答

将活动，能力，职业和自我评估各个分项中 6 个领域(R，I，A，S，E，C)中的 L 的总数和 Y 的总数分别填在如下对应的横线上。

活动　______ ______ ______ ______ ______ ______

R　I　A　S　E　C

能力　______ ______ ______ ______ ______ ______

R　I　A　S　E　C

职业　______ ______ ______ ______ ______ ______

R　I　A　S　E　C

自我评估(1)　______ ______ ______ ______ ______ ______

R　I　A　S　E　C

自我评估(2)　______ ______ ______ ______ ______ ______

R　I　A　S　E　C

综合得分　______ ______ ______ ______ ______ ______

(将各项纵向相加)　R　I　A　S　E　C

综合职业码(从综合得分中选出三个得分高的，由高到低排列，记入字母)	第一位	第二位	第三位

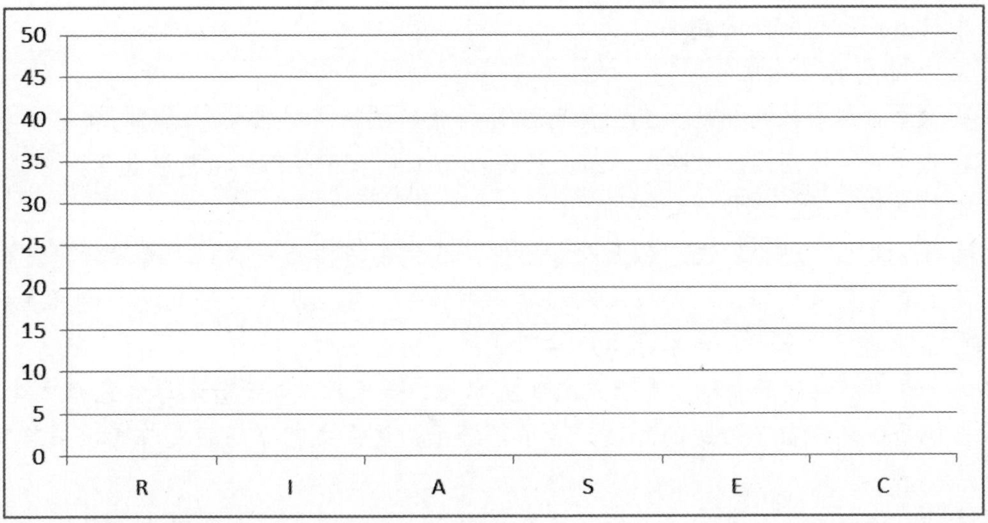

(资料来源：John L. Holland/金蕾莅译. The Self -Directed Search, Form R, 4th Edition, 1994)

在确定职业兴趣代号后，请在附录 A《霍兰德自我探索量表》职业索引表中寻找相应的职业，这些职业或相类的职业可供选择参考。

对照方法如下：首先根据职业兴趣代码，在职业索引表中找出相应的职业，如职业兴趣代码是 EIS，那么警官、侦查员、交通检验员、安全检查员、商人等就是最适合自己兴趣的职业。然后寻找与职业兴趣代码相近的职业，如职业兴趣代码是 EIS，那么，其他由这三个字母组合成的代码相对应的职业，也较适合你的兴趣，如 ISE：营养学家、饮食顾问、火灾检查员、邮政服务检查员；IES：细菌学家、生理学家、化学专家、地质专家、地理物理学专家；SIE：营养学家、饮食学家、海关检查员、安全检查员、税务稽查员。

(二) 非正式测评法

对于兴趣的非正式测评方法比较多，如问答法，它通过谈话问答的方式对自己的职业兴趣进行澄清，这种方法在专业咨询机构中用得比较广泛。其他方法还有问卷法、职业兴趣探索卡、兴趣岛测评法、职业幻想评估等。下面我们通过常用的兴趣岛测评法对职业兴趣进行探索。

【课堂活动 2-2】

兴趣岛测试——你适合什么职业

1. 导入语

假如你获得了一次免费度假游的机会，有机会去下列六个岛屿中的一个。唯一的要求是你必须在这个岛上待至少半年时间。请不要考虑其他因素，仅凭自己的兴趣按照一、二、三的顺序挑出你最想前往的岛屿。

2. 各个岛屿的具体情形

岛屿 R：自然原始的岛屿。岛上保留热带的原始植物，自然生态保持得很好，也有相当规模的动物园、植物园、水族馆。岛上居民以手工见长，自己种植花果蔬菜、修缮房屋、打造器物、制作工具，喜欢户外运动。

岛屿 I：深思冥想的岛屿。岛上人迹较少，建筑物多僻处一隅，平畴绿野，适合夜观星象。岛上有多处天文馆、科博馆以及科学图书馆等。岛上居民喜好沉思、追求真知，喜欢和来自各地的哲学家、科学家、心理学家交换心得。

岛屿 A：美丽浪漫的岛屿。岛上充满了美术馆、音乐厅，弥漫着浓厚的艺术文化气息。同时，当地居民还保留了传统的舞蹈、音乐与绘画，许多文艺界的朋友都喜欢来这里找寻灵感。

岛屿 S：温暖友善的岛屿。岛上居民个性温和、十分友善、乐于助人，社区均自成一个密切互动的服务网络，人们多互助合作，重视教育，关怀他人，充满人文气息。

岛屿 E：显赫富庶的岛屿。岛上的居民热情豪爽，善于企业经营和贸易，能言善道，以口才见长。岛上的经济高度发展，处处是高级饭店、俱乐部、高尔夫球场。来往者多是企业家、经理人、政治家、律师等，曾数次在这里召开财富论坛和其他行业巅峰会议。

岛屿 C：现代、井然的岛屿。岛上建筑十分现代化，是进步的都市形态，以完善的户政管理、地政管理、金融管理见长。岛民个性冷静保守，处事有条不紊，善于组织规划，细心高效。

你选的三座岛屿依次是：(　　)、(　　)、(　　)。

3. 按照自己的第一选择分组

选择同一岛屿的人交流一下：自己为什么选择这个岛屿，看看大家有什么共同的兴趣爱好，并归纳关键词。根据大家的交流给自己的小组命名，并选取一个标志物和 logo，在白纸上制作一张小组的宣传图。每个小组请一位组员用 2 分钟时间展示自己小组的宣传图，并向全班介绍自己小组的共同特点。

这六个岛屿分别代表着六种职业类型。选择 R 岛的人是现实型，选择 I 岛的人是研究型，选择 A 岛的人是艺术型，选择 S 岛的人是社会型，选择 E 岛的人是企业型，选择 C 岛的人是事务型。你最想去的三个岛屿的代码就是你的霍兰德代码。对照附录 A《霍兰德自我探索量表》职业索引表就能得出与自己人格类型所匹配的职业。

需要注意的是，这只是对兴趣类型的一个初步判断，初学者对霍兰德类型的掌握不深入，再加上社会期望和缺乏自我认识等原因，个人不易准确地判断自己的职业兴趣类型，因此，最好通过职业兴趣测试来加以确认。

二、关于职业兴趣测评的几个问题

在探索兴趣时我们经常遇到一些疑惑，比如测评的结果与个人的想法不一致，感兴趣的工作难以获得，所学专业并不是个人的兴趣专业，等等。对此我们当如何应对呢？

(一) 测评结果与实际不符

霍兰德兴趣类型理论为我们探索自己的职业兴趣提供了便利，但其远非完美，也存在一些局限。一方面，任何一个心理测试都不可能像物理测量一样准确，要求被试者在一定时间内按照自己的想法或第一反应进行选择，其本身就存在一定的随机性或误差，所以对于测试结果我们要联系实际反复思考，不可盲信测试；另一方面，在实际生活中，同时拥有相对的两种兴趣类型(如霍兰德代码为RSE，R与S在六边形模型上处于对角线位置)的人并不少见。在寻找与这样的兴趣类型完全匹配的工作时往往会出现困难，因为同一个工作环境很少会包含相对立的两种情况(如既提供大量与人打交道的机会，又提供大量个人单独工作的机会)。在这种情况下，可以考虑从事包含自己某种兴趣类型的工作(如RE或SE)，而在业余生活中寻找自己在工作中未能满足的兴趣。另外，还要正确认识自身兴趣，很少有人的兴趣仅限于某一类型，我们大多是多种兴趣类型的综合体，单一类型显著突出的情况不多，测评结果也只是反映我们的“偏好”，说明和某一群体有着相似的兴趣，从事这样的工作会比较快乐。因此，我们要正确认识自身兴趣，找出自己的“主导”兴趣。

(二) 所学专业非兴趣所在

有不少大学生在选专业时由于缺乏对自我和专业的认知而未能选择与自己兴趣类型适配的专业，或者由于父母的意见而被迫选择了与自己兴趣类型截然相反的专业，由此导致了一些人对专业学习不感兴趣，担心毕业后找不到自己感兴趣的职业，整日沉迷游戏，或者成天无所事事，成绩极差，等等，面对这些问题我们该如何应对呢？

(1) 我们要明白专业与职业并不是简单的一对一关系，同一专业其实有很多职业可以从事。尽管现在专业划分越来越细，但是很难对专业的就业岗位划分具体范围，尤其在人文学科中各专业之间相互渗透。所以，在求职中我们会发现许多职位对专业并没有太多的限制，同一专业的就业领域可能遍及多个行业。

(2) 用人单位在招聘工作人员时，最看重的并不是单一的专业知识，而是个人的综合素质，如团队协作能力、学习能力、人格品质等，这些是通过专业学习难以获得的。此外，专业技能不一定要通过校园学习才能获得，社会上各种各样的培训班、学历班和公司的入职培训都能帮助我们获得工作所需要的技能，跨专业找工作并非不可能。大学生应在掌握专业基础知识的同时，有意识地提高自己各方面的能力，不断拓宽自己的求职之路。

(3) 随着高校改革的不断深化和自主办学权限的不断扩大，大学生在校期间调换专业已成为常态。虽然入学时因各种原因选了自己不感兴趣的专业，在校期间可以通过自己的努力转到自己喜欢的专业就读，通过选修第二学位学习自己感兴趣的专业，或者毕业时报考自己喜欢的专业的研究生考试。

(三) 正确看待职业兴趣测评

严格地讲，兴趣测评的结果不能被解释为“哪种职业适合我”，只能说是根据测评的常模样本，拥有某类型兴趣特征的人通常会更多地选择某些类型的职业，并且在这样的职业环境中感觉比较愉快、满足。由于同一职业在不同的机构内其性质和工作内容可能有很大不同，所以要具体情况具体分析。做兴趣测试的目的是增进对自我及工作世界的认识，拓宽在职业前景上的思路，为未来发展提供方向性的指导，而不是限定自己。因此，不要局限于测评结果所建议的职业，也不要盲目地给自己的职业类型贴标签、限制自己。

(四) 职业兴趣测评的局限性

随着测评理论的发展与测评技术的不断进步，兴趣测评的质量得到很大提高，但是有些人在测评时由于受到客观条件、个人心理状态、实践经历等情况的影响，从而出现几次测评的结果不一致或测评结果与自己实际想法不一致的情况。其实，影响职业选择的因素是多方面的，不只受到职业兴趣的影响，同时也受到个人性格特征、价值观及技能的影响。因此，大学生要树立这样一种观念：做职业兴趣测评，重要的不是得出某个确定的职业结果，而是以兴趣类型作为自己职业探索和职业定位的参考依据。

延伸阅读 2-3 比尔·盖茨的五把钥匙

【课堂活动 2-3】

职业幻想

职业幻想是为了在放松的情境下帮助我们找出尽可能多的职业前景，在这里，你暂时不需要考虑自己是否有能力或是否适合，只需要考虑你喜欢的。

(1) 请认真回忆自己从小到大曾经想要做的工作。在表格左边列出这些工作的名称，不管这些工作现在看来是多么不可思议或可笑。

(2) 在表格右边列出此时此刻你想要做的工作的名称。

(3) 表格左右两列同时出现的职业可能是我们感兴趣的职业。

(4) 如果需要，还可通过《霍兰德自我探索量表》或者兴趣岛测试来探索自己的职业兴趣，并可将测评所得结果相互对照，综合分析。如果测得的兴趣类型和理想中的职业类型匹配，那么就可以更加努力地实现兴趣，如果不一致则要思考其中的原因。

从小到大曾经想要做的工作	此时此刻想要做的工作
1.	1.
2.	2.
3.	3.
4.	4.
5.	5.
6.	6.
7.	7.

讨论与思考

1. 我好像对什么都没有兴趣，不知道自己到底喜欢什么，怎么办？
2. 我的兴趣太多，该怎么选择？
3. 我所学专业不是我的兴趣所在，除了考研换专业外还有别的方法吗？
4. 做不符合自己兴趣的事情难道就不能成功吗？

第三章
性格类型与职业生涯

性格是人对现实稳定的态度和习惯化的行为方式的总和，它是人格中最具核心意义的部分，几乎涉及一个人的心理过程及个性特征的各个方面，它与人的职业生涯息息相关，并深刻影响人们的职业选择和工作效率。本章的主要任务在于帮助大家了解性格的含义、类型以及其与职业生涯的关系。通过本章的学习，读者应了解和掌握以下内容。

(1) 了解性格的定义、性格类型，了解性格与职业生涯发展的关系。

(2) 了解 MBTI 理论，并通过 MBTI 理论了解自己的性格特征。

(3) 了解 MBTI 的 16 种性格类型及最佳职业领域。

(4) 通过 MBTI 的理论学习和性格测试，探索并发现自己的性格类型。

案例导入

掉头转向　变道超车

小天，男，中共党员，广告学专业，某大学 2013 级学生，他在大一期间担任班级科创委员和学生会干事，在学习上如“热锅上的蚂蚁”——很有拼劲，但目标似乎不太明确：大一暑假期间学习 Photoshop、Flash、Dreamweaver 技术，想从事广告相关行业；大二，锻炼交际能力，并在济南某一广告公司实习，负责新媒体运营，让其对广告行业的理论课程和实践内容有了初步的了解；大三，他从广告行业转向考研……确定了目标学校，也制订了学习计划……但是仅仅坚持了一个月便放弃，并在大三上学期来到了一家餐饮连锁公司的媒体运营部，工作了 20 天便又退出，他觉得这对他的职业生涯没有任何意义；大三第二学期，他去了市区一家汽车广告代理公司，做汽车品牌策划和活动执行，工作挺顺利，从 4 月到 7 月，三个月的时间是实习生涯中最有成就感的时光。在这里，他制作了最喜欢的汽车广告，拍摄了创意广告视频《侃侃侃车》，在汽车之家和其他汽车微信平台投稿了关于汽车的文章，总的来说日子虽苦但也快活。大四他却又辞职了，选择考公务员。他说：“可能很多人认为考公务员是长辈的意见，但是对我来说，这都是我自己选择的。”定下目标后，他开始着手实行计划，整个安排是“十一月国考练手；次年三月份选调村官为主”。确定好计划以后，他开始每天努力学习，仿佛又回到了高三时的状态，三点一线，早出晚归，不断学习。付出就有收获，两次考试都成功通过，12 月份考取浙江省国家公务员，次年5月份考取山东选调生，最终他轻易做出选择，回到家乡成了一名选调村官。

小天从大一到大三期间进行的所有知识、技能和经验的准备都是从事广告行业，并且“工作得很快乐”，而到大四突然“转向”选择考公务员，这两个截然相反的选择让人产生困惑，他的选择是否正确？他到底适合什么工作？他在现在的工作岗位上是否开心？大一到大三的职业准备是否浪费？你对他有什么规划意见？

(资料来源：济南大学生涯咨询案例)

第一节　性格的概述

两千年前，哲人赫拉克利特曾说：“性格决定命运。”美国著名心理学大师威廉·詹姆斯也曾说过：“播下一种行为，收获一种习惯；播下一种习惯，收获一种性格；播下一种性格，收获一种命运。”现如今，性格已成为重要的考量指标，它是人格中最具核心意义的部分，几乎涉及人的心理过程及其个性特征的各个方面。那么什么是性格？性格对职业的选择与发展又有什么影响？这是值得每个大学生认真思考的重要命题。

一、性格的定义

性格是英语 character 的译名，其希腊文有特性、标记和印刻的意思。心理学认为，性格是人对现实稳定的态度和习惯化的行为方式。它是一种与社会相关最密切的人格特征，在性格中包含许多社会道德含义①。性格表现了人们对现实和周围世界的态度，并体现在其行为举止中。性格主要体现在对自己、对别人、对事物的态度和所采取的言行上。性格具有稳定性、结构性和整体性的特点。

关于性格的阐述有很多理论学说，归纳起来主要有“因素说”和“类型说”两种。“因素说”将人的性格视为由若干种因素共同构成，各种因素的水平决定一个人的性格，如卡特尔十六种人格测验、艾森克的三因素理论。“类型说”即把人群中绝大多数人分为若干种类型来区分理解，如 MBTI 理论、AB 类型人格理论等。在众多人格类型或评估工具中，虽百花齐放，但由凯瑟琳·布里格斯(Katherine Briggs)与伊莎贝尔·迈尔斯(Isabel Myers)共同研制出的人格类型评估工具《迈尔斯—布里格斯类型指标》(Myers-Briggs Type Indicator，简称 MBTI)脱颖而出，更胜一筹，被广泛应用于自我探索、职业发展、人才选拔、团队建设、管理培训和教育咨询等中，显示出了顽强的生命力。

二、性格与职业生涯的关系

从古到今，性格都是人们谈论的重要话题，性格类型已经成为人们相互了解和发挥优势的重要手段。实际上性格没有好坏之分，我们需要根据性格特点选择较为匹配的职业。

① 彭聃龄. 普通心理学(修订版)[M]. 北京：北京师范大学出版社，2004：20-100.

性格在职业中的体现便是职业性格，即职业及环境所需要的性格特征，是个人内部的动力，是确定个人在职业上特征性行为的依据。人的性格类型与职业生涯之间具有高关联性，具体来讲有以下几种关系。

(1) 性格是个体人格中具有核心意义的部分，几乎涉及一个人的心理过程及个性特征的各个方面，与职业生涯息息相关。性格使一个人更加偏爱某一种而不是另一种环境。由于性格的不同，每个人在对不同环境的认知过程中，也表现出不同的个性化风格。从事与自己性格相匹配的工作，个体才能得到充分发挥；从事与自己性格不匹配的工作，个人才能就会受到阻碍，会让人觉得整个工作状态都很“不对劲”。

(2) 不同的性格类型对不同的职业有着不同的适应性。职业心理学的研究表明，不同的职业需要具有不同性格的从业者，某一类职业能够体现出某一类共同的职业性格。如科技人员的创新、百折不挠和刻苦实干，医务人员的一丝不苟和精益求精。一个人在某种职业中获得成功的性格，可能会让他在另一职业中大受挫折。因此在职业选择中，我们应尽可能充分考虑自己的个性特征与职业要求是否相适应，这样在工作中能够满足自己的独特欲望，能够发挥特有的能力，还能利用个人资本体验到更多的快乐和愉悦。

(3) 长期从事某种特定的职业活动会使从业人员按照职业的要求，不断巩固或者调整原有的性格特征，进而形成一些新的特点。不同的职业对应着相应的职业环境，同样对相应的性格特征有着不同的要求，人们通常按照角色和社会期望来约束或培养自己的行为，进而形成某些有着鲜明职业特征的性格特征。这些表现通常都是外显的，但是内隐的性格仍然保持着它的稳定性。例如一个内向的人从事销售工作，在平时的生活中他非常内向，然而在具体的销售过程中又非常善于人际交流，表现出部分职业性格特征。

第二节　性格类型理论及其简介

性格的差异与生俱来，这正好形成了区分不同人的重要特征，比如我们会觉得有些人活泼开朗，充满正能量，有些人内向谨慎，不善交往；有些人感情用事，很有人情味，有些人理性客观；这些都表现出了不同的人格特质。基于此，众多的性格分析模型或工具被开发出来，协助我们了解和分辨不同的性格类型，其中被广泛使用在生涯领域的是 MBTI 性格分析工具。

一、MBTI理论概述

现代心理学中，性格类型的概念由著名的瑞士心理学家荣格(Jung)在 1921 年提出，该理论最早体现在《心理类型》一书中，它的核心观点旨在揭示、描述和解释个体行为表现的差异。1942 年，美国学者布里格斯与迈尔斯基于荣格的心理类型理论，提出人的心理可以通过四个维度(见表 3-1)来描述，根据个体能量的流动方向分为外倾(extraversion，简称 E)与内倾(introversion，简称 I)偏好；根据个体获取信息的感知方式分为感觉(sensing，简称

S)与直觉(intuition，简称 N)偏好；根据个体处理信息的决策方式分为思维(thinking，简称 T)与情感(feeling，简称 F)偏好；根据个体与周围世界的接触方式分为判断(judging，简称 J)与知觉(perceiving，简称 P)偏好。上述四个维度八个端点，可以组合成 16 种人格类型。在这一理论指导下，经过 60 多年的不断研究和发展完善，他们开发并研制出 MBTI 性格分析工具。MBTI 性格分析工具是一种迫选型、自我报告式的人格测评工具，用以衡量和描述人们在获取信息、做出决策、对待生活等方面的心理活动规律和不同的人格类型表现。MBTI 因其科学性、易用性，现在已经被广泛应用于自我探索、职业发展、团队建设、管理培训等领域。

表 3-1　MBTI 理论的四个维度

能量交换 偏爱把注意力集中在哪些方面	外倾(E)—内倾(I)
信息获取 我们获取信息，认识世界的方式	感觉(S)—直觉(N)
决策方式 我们作决定的方式	思维(T)—情感(F)
生活方式 我们适应外部环境的方式	判断(J)—知觉(P)

(一) 第一个维度：外倾(E)—内倾(I)

根据注意力的指向，性格可以分为外倾型和内倾型两种类型。外倾的人倾向于将注意力指向外部世界的人或事，从与人的交往和行动中得到活力，他们关注外部环境，喜欢用谈话的方式进行沟通，兴趣广泛，善于表达。内倾的人倾向于将注意力和能量集中于自己的内心世界，从对思想、回忆和情感的反思中得到活力，他们关注自己的内心世界，喜欢用书面方式进行沟通，兴趣专注，安静而显得内向。两种类型的区别是广泛而明显的，个体在自己偏爱的世界中会轻松自如，而在相反的领域中则会感到疲惫和不安，具体可以从下列几方面进行分析(见表 3-2)。你可以在符合自己的相应条目上做标记，并记 1 分，然后统计一下在外倾和内倾上的分别得分，进而评估你是外倾型还是内倾型，在其他的各个维度上也按照同样方法操作。

表 3-2　外倾型(E)和内倾型(I)的性格特征比较

外倾型(E)	内倾型(I)
与他人相处，精力充沛	独自度过时光，精力充沛
行动之后思考	思考之后行动
喜欢边想边说出声	在心中思考问题
易于“读”和了解；随意地分享个人情况	更封闭，更愿意在经挑选的小群体中分享个人的情况
说的多于听的	听的比说的多

(续表)

外倾型(E)	内倾型(I)
高度热情地社交	不把兴奋说出来
反应快，喜欢快节奏	仔细考虑后，才有所反应
重于广度而不是深度	喜欢深度而不是广度

【事例A】

李强总是精力充沛，活泼开朗；他兴趣广泛，经常参加各种社团文艺活动，并能取得不错的名次；喜欢结交朋友，和老师、同学们关系都不错，是学院有名的“交际花”。王红性格内敛，沉默文静；她喜欢独自活动，不爱主动表现、交往、参加特别多的活动，在班级上没有太多“存在感”，在多数情况下她喜欢独自看书，有时候沉浸在自己的世界而对周围无所知。

对比外倾型(E)和内倾型(I)的性格特征，我们很容易分析出李强的性格指向外倾型，王红的性格指向内倾型。在学校中这两种性格类型的学生非常多，其实在日常生活中，我们每个人都会指向这两种倾向，只是其中的一种倾向会更明显，在这种倾向下的行为让人更加自然舒畅。无论是外倾型还是内倾型的人，都要积极调整以适应外部环境，如外倾型的人要分清环境和场合，要学会多思考再行动等，内倾型的人也要积极沟通，当众表达。

(二) 第二个维度：感觉(S)—直觉(N)

根据信息获取方式，性格可以分为感觉型和直觉型两种类型。感觉型的人用自己的五官来获取信息，喜欢收集实实在在的、确实已经出现的信息，对于周围发生的事件观察入微，特别关注现实。直觉型的人通过想象、无意识等超越感觉的方式来获取信息，喜欢看整个事件的全貌，关注事实之间的关联，想要抓住事件的模式，特别善于看到新的可能性，富有想象力和创造性，相信灵感。该维度具体可以从下列几方面进行分析(见表3-3)。可以参照外倾型—内倾型的计分标准进行得分统计，评估自己是感觉型还是直觉型。

表3-3　感觉型(S)和直觉型(N)的性格特征比较

感觉型(S)	直觉型(N)
相信确定和有形的东西	相信灵感和推断
喜欢有实际意义的想法	喜欢新思想和概念
重视现实和常理	重视想象力和独创力
喜欢使用和琢磨已知的技能	喜欢学习新技能，但掌握之后很容易厌倦
留心具体的和特殊的事物，进行细节描述	留心普遍的和有象征性的事物，使用隐喻和类比
循序渐进地讲述有关情况	跳跃性地展现事实
着眼于现实	着眼于未来

【事例B】

李强和王红在一起讨论“创青春”创业项目时，李强每次都会有奇思妙想出现，并觉着自己的想法绝对超前，便迫不及待地告诉王红，但是往往几句话就说完了。王红好像总爱“泼冷水”，她总会追问一些细节，如这对项目有什么用，有什么事实依据。两人一起去见合作伙伴，王红总是能说出对方的相貌、衣着等特征，而李强却是个“脸盲”，但他却能说出对他人的整体感觉，如善良、真诚等。

对比感觉型(S)和直觉型(N)的性格特征，我们可以分析出李强的性格属于直觉型，王红的性格属于感觉型。李强在处理外界信息的时候，更加关注新颖的问题和可能性，重视想象力。而王红更加关注细节和事实，追求现实和有形的东西。感觉型和直觉型的人一起工作，有可能会发生冲突，感觉型的人会觉得直觉型的人太富幻想、不切实际，而直觉型的人则会认为感觉型的人太保守、抵触革新。其实二者在工作中各有所长，可以很好地配合：直觉型的人因为较重远景和全貌，适于做策划的工作，但是也需要多关注一些细节；而感觉型的人注重细节和现实，适于做实施执行的工作，但在日常中也要多留意那些潜在的信息。

(三) 第三个维度：思维(T)—情感(F)

根据决策方式的不同，性格可以分为思维型和情感型两种类型。思维型的人习惯于通过分析数据、权衡事实来做出符合逻辑的、有目的的结论和选择；而情感型的人则习惯于通过自己的价值来作决定，他们通常会对信息做出个人的、主观的评价。思维型的人通常是直接的、分析性的，他们用大脑作决定；而情感型的人更坚信自己的价值观，并习惯于用心灵来作决定。需要说明的是，此处的“情感”并不等于“情绪化”，它也可以是符合逻辑的，只是依据不同而已。该维度具体可以从下列几方面进行分析(见表 3-4)。可以参照外倾型—内倾型的打分标准进行得分统计，评估自己是思维型还是情感型。

表 3-4　思维型(T)和情感型(F)的性格特征比较

思维型(T)	情感型(F)
退后一步思考，对问题进行非个人因素的分析	超前思考，考虑行为对他人的影响
重视逻辑、公正、公平的价值；一视同仁	重视同情、和睦，重视准则的例外性
被认为冷酷、麻木、漠不关心	被认为感情过多、缺少逻辑性、软弱
只有情感符合逻辑时，才认为它可取	无论是否有意义，认为任何感情都可取
渴望成功	渴望获得欣赏
很自然地看到缺点，倾向于批评	容易理解别人，对其缺点不太挑剔

【事例C】

班上的同学高峰因为考试作弊触碰学校“高压线”，根据学校相关规定给以“开除学籍”处理，李强和王红有不同的想法。李强认为不能草率地将高峰做“开除学籍”处理，他家在农村，好不容易考上大学，整个家族还指望他毕业之后帮上一把，现在开除学籍对他的影响太大了，并且我们需要了解一下他作弊的动机是什么，然后再做处理。王红认为学校已经明确强调过作弊的严重后果，并且每次考试都会严加强调，这次高峰作弊被开除学籍完全是咎由自取，再说如果对他不严加处理，对其他同学是不公平的，以后类似的事情就不好管理，那要学校制度有什么用？

对比思维型(T)和情感型(F)的性格特征，我们可以分析出李强的性格属于情感型，王红的性格属于思维型。李强在对外界信息进行判断的时候更多考虑是否符合自己的价值观，比较关注决策可能给别人带来的情感影响，看起来很有人情味，他们更喜欢和谐的工作环境，并乐意为人服务。王红在对外界信息进行判断的时候更多考虑是否符合制度和规则，追求制度上的公平和公正，他们更喜欢分析、解决问题，尤其愿意和概念、数字或者具体事物打交道，找到客观的标准和原则是他们的乐趣。在实际工作、生活中，两者都需要进行积极调整，思维型的人经常表现出“公私分明”，过于强调原则，让人觉着“不近人情”，而情感型的人往往过于用情，容易一味共情，以至于失去原则。

(四) 第四个维度：判断(J)—知觉(P)

根据适应外部环境的方式，性格可以分为判断型和知觉型两种类型。判断型的人会通过思考和情感去组织、计划和调控自己的生活，他们喜欢有计划、有条理、有秩序的生活方式，喜欢将事情管理得井井有条。而知觉型的人倾向于用感觉和直觉的方式作决定，他们更喜欢灵活的、开放的、随意的生活方式，他们愿意保持开放的思想。该维度具体可以从下列几方面进行分析(见表 3-5)。可以参照外倾型—内倾型的打分标准进行得分统计，评估自己是判断型还是知觉型。

表 3-5　判断型(J)和知觉型(P)的性格特征比较

判断型(J)	知觉型(P)
作决定后最高兴	当各种选择都存在时，感到高兴
以工作为重：先工作，再享受	以享受为重：先享受，再工作
建立目标，准时地完成	随着新信息的获取，不断改变目标
愿意知道他们将面对的情况	喜欢适应新情况
注重结果	注重过程
满足感来源于完成计划	满足感来源于计划的开始
把时间看作有限的资源，认真地对待最后期限	认为时间是可更新的资源，而最后期限也是可收缩的

【事例 D】

李强和王红相约去旅游，李强总是制定详细的攻略，每天去什么地方、几点出发、去哪里玩、哪里吃饭，他都计划得非常详细，一旦他的计划被打乱，他就会感到心烦意乱。王红却喜欢“顺其自然”，她不喜欢做任何计划，走到哪里，玩到哪里，吃到哪里。他们的旅行箱收拾得也完全不一样，李强的旅行箱摆放得非常整齐，井然有序，王红却不习惯于保持整齐。

对比判断型(J)和知觉型(P)的性格特征，我们可以分析出李强的性格属于判断型，王红的性格属于知觉型。判断型的人喜欢有计划、有条理、有秩序的生活方式，他们做事情计划性和目标感很强。知觉型的人更喜欢随意自然、灵活开放的生活方式，他们不会关注新的信息，注重过程性。在学习、生活和工作中，判断型和知觉型既要学会识别性格优势，同时也要学会相互欣赏和相互包容。例如，判断型的人既要参考知觉型的人“享受生活，活在当下”态度，又要容忍他们时间观念不强的缺点；知觉型的人既要学习判断型的人做计划和提高行动力，又要容忍面对计划改变时的不安状况。

延伸阅读 3-1
MBTI 量表的发展

二、MBTI16种性格类型及应用

MBTI 是一种人格类型评估工具，其最大特点在于它的实际应用价值。职业咨询和职业生涯规划就是 MBTI 显示其巨大实用价值的领域之一。在迈尔斯女士亲自进行的许多研究中，它都是一个重点。后继的许多研究者也非常关注这个领域，表现为相关研究丰富、文献资料引证频繁。MBTI 将人分为四个维度，共组成 16 种性格类型，如表 3-6 所示。

表 3-6　MBTI 性格类型表

ISTJ 稽查员、检查者	ISFJ 保护者	INFJ 咨询师	INTJ 智多星、科学家
ISTP 操作者、演奏者	ISFP 作曲家、艺术家	INFP 治疗师、导师	INTP 建筑师、设计师
ESTP 发起者、创设者	ESFP 表演者、演示者	ENFP 倡导者、激发者	ENTP 企业家、发明家
ESTJ 督导	ESFJ 销售员、供给者	ENFJ 教师	ENTJ 统帅、调度者

本节将从个性特征、优劣势、职业倾向和学习风格四方面对这 16 种性格类型进行描述。

(一) ISTJ

ISTJ，即内倾、感觉、思维、判断型——“从容地工作，并且做好”。

该性格类型的主要个性特征为沉着冷静、认真，贯彻始终，得人信赖而容易取得成功；讲求实际，注重事实，能够合情合理地去决定应该做的事情，而且坚定不移地把它完成，不会因外界事物而分散精神；以做事有次序、有条理为乐——不论在工作上、家庭上或是生活上。重视传统和忠诚。该性格类型优劣势、职业倾向和学习风格如表 3-7 所示。

表 3-7　ISTJ 性格类型

优劣势分析	优势	遵守既定的规则和程序，所有工作都完成得准确细致；能够专心致志地工作，可以不需要别人的合作独立工作；情绪稳定、可以依靠，能够将工作有始有终坚持做完
	劣势	对于改变后的工作系统适应性较差；只有见到实际应用后的结果才肯接受新观点；不喜欢变化，难以理解与自己的要求不同的要求；对自己及自己对组织的贡献认识不足
职业倾向	工作领域	商业、销售、服务、金融、教育、法律、应用科学、卫生保健
	典型职业	首席信息官、气象学者、数据库管理员、保健管理员、出纳/财务工作者、后勤经理、信息总监、预算分析员、医学研究者、房地产经理人、建筑/大厦检查员、农学家、保健医师、生物医学研究者、办公室管理人员、信用分析师、审计员、电脑编程员、证券经理人、地质学者、会计、文字处理专业人士、侦探
	理想工作环境	稳定可预测的工作环境；提供运用逻辑分析和决策能力的机会；有机会从事监管或管理工作；有清晰的工作目标和期望；重视工作能力和工作效率；不被外界干扰，专注于工作；参与需要高精确度和周密计划的工作；结构清晰，井井有条；有独立工作的机会
学习风格		渴望非常详细地了解所有细节；希望所学习的知识以逻辑有序的方式呈现；希望有专业能力的导师；通过观察和实践进行学习；需要时间来建立所学的知识与已有知识之间的联系；需要详细精确的参考材料；需要借助具体而详尽的案例学习

(二) ISFJ

ISFJ，即内倾、感觉、情感、判断型——“我以名誉担保，履行我的义务”。

该性格类型的主要个性特征为沉着冷静、友善，有责任感，谨慎，能坚定不移地承担责任；做事贯彻始终、不辞辛劳和准确无误；忠诚、替人着想，细心；往往记着他所重视的人的种种微小事情，关心别人的感受；努力创造一个有秩序、和谐的工作和家居环境。该性格类型优劣势、职业倾向和学习风格如表 3-8 所示。

表 3-8　ISFJ 性格类型

优劣势分析	优势	工作热情，认真负责；在有顺序要求、重复性的常规程序的任务中表现出色；细致、全面、注重细节；喜欢为别人服务，支持同事、下属的工作，喜欢用常规方法做事
	劣势	低估自身价值，对于自己需求的判断不果断；经常因兼职太多而超负荷工作；不擅长发现不良后果的征兆，对突然的变化比较难适应；如果认为自己不被需要或不被欣赏，会感到灰心

(续表)

<table>
<tr><td rowspan="3">职业倾向</td><td>工作领域</td><td>卫生保健、社会服务、教育、商业、服务、设计、技术</td></tr>
<tr><td>典型职业</td><td>人事管理人员、护理医师、营养学家、家庭保健员、初级学校工作者、图书管理员、档案管理员、室内装潢师、律师助手、数据库经理、信息总监、后勤与供应经理、业务运作顾问、工厂主管、记账员、福利院工作者、导师/顾问、特殊教育工作者、旅馆业主、项目经理、客户服务代表、电脑分析人员、保险代理、承包商、证券经纪人、信用顾问</td></tr>
<tr><td>理想工作环境</td><td>系统化和结构化；气氛和谐，成员之间相互支持；有机会为他人提供帮助和支持；使流程更加实用，让使用者觉得更为便捷；明确的工作流程和期望；有机会管理和处理细节；尊重并认可他人的价值观；尊重别人的知识与贡献；尊重和善地对待他人</td></tr>
<tr><td colspan="2">学习风格</td><td>不喜欢过于理论、抽象和杂乱的知识；喜欢能在现实中应用实用知识；建立知识与过去经验的联系；喜欢个人经历和实际案例的辅助；喜欢清晰和循序渐进地展开的知识；喜欢系统化、相互帮助的学习环境；希望获得清晰的学习目标和指令；渴望支持和鼓励，努力得到认同</td></tr>
</table>

(三) INFJ

INFJ，即内倾、直觉、情感、判断型——“促进积极变化的催化剂”。

该性格类型的主要个性特征为探索意念、人际关系和物质拥有欲的意义及它们之间的关系；希望了解什么可以激发人们的推动力，对别人有洞察力；尽责，能够履行他们坚持的价值观念；有一个清晰的理念以谋取大众的最佳利益；能够有条理地、果断地去实践他们的理念。该性格类型优劣势、职业倾向和学习风格如表 3-9 所示。

表 3-9 INFJ 性格类型

<table>
<tr><td rowspan="2">优劣势分析</td><td>优势</td><td>善于想出问题的替代性解决方法和创造性方法，能够理解复杂的概念；促进人与人之间的和谐一致，致力于实现所信仰的东西；乐于帮助他人发展</td></tr>
<tr><td>劣势</td><td>思维单一、不够灵活，想法缺乏可行性；过于追求尽善尽美，过于独立；交流方式可能太复杂，令他人不易理解</td></tr>
<tr><td rowspan="2">职业倾向</td><td>工作领域</td><td>咨询、教育、科研、文化、艺术、设计等领域</td></tr>
<tr><td>典型职业</td><td>人力资源经理、特殊教育人员、健康顾问、建筑师、健康医师、培训师、职业规划师、组织发展顾问、编辑/艺术指导(杂志、网站)、心理咨询/治疗师、作家、调解员、宗教教育人员、营销人员、职位分析人员、口译工作者、社会科学工作者</td></tr>
</table>

(续表)

职业倾向	理想工作环境	相互支持与肯定，通力合作；概念化的工作，有学习和发展的空间和机会；工作有意义，为崇高的目标服务；有构思和实施理念的机会；关注他人成长与发展的环境；组织和跟进项目，善始善终；从价值观出发，积极满足所有相关人员的需求
学习风格		喜欢与别人讨论并交换想法；喜欢相互支持、相互鼓励的学习环境；对学习环境具有很高的要求和期望；寻找运用理念和想法的新途径，从而帮助自己身边的人；不喜欢杂乱无章的学习环境，喜欢学习富有条理性，集中专注；渴望与老师建立良好的个人关系；希望老师能够扮演导师、教练和引导者的角色；有时间静下心来整理自己的想法并建立联系；喜欢真诚随和的老师

(四) INTJ

INTJ，即内倾、直觉、思维、判断型——“能力+独立=完美”。

该性格类型的主要个性特征为具有创意的头脑、有很大的冲劲去实践他们的理念和达到目标；能够很快地掌握事情发展的规律，从而想出长远的发展方向；一旦做出承诺，便会有条理地开展工作，直到完成为止；有怀疑精神，独立自主；无论为自己或为他人，有高水准的工作表现。该性格类型优劣势、职业倾向和学习风格如表 3-10 所示。

表 3-10　INTJ 性格类型

优劣势分析	优势	富于想象，善于创造体系，乐于迎接创造性的智力挑战；擅长理论和技术分析以及合乎逻辑地解决问题；可以单独做好工作，能够理解复杂且困难的事物
	劣势	在创造性的问题解决之后可能会对工作项目失去兴趣；难以与能力不如自己的人共同工作；可能因过于独立而不能适应合作的环境；对于他人的想法可能不够包容，固执己见
职业倾向	工作领域	商业、金融、技术、教育、健康保健、医药及专业性、创造性职业领域
	典型职业	知识产权律师、管理顾问、经济学者、国际银行业务职员、证券投资和金融分析专家、设计工程师、程序员、各类科学家、技术专家/顾问、医学专家、财务专家、各类科学家、各类发明家、建筑家、信息系统开发商、综合网络专业人员
职业倾向	理想工作环境	有构思并实施理念和想法的机会；强调个人独立性；对出色的工作能力和业绩有所奖励；与具有专业能力的人共事；有静下来的时间可以构思与规划；运用逻辑分析能力；工作牵涉模型构建或系统的改进；有机会解决复杂问题；具有逻辑性，井然有序

(续表)

学习风格	寻找一切学习新理论的机会；很自然地为自己设定很高的要求和标准，并且努力完成自己设定的目标；关注系统化的思维过程；在进入细节的学习之前，需要对学习内容有一定宏观层面的认知；喜欢辩论、质疑和挑战；接受或摒弃任何信息、知识之前，需要明确这些信息或知识是否正确有用

(五) ISTP

ISTP，即内倾、感觉、思维、知觉型——“尽我所有，做到最好”。

该性格类型的主要个性特征为容忍、有弹性；是冷静的观察者，但当有问题出现时，能够迅速行动，找出可行的解决方法；能够分析哪些东西可以使事情进行顺利，又能够从大量资料中找出实际问题的重心；很重视事情的前因后果，能够以理性的原则把事实组织起来，重视效率。该性格类型优劣势、职业倾向和学习风格如表 3-11 所示。

表 3-11　ISTP 性格类型

优劣势分析	优势	会完成具体的任务和产品；能使杂乱的资料和难以分辨的材料变得井井有条；喜欢手工活，能够掌握工具的用法；喜欢一个人工作或与自己尊重的人配合；有效区分和使用手头的资源
	劣势	缺乏语言交流的兴趣；对抽象和复杂的理论很少有耐心；容易产生疲劳和厌倦感；对别人的需求和情感表现出无动于衷
职业倾向	工作领域	服务、技术、刑侦、健康护理、商业、金融、手工、贸易等
	典型职业	电脑程序员、软件开发商、医疗急救技术人员、商界精英、商务专员、警察、武器专家、消防员、海关验货员、体育器材/用品销售商、海洋生物学者、经济学者、证券分析员、银行职员、管理顾问、生理治疗专家、药剂师、园艺服务人员、驯兽员、电子专业人士、技术培训人员、软件开发商、后勤与供应经理
	理想工作环境	需要亲自动手的工作或户外工作；关注解决具体问题；拥有独立自主的权限；丰富多彩的活动和工作内容；提供体力挑战；应对紧迫的时间期限；需面对危机做出及时反应，无惧冒险；积极主动；有趣和好玩
学习风格		喜欢亲自动手；使用逻辑分析的方式，不断尝试和纠正错误；喜欢具体知识而不是抽象概念；觉得教条主义和老套的学习流程对学习是一种限制；渴望了解理论与实际的联系；喜欢解决实际问题；喜欢马上应用所学的东西；信息或数据有序且符合逻辑；学习过程充满乐趣和动手活动

(六) ISFP

ISFP，即内倾、感觉、情感、知觉型——“这是有价值的思想”。

该性格类型的主要个性特征为沉着冷静、友善、敏感和仁慈；欣赏目前及周围所发生的事情；喜欢有自己的空间，做事又能把握自己的时间；忠于自己所重视的人；不喜欢争论和冲突，不会强迫别人接受自己的意见或价值观。该性格类型优劣势、职业倾向和学习风格如表 3-12 所示。

表 3-12 ISFP 性格类型

优劣势分析	优势	喜欢亲自参与，尤其喜欢帮助人的职业；喜欢变化并能很好地适应新环境；意识到工作重要时会努力工作；对组织忠诚，愉快地接受领导的命令；在积极支持的氛围中成长
	劣势	不考虑隐含的意思和动机，轻易地接纳别人的行为；除非就在眼前，否则看不到机会；容易把批评和否定的回答看得很重；不喜欢提前准备，对过多的规则和官僚体制不适应
职业倾向	工作领域	手工艺、技工、艺术、医护、科学技术、销售、商业、服务业等领域
	典型职业	护理医师、牙科保健医师、室内/园艺设计师、时装设计师、客户服务代表、测量/检查人员、护士、海洋生物学者、厨师、销售代表、行政人员、商品规划师、旅游销售经理
	理想工作环境	关注实际应用；相互支持，保持和谐；讲求灵活性，无拘无束，尊重自主权；关注解决当下的问题；能直接为他人提供服务；做出即时和个性化的贡献；尽情表达自我；享受此时此刻工作的机会；工作环境具有一定的吸引力，会让人觉着舒心
学习风格		喜欢学习实用的知识或信息；喜欢学习针对实际问题的知识；不喜欢阅读手册或长篇的文字说明性的东西；喜欢通过实践学习；喜欢相互扶持的学习环境；喜欢寻找能帮助他人完成眼前任务的事实细节；喜欢通过动手来学习；单独或在规模很小的团队里学习或工作

(七) INFP

INFP，即内倾、直觉、情感、知觉型——“外表淡漠而内心深沉”。

该性格类型的主要个性特征为理想主义者，忠于自己的价值观及自己所重视的人；其外在的生活与内在价值观配合；有好奇心，能够很快看到事情的可能与否，能够加快对理念的实践；试图了解别人、协助别人发展潜能；适应力强，有弹性；如果和别人的价值观没有抵触，往往能包容他人。该性格类型优劣势、职业倾向和学习风格如表 3-13 所示。

表 3-13 INFP 性格类型

优劣势分析	优势	乐于为认同的事业而工作；擅长独立工作，能与所尊重的人保持频繁的支持性交流；忠于职守；能够理解他人，与他人单独交流
	劣势	制订计划时可能不够实际；如果工作进程没有朝既定目标发展，可能会垂头丧气；在竞争的环境中工作会有困难

(续表)

职业倾向	工作领域	创作类、艺术类、教育、咨询辅导类、研究、宗教、保健、技术等领域
	典型职业	人力资源工作者、社会科学工作者、团队建设顾问、职业规划师、编辑、艺术指导、建筑师、时装设计师、记者、编辑/美术指导(网站)、口笔译人员、娱乐行业人士、法律调解人、推拿医师、心理咨询师、心理学专家、顾问
	理想工作环境	符合个人价值观；提供支持和协助；开明并兼具创新精神；有构思新想法或理念的机会；包容灵活性和独立性；互动活动对本人有意义；能与不同的人一对一交流；有学习提升的机会；可指导他人
学习风格		对抽象理论和新理念具有浓厚兴趣；希望有机会了解他人的困难或解决问题的过程，并从中学习；希望能有足够的空间独立处理信息；需要有灵活性与机会来进行头脑风暴或尝试不同想法；需要支持和鼓励；喜欢将所学内容与自己本人及本人的经历、价值观和想法联系起来；比起事实和细节更喜欢理论；独立学习或者小组学习时效果更好

(八) INTP

INTP，即内倾、直觉、思维、知觉型——“有创造才能的问题解决者”。

该性格类型的主要个性特征为对任何感兴趣的事物，都要探索一个合理的解释；喜欢理论和抽象的事情，喜欢理念思维多于社交活动；沉着冷静、满足、有弹性，适应力强；在他们感兴趣的范畴内，有非凡的能力去专注而深入地解决问题；有怀疑精神，有时喜欢批评，常常善于分析。该性格类型优劣势、职业倾向和学习风格如表 3-14 所示。

表 3-14　INTP 性格类型

优劣势分析	优势	擅长长远考虑，具有创造性思维；喜欢能够学到新知识、掌握新技能的环境；能一个人工作且全神贯注
	劣势	其思想、观点对别人来说过于复杂、难以理解；某些观点不现实；可能因丧失兴趣而不能持之以恒；对琐碎的日常工作缺乏耐心；对别人的情感、批评和要求反应迟钝
职业倾向	工作领域	计算机应用与开发、理论研究、学术领域、专业领域、创造性领域等
	典型职业	建筑师、计算机软件设计/开发人员、网络专家、网站设计人员、系统分析人员、信息服务开发商、金融规划师、风险投资商、法律调解员、调查员、财务分析、经济学者、大学教授(哲学/经济学)、知识产权律师、音乐家、神经科医师、医药研究人员、战略规划师、变革管理顾问、企业金融律师

(续表)

职业倾向	理想工作环境	关注理念、理论和系统；有独立工作的环境；关注高新技术发展的领域；可委托他人跟踪细节；工作安排有序，关注项目开始的阶段而不是后续跟进；努力制定、改进或提升制度或流程；可跳离传统思考模式；有很多机会独处，从而深入分析并评估各种想法；秉持开放的态度，寻找充满创意的方法来解决复杂的问题
学习风格		对新想法和新信息提出疑问和批评；需要独立处理和消化复杂信息的时间和空间；喜欢探索抽象、未知和复杂的理念；不喜欢记忆或重复事实和细节；喜欢定位和寻找不同事情或不同主题之间的合乎逻辑的关联；觉得常规的学习方法和流程是约束；喜欢能力突出、知识渊博的老师；在学习中独立完成复杂的课题

(九) ESTP

ESTP，即外倾、感觉、思维、知觉型——“让我们忙起来”。

该性格类型的主要个性特征为有弹性，容忍；讲求实际，专注即时的效益；对理论和概念上的解释感到不耐烦，希望以积极的行动去解决问题；专注于此时此地，喜欢主动与别人交往；喜欢物质享受的生活方式；能够通过实践达到最佳的学习效果。该性格类型优劣势、职业倾向和学习风格如表 3-15 所示。

表 3-15　ESTP 性格类型

优劣势分析	优势	观察力强，对于事实信息有出色的记忆力；对于完成事情所必须做的事项持有现实的态度；对于不同类型的人有很好的适应性；乐于推销和洽谈；擅长创造性的工作
	劣势	难以看到行为的长期后果；对于他人的情绪不敏感；对于规则和章程很容易感到受约束，不能容忍行政性的细节和程序；在行动上，对于最后期限和日程表缺乏责任感
职业倾向	工作领域	多样性的服务领域，要求在迅速改变的环境中快速思考、反应的服务领域可以满足这类人的好奇心和观察力，如金融、商贸、体育、娱乐、商业等
	典型职业	企业家、保险代理、土木工程师、预算分析员、促销商、证券经纪人、运动商品销售员、体能训练师、警察、消防员、情报人员、旅游代理、职业运动员、教练、承包商、医疗急救技术人员、新闻记者、电子游戏开发人员、房地产开发商、业务运作顾问、技术培训人员、旅游代理、手工艺人、土木/工业/机械工程师、管理顾问、网络营销、批发/零售商等

(续表)

职业倾向	理想工作环境	喜欢变化与多样性，有足够的自由，可以独立行事；工作职责多样而富于变化，热衷于风险挑战与竞争；有能力做出决定并履行决定内容；可自由挑战规则；存在实际问题等待解决；有机会做出逻辑性评估；有机会可以亲力亲为并且关注细节
学习风格		喜欢亲身体验活动；喜欢竞争、挑战和承担风险；对实际应用和问题解决更感兴趣；厌倦抽象理论，难以投入；希望得到立刻应用所学到的知识的机会；想直接得到与某个主题相关的事实；喜欢学习并实际排除障碍、做出决策和解决问题；对条理清晰并有逻辑性的信息感兴趣

(十) ESFP

ESFP，外倾、感觉、情感、知觉型——“不要焦虑，快乐起来”。

该性格类型的主要个性特征为外向、友善、包容；热爱生命，爱物质享受；喜欢与别人共事；在工作上善用常识，注意现实的情况，使工作富有趣味性；富有灵活性、即兴性，易接受新朋友和适应新环境；与别人一起学习新技能，可以达到最佳的学习效果。该性格类型优劣势、职业倾向和学习风格如表 3-16 所示。

表 3-16　ESFP 性格类型

优劣势分析	优势	脚踏实地，有很强的判断力；喜欢积极地工作，适应性强；在工作中能营造生动、愉悦的氛围；在面对面或电话交流中极善交谈；能调动用户和员工的情绪
	劣势	不善于提前计划和察觉行动征兆；容易冲动发脾气，焦躁不安；即使在很短时间内，独自工作也会有问题；规范自己和别人时总是不能达到要求；对不相关事物和言外之意悟性不够
职业倾向	工作领域	教育、社会服务、健康护理、娱乐业、商业、服务业等
	典型职业	早教工作者、公关专业人士、劳工关系调解人、零售经理、商品规划师、促销员、团队培训人员、表演人员、社会工作者、牙医、兽医、融资者、旅游项目经营者、特别事件协调人、社会工作者、旅游销售经理、运动设备销售员、融资者、保险代理人、经纪人
职业倾向	理想工作环境	富于动感和互动，有机会可以自我表达，能够与他人合作；灵活自由，有可以进行社交的机会；与个人价值一致；提供及时帮助他人的机会；强调实际具体的结果和产品有趣好玩
学习风格		积极互动，有机会尝试新事物；容许犯错，有机会亲自动手尝试；有趣刺激，提供选择性、灵活性与多样性、包含个性化的活动，这个活动与个人价值紧密相连；提供支持和鼓励，务实具体而不单是抽象理论

(十一) ENFP

ENFP，即外倾、直觉、情感、知觉型——“任何事情都可能发生”。

该性格类型的主要个性特征为热情，富于想象力，认为生活充满很多可能性；能够很快地找出事件和资料之间的关联性，而且有信心依照他们所看到的模式去做；很需要别人的肯定，又乐于欣赏和支持别人；即兴而富有弹性，时常信赖自己的临场表现和流畅的语言能力。该性格类型优劣势、职业倾向和学习风格如表 3-17 所示。

表 3-17　ENFP 性格类型

优劣势分析	优势	思考富于创新，能够将天赋与别人的兴趣和能力结合起来；能够在感兴趣的领域成功；善于赋予合适的人以合适的任务，能以有感染力的热忱激励他人
	劣势	条理性不足，不善于分清主次顺序；通常不喜欢任何重复或例行的事务，在工作细节的处理上有一些困难；可能会感到厌倦并容易偏离正道；独自工作时经常效率较低
职业倾向	工作领域	没有明显的限定领域，在创造性职业、营销、策划、教育、咨询、社会服务、商业等领域更具活力
	典型职业	人力资源经理、变革管理顾问、销售经理、培训师、广告客户经理、战略规划人员、发言人、公关、宣传人员、职业规划师、创业导师、研究助理、广告撰稿员、播音员、开发总裁、市场营销和宣传策划、节目策划和主持人、心理学工作者、社会工作者、演讲家、设计师、作家、制片人
	理想工作环境	工作得到他人的欣赏；重视创新；以人为本；相互支持；同事之间热情相待，相互理解；和谐合作；具有足够的灵活性，可以满足个人需求；关注如何帮助他人
学习风格		喜欢学习新理念，提出新点子；不喜欢结构化的固定安排；对批评性反馈敏感；需要来自他人的互动、支持和表扬；喜欢同时开展多个学习项目或学习任务；喜欢小组学习方式；学习兴趣和阅读面广泛；希望有自己的个人的指导者或教练

(十二) ENTP

ENTP，即外倾、直觉、思维、知觉型——“生命的倡导者”。

该性格类型的主要个性特征为思维敏捷、机灵，能激励他人，警觉性高，勇于发言；能随机应变地去应对新的富于挑战性的问题；善于引出在概念上可能发生的问题，然后很有策略地加以分析；善于洞察别人；对日常例行事务感到厌倦；能以相同方法处理同一事情，灵活地处理接二连三的新事物。该性格类型优劣势、职业倾向和学习风格如表 3-18 所示。

表 3-18 ENTP 性格类型

优劣势分析	优势	运用天才的独创能力和现场发挥能力去解决问题；在连续的、充满刺激的工作中表现出色；擅长创新和客观公正的分析；自信，只要想做，就能做到
	劣势	创造性的问题解决之后会对项目失去兴趣；不愿做具体工作，不能持之以恒；不喜欢单调重复的工作，坚持以自己的方式行事；经常打断别人说话；会因过分自信而影响其能力发挥
职业倾向	工作领域	创业、创作、开发、投资、公共关系、政治、创造性领域
	典型职业	企业家、发明家、投资银行家、风险投资商、职业规划师、管理营销顾问、广告文案、访谈节目主持、政客、房地产开发商、后勤顾问、投资经纪人、广告创意指导、演员、战略规划家、大学校长/学院院长、互联网营销人员、工业设计经理、后勤顾问、金融规划师、国际营销商、营销策划人员、广告创意指导
	理想工作环境	抽象概念化的工作内容；强调解决问题；发挥和运用战略规划能力；发挥逻辑思考能力；能提供服务他人的机会；对能力出众并且独立性强的员工进行奖励；冷静而理智的工作方式；富有挑战性；以项目为中心，具有高度的灵活性
学习风格		是一个能力出众的通才；果断、不轻信；具有独立学习能力；受教于专业能力出众的老师；只有复杂的事情才能让其保持充满兴趣的状态；灵感来自新想法的激发；规避常规的学习任务；喜欢针对一个问题从不同的角度展开讨论

(十三) ESTJ

ESTJ，即外倾、感觉、思维、判断型——“关心你的事物”。

该性格类型的主要个性特征为讲求实际，注重现实，注重事实；果断，但很难做出实际可行的决定；能够安排计划和组织人员以完成工作，尽可能以最有效率的方法达到目的；能够注意日常例行工作的细节；有一套清晰的逻辑标准，会有系统地依据标准行动，也想让别人依据标准行动；会以强硬态度去执行计划。该性格类型优劣势、职业倾向和学习风格如表 3-19 所示。

表 3-19 ESTJ 性格类型

优劣势分析	优势	务实，对既定目标坚忍不拔；善于了解并重视集体的目标；擅长做出客观的决定；在推销或谈判时非常有说服力，坚持不懈；善于看到工作中不合逻辑、不协调、不切合实际和无效的部分
	劣势	对不遵守程序的人或对重要细节不重视的人缺乏耐心，不能忍受没有效率的工作；追求目标时总想凌驾于别人之上；对当前不存在的可能性没有兴趣；不虚心听取反面意见

(续表)

职业倾向	工作领域	在营销、服务、科学技术、自然物理、管理、专业人员等领域表现更佳
	典型职业	业务主管、军官、首席信息官、运动商品销售员、房地产开发商、预算分析员、健康管理员、药剂师、信用顾问、保险代理、贸易/实业/技术教师、项目经理、数据库经理、信息总监、后勤与保障经理、业务运作顾问、证券经纪人、电脑分析员、保险工作者
职业倾向	理想工作环境	关注细节，并将所有的细节综合起来，组织得井井有条；清晰地界定期望、任务和结果；建立和遵循标准的操作流程；关注眼前的任务；维持工作现状；对任务与队员进行组织管理；与他人进行有效的互动；在稳定的、可预期结果的环境中工作；实现具体的成果，完成实物产品
学习风格		希望能够自我掌控，组织完成学习任务；希望老师提供清晰的学习指令、结构和明确的希望；发挥记忆力和逻辑分析能力；明确理论和实际应用之间的联系；学习过程中的信息或数据以符合逻辑和实际的结构呈现；提供精确的数据

(十四) ESFJ

ESFJ，即外倾、感觉、情感、判断型——“我能为你做些什么”。

该性格类型的主要个性特征为有爱心、尽责、合作；渴望有和谐的环境，而且有决心营造这种环境；喜欢与别人共事以能准确地、准时地完成工作；忠诚，即使在细微的事情上也是如此；能够注意别人在日常生活中的需要而努力供应他们；渴望别人赞赏他们和欣赏他们所做的贡献。该性格类型优劣势、职业倾向和学习风格如表 3-20 所示。

表 3-20　ESFJ 性格类型

优劣势分析	优势	能够与别人建立友好而和谐的关系；工作勤奋、富有效率，愿意为团体尽自己的力量；认真、忠诚，乐于遵守各种规章制度；善于组织，能够记住并利用各种事实
	劣势	对批评过于敏感，在紧张的工作环境中容易感到压力；没有得到表扬和欣赏时可能会感到失望；作决定过快，不考虑其他选择；不能找到新的方法解决问题，固执己见
职业倾向	工作领域	在卫生保健、教育、社会服务、咨询、商业、营销、服务业、文书等领域表现更佳
	典型职业	销售代表、零售业主、房地产代理商、兽医、特殊教育老师、零售业主、信用顾问、员工援助项目(EAP)顾问、体能训练师、护士、家庭保健员、个人健康训练师、推拿/理疗师、商品计划员/采购员、公关客户经理、个人银行业务员、人力资源顾问、接待员、信贷顾问、口笔译人员、秘书

(续表)

职业倾向	理想工作环境	气氛融洽，大家相互欣赏；有机会用实际的方式帮助他人；提供积极正面的反馈；有机会可以实现立竿见影的结果；看重团队需求与价值观；重视团队合作；有与人接触的机会；稳定、架构清晰和可控的工作环境；工作空间让人觉得轻松愉悦
学习风格		喜欢有用的、能够实际运用的知识；借助个人经验和真实案例的辅助；善于管理学习时间和学习任务；系统化和稳定的学习环境；发挥记忆力和关注细节的能力；需要明确的方向和期望；在相互支持和鼓励的积极氛围里具有很好的表现；在设定的期限内完成设定的学习目标

(十五) ENFJ

ENFJ，即外倾、直觉、情感、判断型——“公共关系专家”。

该性格类型的主要个性特征为温情，有同情心，反应敏捷和有责任感；高度关注别人的情绪、需要和动机；能够看到每个人的潜质，想要帮助别人发挥自己的潜能；能够积极地协助别人和组织的成长；忠诚，对赞美和批评都能做出很快的回应；社交活跃，在团队当中能够惠及别人，有启发人的领导才能。该性格类型优劣势、职业倾向和学习风格如表 3-21 所示。

表 3-21　ENFJ 性格类型

优劣势分析	优势	尊重各种不同的意见，能够促进和谐，建立合作关系；果断而有条理，能够促进群体讨论，是天生的领导者
	劣势	倾向于把人理想化；过快地作决定；不善于处理冲突、清除表面掩盖下的问题；可能过于个人化地对待批评；可能不注意实际的精确性
职业倾向	工作领域	在信息传播、教育、服务业、卫生保健、商业、咨询、技术等领域表现更佳
	典型职业	广告客户经理、杂志编辑、临床医师、职业规划师、培训专员、大学教授(人文学科)、募捐者、销售经理、程序设计员、协调人、作家/记者、教师、健康从业人员、市场/营销人员、作家/新闻记者、社会工作者、人力资源工作者、电视制片人、小企业经理、生态旅游业专家、公关、非营利机构负责人
	理想工作环境	彼此支持和欣赏；有机会协助他人学习与发展；有进行人事组织与管理的机会；有机会通过通力协作来达成目标；关注人的潜力与发展；关注多个项目和可能性；有发挥创意的机会；关注未来可能性和潜力；建立齐心协力的氛围，使团队成员达成共识
学习风格		喜欢正规学习课堂环境中人际交流的部分；对那些价值观不同或观点不同的老师抱有成见；喜欢组织与整理想法；对老师的教学方式和观点特别敏感；喜欢与人相关的概念和理论；喜欢与形形色色的人交往；讨厌杂乱无章的学习环境；喜欢向老师和同学学习

(十六) **ENTJ**

ENTJ，即外倾、直觉、思维、判断型——“美妙的一切——我负责掌管权力”。

该性格类型的主要个性特征为坦率、果断，乐于作为领导者；很容易看到不合逻辑和缺乏效率的程序与政策，从而开展和实施一个能够顾及全面的制度去解决组织上的问题；喜欢有长远的计划，喜欢有一套制定的目标；往往是博学多闻的，喜欢追求知识，又能把知识传给别人；能够有力地提出自己的主张。该性格类型优劣势、职业倾向和学习风格如表3-22所示。

表3-22 ENTJ性格类型

优劣势分析	优势	有远见，有机会晋升到最高职位；能够出色地工作；雄心勃勃，工作勤奋，诚实而直率；善于处理复杂且要求创造性的问题，能够做出合乎逻辑的决定；能够时刻牢记长期和短期目标
	劣势	爱发号施令，工作至上而忽视生活的其他方面；因急于做出决定而忽视一些重要细节；不善于表现出鼓励和赞扬
职业倾向	工作领域	商业、金融、咨询、培训、专业性职业、技术领域
	典型职业	首席执行官、网络专家、管理顾问、政客、管理专员、授权商、公司财务、融资律师、个人理财顾问、房地产开发商、后勤、电脑信息服务和组织重建顾问、销售主管、环保工程师、知识产权律师、投资顾问、经济分析师、化学工程师、教育顾问、法官、人事/销售/营销经理、技术培训人员、国际销售经理、特许经营业主、程序员
职业倾向	理想工作环境	工作复杂且多元化；有机会担任指挥者和策划者；有领导他人和自我提升的机会；重视能力与成果；重视改变与改善；能够解决复杂问题；提供把想象转化为行动的空间；工作内容涉及长远规划和决策
学习风格		需要了解理论和概念背后的逻辑构架；质疑信息本身的准确性，并检查信息来源的可靠性；希望老师具有卓越的专业能力；对学习环境施加影响和控制；学习如何使用精确的语言和概念；被高度复杂的知识、理念和未来的可能性所激励；寻找机会展开讨论和辩论；有浓厚的学习竞争意识

第三节 发现你的性格类型

目前关于MBTI性格测试有正式评估和非正式评估两种方法，下面介绍一种非正式评估的方法，答完以下题目后，你可以评估出自己的MBTI类型。

一、评估MBTI性格类型

问题一：你的精力通常致力于哪些方面？

外倾型的人通常致力于与外部的人、事、物打交道，他们总是精力充沛、热情洋溢、生机勃勃且善于表达。他们语速快、嗓门高，听、说、想同时进行，注意力容易分散。他们喜欢社交，有表现力，因此经常去人多的场合。

内倾型的人通常关注自己的内心世界，他们平常显得冷静、谨慎、缄默和稳重。他们语速慢、语调平稳，先听、后想、再说。注意力容易集中，喜欢独自消磨时间，害怕表现自己，经常避免去人多的场合。

你的选择是：外倾(E)　内倾(I)

问题二：你总是记住什么类型的信息？

感觉型的人通常关注他们周边的事实和特定的事件，他们“只见树木不见森林”。谈话目标清晰，方式直接，思维连贯，喜欢从事实际性的工作，留意细节和现状，对身体敏感，喜欢以接管现实为依据。

直觉型的人通常关注事物背后的意义，追求可能性和未来性。他们谈话目标宏观，方式复杂，思维跳跃，喜欢从事创造性的工作，关注总体和未来，精力集中在自己的思想，习惯比喻、推理和暗示。

你的选择：感觉(S)　直觉(I)

问题三：你如何做出决定？

思维型的人通常以常识和逻辑作为其决定的依据。他们行为冷静、保守，有分析力，公事公办，关注事情的客观公平，很少赞扬别人，言语平实。他们信赖逻辑分析而不是情感，他们总是诚实而且直接的。他们主要以成就为促使动机，有时显得吹毛求疵，对人际关系不敏感。

情感型的人通常是热情的，并且作决定是基于他们对选择的感受而不是当下的逻辑情况。他们行为温和，注重社交细节，关注个人感受与价值观，习惯赞美别人。言语友善委婉，避免争论和矛盾。有时候他们是敏感的，他们努力取悦于他人并且以受到欣赏为促进动机。

你的选择：思维(T)　情感(F)

问题四：你喜欢何种环境？

判断型的人喜欢有组织、有规则的环境，他们正式严肃、保守谨慎。习惯作决定，有决断，条理清楚、计划明确，急于完成工作。遵守制度、规则与组织，喜欢确定目标，然后努力去实现。

知觉型的人经常喜欢随意和自然的生活方式，他们崇尚开放、灵活。做事拖拉，不愿意作决定，缺乏条理，他们保留选择，因为这样可以尽可能地体验世界。他们喜欢等待并且观察事情的发展情况，因此他们先娱乐后工作。他们不觉察时间，所以总是迟到。他们喜欢开始新的计划，常常被认为是不守规矩的人。

你的选择：判断(J)　知觉(P)

通过对照四个维度的描述，现在我们已经能够识别出自己在每个维度上的偏好，取每个维度偏好类型代表字母，即可以由 4 个字母构成你的性格类型。现在请写下你的性格类型，它们是________________。

二、讨论你的MBTI类型

【活动 1】外倾—内倾　分组讨论

请外倾型的人组成一组，内倾型的人组成一组，两组分别讨论对对方组的看法，包括优点和缺点，每组形成一致意见后写在白纸上。另请四位同学作为观察员，观察两组在讨论时有什么不同。每组请一位代表来陈述本组观点，观察员最后陈述两者的不同。通过本练习我们得出怎样的结论？

【活动 2】感觉—直觉　观察与讨论

请观察图 3-1(展示时间 3～5 秒)，并按照以下步骤展开讨论：

图 3-1　钟表图

(1) 请每个人描述这幅图给自己留下的印象，并写在纸上。

(2) 请每个人说说自己的描述，其他人认真倾听这些描述并讨论有何不同，根据这些不同判断哪些人可能是感觉型的，哪些人可能是直觉型的，并分析判断的理由。

【活动 3】思维—情感　分组讨论

请思维型的人组成一组，情感型的人组成一组，两组分别讨论：假如你是一名班主任，最近你所在的班上出现纪律涣散、学习积极性很低、成绩严重下降的情况，对此，你会采取什么样的措施来解决此现象？每组形成一致意见后，写在白纸上。另请四位同学作为观察员，观察两组在讨论时有什么不同。每组请一位代表来陈述本组观点，观察员最后陈述两组的不同。通过本练习我们得出怎样的结论？

【活动 4】判断—知觉　分组讨论

请判断型的人组成一组，知觉型的人组成一组，两组分别以“春游计划”为题，商讨出各自的计划，并将该计划写在白纸上。另请四位同学作为观察员，观察两组在讨论时有什么不同。每组请一位代表来陈述本组观点，观察员最后陈述两组的不同。通过本练习我们得出怎样的结论？

【活动 5】综合讨论

小张想利用国庆节到九寨沟旅游，于是他给在四川的朋友打了一个电话告知，当朋友问他有没有预订房间、有没有买门票时，小张的回答都是否定的。朋友暗暗为他着急，便提醒他如何解决门票和住宿问题。小张的回答大出朋友意外：“有门票就进去玩，没有门票就在外面玩。住的地方实在没有再想办法。"请你就小张和他朋友的性格谈谈你的看法？

小张的职业是一名室内装修设计师，请问小张的性格在他的职业中，哪些地方可能是优势，哪些地方可能是劣势？通过本练习我们得出怎样的结论？

【活动6】总结讨论

现在你已经明确了自己性格类型以及了解了对性格的解释，请以小组(相同性格类型分组)为单位进行讨论，你认为每一个人在工作中如何更好地适应组织要求？每一个人的优势是什么？劣势是什么？你们应该怎么做？

三、运用MBTI理论分析案例

下面运用 MBTI 理论对小天的职业生涯选择进行分析，以期大家通过对该案例的学习能够帮助自己进行合理的职业生涯规划。小天在进入大四第一学期的时候非常迷茫，当时他面临着非常重要的职业选择，是否要从广告相关职业转到公务员？以下内容是笔者与小天的交谈记录。

(咨询师：笔者　来访者：小天　咨询时间：2016 年 11 月)

咨询师：小天，你今天来找我的目的是……

来访者：嗯……老师，现在大四了，马上就要面临自己的职业选择了，我想考公务员，想找您确认一下。

咨询师：嗯。你从大一到大三一直从事的是广告行业，并且你的专业是广告专业，你怎么想考公务员了？

来访者：是啊，老师，所以我拿不准，很纠结啊。

咨询师：嗯，是的，你觉着很纠结。

来访者：我现在虽然在广告行业做得还行，但是总觉着不是我最好的选择。

咨询师：不是你最好的选择？你是觉着广告专业不符合你的兴趣或者性格吗？

来访者：有那么一点点。我的兴趣还比较广泛，自己也不太确定。

咨询师：还记着我们曾经在生涯规划课上进行的职业性格测验吧？我们今天再重新做一下，可以吗？

来访者：好的，谢谢。

咨询师：那我们来做一个《MBTI 职业性格测试题》，看看自己属于哪种类型的性格，再根据这个看看是否符合自己的职业选择。

小天接受了 MBTI 职业性格测试，测试分为四部分，共 93 题，需时约 18 分钟。测试前对小天介绍了测试说明，说明如下：MBTI 提供的性格类型描述仅供测试者确定自己的性格类型之用，性格类型没有好坏，只有不同。每一种性格特征都有其价值和优点，也有缺点和需要注意的地方。清楚地了解自己的性格优劣势，有利于更好地发挥自己的特长，而尽可能地在为人处世中避免自己性格中的劣势，更好地和他人相处，更好地做出重要的决策。通过测试，笔者得出来访者小天的职业性格类型为 ISTJ。

咨询师：你做这个量表感觉如何？

来访者：嗯，很有意思。我是 ISTJ 型的，这是什么意思？

咨询师：从测验的结果上来看，你是 ISTJ 型的，即内倾、感觉、思维和判断型。内倾型指倾向于将注意力和能量集中于自己的内心世界，更加关注自己的内心世界，喜欢用书面方式进行沟通，兴趣专注，安静而显得内向。感觉型指的人用自己的五官来获取信息，喜欢收集实实在在的、确实已经出现的信息，对于周围发生的事件观察入微，特别关注现实。思维型的人习惯于通过分析数据、权衡事实来做出符合逻辑的、有目的的结论和选择。判断型的人会通过思考和情感去组织、计划和调控自己的生活，他们喜欢有计划、有条理、有秩序的生活方式，喜欢将事情管理得井井有条。

来访者：嗯。这些解释真说到我的心里了，我确实重视传统和忠诚，是个传统型的人，我不太喜欢那些虚无缥缈的东西。

咨询师：你觉着这些信息能帮助你进行职业选择吗？

来访者：嗯，从事公务员工作看来确实需要重视传统，需要遵守既定的规则和程序，所有工作都要求完成得准确细致。广告行业比较讲究创新和主动，需要外向拓展，讲究想象，现在看来这确实不是我的优势。

咨询师：嗯，从性格分析上看来是这样的。所以呢，你自己萌生的考公务员的想法还是有一定道理的。

来访者：嗯，确实，那我就去好好准备吧。

咨询师：嗯，也不能太着急，你再结合自己的专业、政治面貌、未来发展和家庭期待等方面综合决定吧。

来访者：好的，老师，我再综合考虑下。

通过对小天的性格类型分析，我们可以看到其性格类型显示为 ISTJ(内倾、感觉、思维、判断型)，关键词显示为“从容地工作，并且做好”。其主要的个性特征、优劣势和职业倾向描述如下：在个性特征方面为沉着冷静、认真，贯彻始终，得人信赖而容易取得成功；讲求实际，注重事实，能够合情合理地去决定应该做的事情，而且坚定不移地把它完成，不会因外界事物而分散精神；以做事有次序、有条理为乐——不论在工作上、家庭上或是生活上；重视传统和忠诚。优势表现为遵守既定的规则和程序，所有工作都完成得准确细致；能够专心致志地工作，可以不需要别人的合作独立工作；情绪稳定、可以依靠，能够将工作有始有终坚持做完。劣势表现为对于改变后的工作系统适应性较差；只有见到实际应用后的结果才肯接受新观点；不喜欢变化，难以理解与自己的要求不同的要求；对自己及自己对组织的贡献认识不足。可以从事的工作领域为商业、销售、服务、金融、教育、法律、应用科学、卫生保健。典型职业为首席信息官、气象学者、数据库管理员、保健管理员、出纳/财务工作者、后勤经理、信息总监、预算分析员、医学研究者、房地产经理人、建筑/大厦检查员、农学家、保健医师、生物医学研究者、办公室管理人员、信用分析师、审计员、电脑编程员、证券经理人、地质学者、会计、文字处理专业人士、侦探。理想的工作环境为稳定可预测的工作环境；提供运用逻辑分析和决策能力的机会；有机会从事监管或管理工作；有清晰的工作目标和期望；重视工作能力和工作效率；不被外界干扰，专注于工作；参与需要高精确度和周密计划的工作；结构清晰，井井有条；有独立工作的机会。学习风格为渴望非常详细地了解所有细节；希望所学习的知识以逻辑有序的方式呈现；希望有专业能力的导师；通过观察和实践进行学习；需要时间来建立所学的知识与已有知识之间的联系；需要详细精确的参考材料；需要借助具体而详尽的案例学习。

最终 2017 年 5 月，小天成功考取山东选调生，回到家乡成了一名选调村官。2017 年 10 月，我们对小天进行回访，对此次职业选择进行全面复盘，对话内容如下：

(咨询师：笔者　受访者：小天　访谈时间：2017 年 10 月)

咨询师：你现在如何评价你的性格？

受访者：性格上我应该是双面的，开朗大气或者闷头独立我都可以自由转换。

咨询师：你作为广告学专业的学生，大一到大三一直做着从事广告行业的准备，并且对广告行业也非常有兴趣，谈谈你转到考公务员方向上所经历的历程吧？

受访者：大一的时候，上课的时间很少，自己希望能够利用空余的时间学一项技术，于是考虑能不能出去实习，后来做设计、文案、策划和现场执行。到了大三快结束的时候，我开始真正思考自己适合干什么，这可能就是您说的性格考量吧。后来又考虑现实因素，比如物价、房价、工资水平、稳定性等，我就确定考公务员了。

咨询师：促进你当时决定考公务员最核心的因素是什么？

受访者：这是当时最适合我的一个选择，我觉得应该就是最适合我吧。我骨子里可能就比较本分，稳定和回家对我诱惑挺大的。当时您给我做了职业性格测试，也帮助我证实了这一判断，更加坚定了我考公务员这个方向。

咨询师：工作之后(选调生)，你感觉适合你吗？

受访者：我认为做不同行业的工作，只要是有意义，我都会尽力去做到最好，所以这个工作虽然会累些，看起来机械些，不如创意广告行业有乐趣，但是我还能够接受。

咨询师：现在工作的选择有性格方面的优势吗？

受访者：性格方面是可以的，因为在具体的工作和学习中，我认为为人民服务、为百姓做事这种价值观能够打动我，所以我愿意去吃苦、去做事。

咨询师：还有其他方面吗？

受访者：现在每天接触到不同单位、不同级别的政府领导，让我确实也有了一点点的满足感和虚荣感。

咨询师：你现在再评价一下当时做的 MBTI 测试吧。

受访者：我当时测试显示是 ISTJ，这些解释真说到我的心里了，我确实重视传统和忠诚，是个传统型的思考者。

咨询师：你现在再来评价下你的性格和工作的匹配。

受访者：工作对我来说适合自己是第一位的，理想、梦想这种“虚”一点的东西对我吸引不足。

结合其职业性格测试和对其日常生活的观察与访谈，本节对其性格特点的描述和生活的验证如表 3-23 所示。

表 3-23 性格类型特点与生活验证表

类型	特点描述	生活验证
I(内倾)	注意力指向外部世界，注意通过思考形成观点，先思考再行动，当情境或事件对他们有意义的时候会采取主动	1. 对职业方向转换的深入思考； 2. 既能开朗大气，又能闷头独立工作
S(感觉)	着眼于当前的实际、现实的思考，关注细节	1. 对职业目标的深入分析； 2. 认为工作适合自己是第一位的，理想、梦想这种“虚”一点的东西对自己吸引不足； 3. 喜欢具体工作
T(思维)	冷静保守，喜欢分析，成就欲望强烈，以逻辑的方式解决问题	1. 职业目标的分析； 2. 工作的满足感和意义的追求
J(判断)	有计划性，喜欢组织管理自己的生活，喜欢把事情敲定	制订国考公务员的复习计划

备注：小天在一定程度上显示出“内倾”和“外倾”兼具的情况，但并不能说明他具有两种偏好，这与“每个维度上一个人只能是一种偏好”的论断是不一致的。内倾或者外倾并不意味着人们丝毫没有相反倾向的特征，其倾向受情境性的影响。小天在整个社会文化环境、专业背景(广告学)和情境性(外联部需要多沟通)的影响下，显示出了部分外倾的特征，然而内倾仍然是天生的倾向，外倾只是社会的期望。

从访谈资料和性格分析的结果来看，小天考公务员的选择显然是经过深思熟虑和深入分析之后，结合他的具体情况做出的现实选择，这也很好地符合了他性格中的 S(感觉)和 T(思维)的特征，在面对以“规则和程序”为主导特征并相对单调的行政工作中显示出了较强的适应能力(符合 J 型特征，讲究计划和按部就班)，其性格类型 ISTJ 也指向于行政管理、管理者和执法者的职业选择。所以，无论从性格类型特征，还是生活的验证，均证明小天做了一个比较合适的选择。

通过对 MBTI 理论的学习和小天案例的分析，结合后期回访的验证，我们可以发现小天做出了比较合适的选择。那么，请大家思考如何避免发展的弯路，在大学早期甚至大一就能明确自己的发展路径呢？

【课堂活动 3-1】

MBTI 职业性格测试题

MBTI 测试前须知：

1. 参加测试的人员请务必诚实、独立地回答问题，只有如此，才能得到有效的结果。

2.《性格分析报告》展示的是你的性格倾向，而不是你的知识、技能、经验。

3. MBTI提供的性格类型描述仅供测试者确定自己的性格类型之用，性格类型没有好坏，只有不同。每一种性格特征都有其价值和优点，也有缺点和需要注意的地方。清楚地了解自己的性格优劣势，有利于更好地发挥自己的特长，而尽可能地在为人处世中避免自己性格中的劣势，更好地和他人相处，更好地做重要的决策。

4. 本测试分为四部分，共93题，所需时间约18分钟。所有题目没有对错之分，请根据自己的实际情况选择。将你选择的A或B所在的○涂黑，例如：●。

只要你是认真、真实地填写了测试问卷，那么通常情况下你都能得到一个确实和你的性格相匹配的类型。希望你能从中或多或少地获得一些有益的信息。

一、在下列问题中，哪一个答案最能贴切地描绘你一般的感受或行为？

序号	问题描述	选项	E	I	S	N	T	F	J	P
1	当你要外出一整天时，你会 A 计划你要做什么和在什么时候做 B 说去就去	A							○	
		B								○
2	你认为自己是一个 A 较为随兴所至的人 B 较为有条理的人	A								○
		B							○	
3	假如你是一位老师，你会选教 A 以事实为主的课程 B 涉及理论的课程	A			○					
		B				○				
4	你通常 A 与人容易混熟 B 比较沉静或矜持	A	○							
		B		○						
5	一般来说，你和哪些人比较合得来？ A 富于想象力的人 B 现实的人	A				○				
		B			○					
6	你是否经常让 A 你的情感支配你的理智 B 你的理智主宰你的情感	A						○		
		B					○			
7	处理许多事情上，你会喜欢 A 凭兴所至行事 B 按照计划行事	A								○
		B							○	
8	你是否 A 容易让人了解 B 难以让人了解	A	○							
		B		○						
9	按照程序表做事， A 合你心意 B 令你感到束缚	A							○	
		B								○
10	当你有一份特别的任务时，你会喜欢 A 开始前小心组织计划 B 边做边找需做什么	A							○	
		B								○

(续表)

序号	问题描述	选项	E	I	S	N	T	F	J	P
11	在大多数情况下，你会选择 A 顺其自然 B 按程序表做事	A								○
		B							○	
12	大多数人会说你是一个 A 重视自我隐私的人 B 非常坦率开放的人	A		○						
		B	○							
13	你宁愿被人认为是一个 A 实事求是的人 B 机灵的人	A			○					
		B				○				
14	在一大群人当中，通常是 A 你介绍大家认识 B 别人介绍你	A	○							
		B		○						
15	你会跟哪些人做朋友？ A 常提出新主意的 B 脚踏实地的	A				○				
		B			○					
16	你倾向 A 重视感情多于逻辑 B 重视逻辑多于感情	A						○		
		B					○			
17	你比较喜欢 A 坐观事情发展才做计划 B 很早就做计划	A								○
		B							○	
18	你喜欢花很多的时间 A 一个人独处 B 和别人在一起	A		○						
		B	○							
19	与很多人一起会 A 令你活力倍增 B 常常令你心力交瘁	A	○							
		B		○						
20	你比较喜欢 A 很早便把约会、社交聚集等事情安排妥当 B 无拘无束，看当时什么好玩就做什么	A							○	
		B								○
21	计划一个旅程时，你较喜欢 A 大部分的时间都是按当天的感觉行事 B 事先知道大部分的日子会做什么	A								○
		B							○	
22	在社交聚会中，你 A 有时感到郁闷 B 常常乐在其中	A		○						
		B	○							
23	你通常 A 和别人容易混熟 B 趋向自处一隅	A	○							
		B		○						
24	哪些人会更吸引你？ A 一个思维敏捷且非常聪颖的人 B 实事求是、具丰富常识的人	A				○				
		B			○					

(续表)

序号	问题描述	选项	E	I	S	N	T	F	J	P
25	在日常工作中，你会 A 颇为喜欢处理迫使你分秒必争的突发状况 B 通常预先计划，以免要在压力下工作	A								○
		B							○	
26	你认为别人一般 A 要花很长时间才认识你 B 用很短的时间便认识你	A		○						
		B	○							

二、在下列问题中，哪一个词语更合你心意？请仔细想想这些词语的意义，而不要理会它们的字形或读音。

序号	问题描述	选项	E	I	S	N	T	F	J	P
27	A 注重隐私　　B 坦率开放	A		○						
		B	○							
28	A 预先安排的　　B 无计划的	A							○	
		B								○
29	A 抽象　　B 具体	A				○				
		B			○					
30	A 温柔　　B 坚定	A						○		
		B					○			
31	A 思考　　B 感受	A					○			
		B						○		
32	A 事实　　B 意念	A			○					
		B				○				
33	A 冲动　　B 决定	A								○
		B							○	
34	A 热衷　　B 文静	A	○							
		B		○						
35	A 文静　　B 外向	A		○						
		B	○							
36	A 有系统　　B 随意	A							○	
		B								○
37	A 理论　　B 肯定	A				○				
		B			○					
38	A 敏感　　B 公正	A						○		
		B					○			
39	A 令人信服　　B 感人的	A					○			
		B						○		
40	A 声明　　B 概念	A			○					
		B				○				

(续表)

序号	问题描述	选项	E	I	S	N	T	F	J	P
41	A 不受约束　　B 预先安排	A								○
		B							○	
42	A 矜持　　B 健谈	A		○						
		B	○							
43	A 有条不紊　　B 不拘小节	A							○	
		B								○
44	A 意念　　B 实况	A				○				
		B			○					
45	A 同情怜悯　　B 远见	A						○		
		B					○			
46	A 利益　　B 祝福	A					○			
		B						○		
47	A 务实的　　B 理论的	A			○					
		B				○				
48	A 朋友不多　　B 朋友众多	A		○						
		B	○							
49	A 有系统　　B 即兴	A							○	
		B								○
50	A 富想象的　　B 以事论事	A				○				
		B			○					
51	A 亲切的　　B 客观的	A						○		
		B					○			
52	A 客观的　　B 热情的	A					○			
		B						○		
53	A 建造　　B 发明	A			○					
		B				○				
54	A 文静　　B 爱合群	A		○						
		B	○							
55	A 理论　　B 事实	A				○				
		B			○					
56	A 富同情　　B 合逻辑	A						○		
		B					○			
57	A 具分析力　　B 多愁善感	A					○			
		B						○		
58	A 合情合理　　B 令人着迷	A			○					
		B				○				

三、在下列问题中，哪一个答案最能贴切地描绘你一般的感受或行为？

序号	问题描述	选项	E	I	S	N	T	F	J	P
59	当你要在一个星期内完成一个大项目时，你在开始的时候会 A 把要做的不同工作依次列出 B 马上动工	A							○	
		B								○

(续表)

序号	问题描述	选项	E	I	S	N	T	F	J	P
60	在社交场合中，你经常会感到 A 与某些人很难打开话匣子和保持对话 B 与多数人都能从容地长谈	A		○						
		B	○							
61	要做许多人也做的事，你比较喜欢 A 按照一般认可的方法去做 B 构想一个自己的想法	A			○					
		B				○				
62	你刚认识的朋友能否说出你的兴趣？ A 马上可以 B 要待他们真正了解你之后才可以	A	○							
		B		○						
63	你通常较喜欢的科目是 A 讲授概念和原则的 B 讲授事实和数据的	A				○				
		B			○					
64	你认为下面哪个是较高的赞誉： A 一贯感性的人 B 一贯理性的人	A						○		
		B					○			
65	你认为按照程序表做事 A 有时是需要的，但一般来说你不大喜欢这样做 B 大多数情况下是有帮助而且是你喜欢做的	A								○
		B							○	
66	和一群人在一起，你通常会选 A 跟你很熟悉的个别人谈话 B 参与大伙的谈话	A		○						
		B	○							
67	在社交聚会上，你会 A 是说话很多的一个 B 让别人多说话	A	○							
		B		○						
68	把周末期间要完成的事列成清单，这个主意会 A 合你意 B 使你提不起劲	A							○	
		B								○
69	你认为下面哪个是较高的赞誉： A 能干的 B 富有同情心	A					○			
		B						○		
70	你通常喜欢 A 事先安排你的社交约会 B 随兴之所至做事	A							○	
		B								○
71	总的说来，要做一个大型作业时，你会选 A 边做边想该做什么 B 首先把工作按步细分	A								○
		B							○	

(续表)

序号	问题描述	选项	E	I	S	N	T	F	J	P
72	你能否滔滔不绝地与人聊天 A 只限于跟你有共同兴趣的人 B 几乎跟任何人都可以	A		○						
		B	○							
73	你会 A 采用一些证明有效的方法 B 分析还有什么问题以及尚未解决的难题	A			○					
		B				○				
74	为乐趣而阅读时，你会 A 喜欢奇特或创新的表达方式 B 喜欢作者直话直说	A				○				
		B			○					
75	你宁愿替哪一类上司(或者老师)工作？ A 天性纯良，但常常前后不一的 B 言辞尖锐但永远合乎逻辑的	A					○			
		B				○				
76	你做事多数是 A 按当天心情去做 B 照拟好的程序表去做	A								○
		B							○	
77	你是否 A 可以和任何人按需求从容地交谈 B 只是对某些人或在某种情况下才可以畅所欲言	A	○							
		B		○						
78	要作决定时，你认为比较重要的是 A 据事实衡量 B 考虑他人的感受和意见	A					○			
		B						○		

四、在下列问题中，哪一个词语更合你心意？

序号	问题描述	选项	E	I	S	N	T	F	J	P
79	A 想象的　　B 真实的	A				○				
		B			○					
80	A 仁慈慷慨的　B 意志坚定的	A						○		
		B					○			
81	A 公正的　　B 有关怀心	A					○			
		B						○		
82	A 制作　　B 设计	A			○					
		B				○				
83	A 可能性　　B 必然性	A				○				
		B			○					
84	A 温柔　　B 力量	A						○		
		B					○			

(续表)

序号	问题描述		选项	E	I	S	N	T	F	J	P
85	A 实际	B 多愁善感	A					○			
			B						○		
86	A 制造	B 创造	A			○					
			B				○				
87	A 新颖的	B 已知的	A				○				
			B			○					
88	A 同情	B 分析	A						○		
			B					○			
89	A 坚持己见	B 温柔有爱心	A					○			
			B						○		
90	A 具体的	B 抽象的	A			○					
			B				○				
91	A 全心投入	B 有决心的	A						○		
			B					○			
92	A 能干	B 仁慈	A					○			
			B						○		
93	A 实际	B 创新	A			○					
			B				○				
	每项总分										

五、评分规则

1. 当你将○涂好后，把 8 项(E、I、S、N、T、F、J、P)中每项涂的●加起来的数量填在每项最下方的单元格内。

2. 请复查你的计算是否准确，然后将各项总分填在下面对应的方格内。

每项总分

外倾	E			I	内倾
感觉	S			N	直觉
思维	T			F	情感
判断	J			P	知觉

六、确定类型的规则

1. MBTI 以四个组别来评估你的性格类型倾向："E–I" "S–N" "T–F" 和 "J–P"，请你比较四个组别的得分。每个组别中，获得较高分数的类型，就是你的性格类型倾向。例如：你的得分是：E(外倾)12 分，I(内倾)9 分，那你的类型倾向便是 E(外倾)。

2. 将代表获得较高分数的类型的英文字母，填在下方的方格内。如果在一个组别中，两个类型获同分，则依据下边表格中的规则来决定你的类型倾向。

评估类型

同分处理规则

假如	E=I	请填上 I
假如	S=N	请填上 N
假如	T=F	请填上 F
假如	J=P	请填上 P

讨论与思考

1. 你的职业性格类型是什么？这些性格维度在生活中有哪些表现？

2. 请你分别讨论每个维度对自己大学生活和学习的影响，谈谈你如何选择自己理想的学习环境，如何发挥性格的优势，规避劣势？

3. 你如何根据职业性格选择自己未来的职业，并能积极地为未来的职业做准备？

第四章
能 力 探 索

大学的人才培养强调能力是本分，学生在大学里所做的一切无外乎三个目的：有利于提升竞争力，有利于谋一个好的职业，有利于享有一个有意义的人生。通过本章的学习，读者应了解和掌握以下内容：

(1) 了解能力和技能的概念及分类。

(2) 了解技能和职业生涯之间的关系。

(3) 掌握如何运用工具来探索自己的技能，以及如何通过适当的方法提升自己的技能。

案例导入

就业难，到底难在哪里

无论是老师，还是学生，似乎都想不明白为什么到了毕业季，不少学生明明知道可以选择的路很多，却还在玩电脑、玩手机，对于其他学生努力备考研究生和公务员，或者忙碌找工作的现象近乎“麻木不仁”。与此同时，家长、政府、学校、老师却为此忧心忡忡，干着急却也无可奈何，我们称之为“皇帝不急太监急”。我们在学生中做了“就业难，到底难在哪里”的调研，主要归结为：毕业季了，有的人还沉浸在后悔和抱怨中，后悔学得不好，准备不足，抱怨教育制度有缺陷，政府政策不完善，学校培养质量不高，企业对人才要求高、过分看重实际经验；有的人高不成低不就；有的人怕竞争、怕自信心受打击，心里没底，害怕面对找工作；有的人始终让自己处于等待中，不自己找工作，或者想等个再好一点的工作，或者自己有拖延症；有的人过分看重地域；有的人对专业对口有误解；有的人缺乏谋业意识，没有职业自救意识。

(资料来源：作者教学案例)

为了“破解大学生就业难”问题，有关部门专门组织过一次企业老总、创业者、专家和在校大学生的交流会。通过讨论交流，甚至是激烈的争论，最后达成比较一致的看法是：造成目前状况的因素涉及学校教育、家庭教育、政府责任、企业责任等。但是这些因素都是学生个人不可控的，对于学生来说最关键最现实的因素到底是什么？

第一节　认识能力

认识能力指的是人类对外界事物的感知、理解和认知的能力，包括感觉、知觉、思维、记忆、想象、判断和推理等方面。认识能力是人类独有的高级智能能力，是人类理解和适应环境的重要基础。在认识能力的发展过程中，人们通过不断的实践和经验积累，不断提高自己的认知水平，从而更好地适应社会和生活。

一、能力的概念及理论

(一) 能力的概念

心理学中的能力(ability)，是指人们顺利实现某种活动所具备的心理条件，是直接影响活动效率并使活动顺利完成的个性心理特征。它不仅包含一个人现在已经达到的水平，而且包含一个人所具有的潜能。简单地说，能力是由先天具备的潜能和后天习得的技能组成的，如图 4-1 所示。

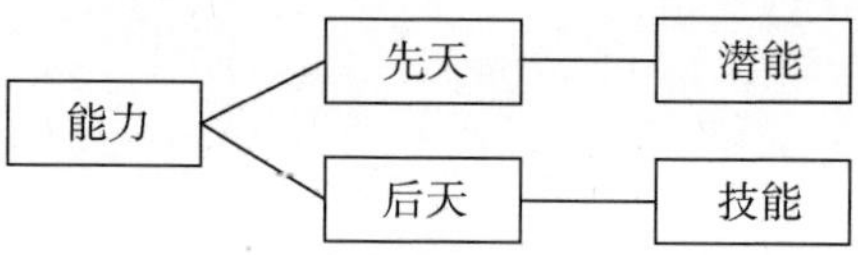

图 4-1　能力结构图

从这个概念我们至少可以看出：

(1) 能力和活动紧密相连。离开了具体活动，能力就无法形成、发展和表现。如果不参加具体实践活动，便无法提高能力。所以，在面试的时候常需要提供相关能力的证明，列举参与过哪些活动。如果不具备某项能力，相关活动也就无法顺利进行，也就是常说的“心有余而力不足”。能力影响活动的效率，能力的大小只有在活动中才能比较。这一点和兴趣、性格不同，虽然兴趣和性格也会影响活动的进行，但它们不是必要条件，其作用是使不同个体的活动具有各自独特的色彩。实际上，用人单位招聘时会主要依据应聘者的能力来决定是否录用。

(2) 潜能给人无限想象和自信。每个人身上都潜藏着无限的潜能，如果我们能睁开心灵的眼睛正视自己，就会发现我们具有巨大的潜能。有句话说“人人可以成才”，就是因为每个人都有巨大的潜力，可以推动人走向成功。然而现实却并非所有人都成长，是因为很多人没有努力到开发出自己的潜能。马斯洛也认为“我们普通人只用了全部潜能的极小部分”，大多数人都没有使用到自己的潜能。

(二) 自我效能感

自我效能感是指人们对自己控制环境、达到个人目标的胜任能力的相信程度。即使有相应的能力，也并不代表一定能很好地完成一项任务。举例说明，甲和乙的学习能力水平相当，但是甲总能取得好成绩，而乙却不行，原因就是甲的自我效能感高。在已拥有相应的能力时，自我效能感就成了行为的决定因素。自我效能感高的人，能积极采取行动，取得预想的结果。而自我效能感低的人，则会产生消极的情绪，采取回避或消极的行为，最终与好的结果无缘。

如何培养自我效能感？可以采用以下方法培养自我效能感。

(1) 创造成功机会。自我效能感不足的人，常常过分夸大生活和学习中的困难，过低估计自己的能力。这种情况需要个体为自己制定小目标，并取得成功。为自己创造更多的成功机会，是提升自我效能感的有效途径。

(2) 自我鼓励。积极的心理暗示可以明显增进人的自我效能感。暗示的惊人魅力在于，它使暗示的信息以“下意识状态”零阻力地、完全地被暗示者所接受。一旦自己有进步，不论大小，都对自己说“我能行，我很棒，我能做得更好”，可以不断提升自我效能感。

(3) 寻找榜样，与自信的人多接触。“近朱者赤，近墨者黑”，人与人交往过程中会相互学习、相互影响，这对增强自信同样有效。老师、家长、同学、朋友以及我们身边其他所有的人，都可能在生活中成为我们良好的榜样。

(4) 加强交流与合作。活动的组织形式是合作性的还是竞争性的，也会影响个体对自我能力的判断，以及对自己和同伴的尊重。合作完成任务的结果往往比竞争情况下的结果好。研究表明，合作学习与经验交流，可大大提升自我效能感。和周围的人多交流，可以丰富自己的知识和经验，学习到不同的解决问题的方法，提高自我效能感。当然，相信自己和自以为是之间的界限需要你具有智慧的头脑，并且随时保持清醒。

(三) 能力的相关理论

在关于能力的理论之中，加德纳提出的多元智力理论，是基于对人类大脑神经活动的研究成果，其认可度较高，在幼儿教育和老年人养老的领域得到广泛应用。加德纳的多元智力结构如图 4-2 所示。对于生活在大学校园的大学生来说，他们拥有大量可自由支配的时间和丰富多彩的校园文化活动。大学生在校期间可以关注并分析自己在多元智力理论中的八个方面的能力，找出自身的智力优势，即在自身基本能力的基础上发展出来的相对“差异优势”。

图 4-2　加德纳的多元智力结构图

二、技能的概念及理论

(一) 技能的概念

技能(skill)是人们通过后天学习和练习而获得的能力，通常表现为某种动作系统和动作方式，是掌握和运用专门技术的能力，也就是说技能是指能圆满完成一项工作的能力。动作系统和动作方式有时表现为操作活动，有时表现为心智活动。能力指的是综合的心理品质，不是这些行为方式的本身，而是调节这些行为方式的心理活动的概括化。能力的发展比技能的获得要慢，能力并不是永远随着技能增多而成正比例发展的。技能虽然受到能力的影响，但是更多是通过后天的模仿和创造习得。那些拥有消极心态的人认为自己是受到外部力量的控制，如运气、命运或是他人的操控，无力改变自己，这种想法是不对的。

每个人学习新技能的能力与其学习态度和学习习惯有重要的关系。例如，进入同一所大学的大学生在入校时学习成绩相差不大，经过四年的学习，毕业后有些人之间却有天壤之别。他们所能利用的校园资源、所处的校园环境都是一样的，为何差别如此之大？就是因为他们不同的学习态度和学习习惯。

(二) 技能的相关理论

职业对求职者的能力要求主要是技能层面的。如图 4-3 所示，美国的学者辛迪 • 梵(Sidney Fine)和理查德 • 鲍尔斯 (Richard Bolles)把职业技能分成专业知识技能、可迁移技能和自我管理技能。

胜任一项工作必须包含以下三个方面：一是有专业理论背景，二是有操作技能，三是具备这个工作要求的品质。比如说，农民种粮食要知道天时、历法、节气，这是专业知识技能；需要会播种、收割、扬谷等，这是可迁移技能；农民有乐观勤劳、辛勤劳作的精神，这是自我管理技能。每个岗位、每个职业都是如此，通俗地讲，我们应该知道要做哪些工作，能做哪些工作，以及培养哪些气质更利于自己的工作。

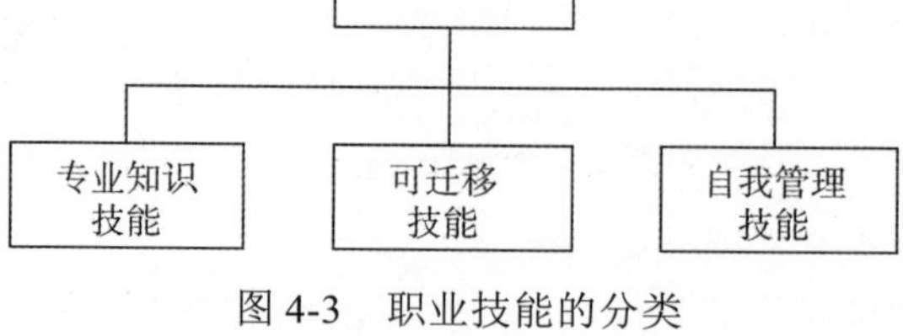

图 4-3　职业技能的分类

1. 专业知识技能

知识是人类历史经验的总结，从心理学角度来说，知识是以思想内容的形式为人类掌握，个人所掌握的知识就是信息在头脑中的储存。专业知识技能是指通过教育或者培训所掌握的理论知识。专业知识技能需要通过背诵、记忆获得，一般用名词来表示。专业知识技能不能仅仅局限于所学专业，在生活中、在社会实践过程中，都可以培养自己的专业知识技能。无论何种专业知识技能，其掌握不仅要全面，还要系统。全面，是指掌握的知识多；系统，是指提取知识的精确度高。我们以超市来类比，如果超市的货物既全面，又分类清晰，那么提取相关货物会很快。如果我们头脑中的知识全面系统，那么我们利用其中的知识就会比较方便。对于高中学生而言，高中三年学习生活就是帮助他们搭建了一个知识超市，高考试卷就是采购单，高考成绩就是学生从知识超市中提取相关内容准确度的评价。在大学校园中，那些高呼“六十分万岁”只为拿文凭的学生，他们不注重知识的全面和系统问题，所学知识杂乱无章，只有临近找工作时，才认识到专业知识技能的重要性，但为时已晚。

2. 可迁移技能

可迁移技能是个体所能胜任的活动，具体表现为一个人所能从事的工作内容。可迁移技能往往通过观察、实践、思考、熟练等过程掌握，一般用动词来表示。因其往往具有通用性，所以被称为可迁移技能。比如说，有一个财务会计性格外向，他想从事人力资源管理工作，可不可以呢？答案是可以。因为他已有的统计、数据分析能力是可以迁移到人力资源管理工作的。组织活动能力、协调关系能力、沟通能力、学习能力、创新能力、批判性思维能力等，也都是可迁移的能力，这些对于学生参加工作都有很大的帮助。与专业知识技能相比，可迁移技能无所谓更新换代，无论个人需求和工作环境有何变化，可迁移能力都可以得到应用。当然，技能的迁移是在相近的工作之间可以迁移，不能相差太远。可迁移技能是用人单位比较看重的部分。用人单位招聘职工都希望他们能直接上岗，无须培训。在有关调研中，我们发现很多学生对能力认识有偏差。有的学生存在自负心态，认为自己学习好一定能找个好工作。其实不然，工作的录取并不完全参考学习成绩，而是考核全面的能力。有的学生认识不到自身的优势，过于自卑，认为自己学习差没有单位会录用自己。每个人都有优点和缺点，应克服自卑心理，努力找到能发挥自身优势的工作。

前面已经介绍了认知信息加工理论和方法，这里要着重介绍信息加工金字塔模型的部分，即元认知部分，这部分是负责发号施令的执行加工领域。在元认知领域中有三种特别重要的技能：自我对话，自我觉察，控制与监督。有人对此最突出的领悟就是“元认知技能让我看到自己”，看到了自己决策的整个过程，既看到了自己的优势，又看到了自己的不足。这一点特别有意义，这正是元认知技能的精髓所在。元认知技能到底是什么呢？元认知是对一个人整个执行加工过程的控制与监督。在元认知对内看的过程中，我们性格中提到的稳定的态度和习惯化的行为方式有很多是存在问题的。例如，有些人说谎话而浑然不觉，即使是有正当的理由，也选择撒谎，这就说明其元认知技能不强。元认知技能比较强的人事后会反应过来，认为撒谎是不对的。元认知技能强的人则不会让这样的情况发生。

3. 自我管理技能

自我管理技能是一个人在工作中所表现出来的特征和品质。自我管理技能通常是通过认同、模仿、内化等途径获得，一般用形容词和副词来表示。有时候又被称为适应性技能或者职业素养，是影响职业生涯成功与否的关键。自我管理能力并不是自控能力，自控能力仅是自我管理能力的一部分。所谓的自我管理能力，就是我们常说的综合职业素养。而对于职位要求的自我管理能力，就是社会对于这个职位职业化的期待。

职业技能的三个层次之间的关系，我们可以把它比喻成一棵树。

(1) 树冠代表专业知识能力，它表示与其他树的区分，表现了树的种类、树外在的展示，就像是专业分类一样。

(2) 树干代表可迁移能力，它是用人单位最看重的部分。

(3) 树根代表自我管理能力，虽然是隐性的，但至关重要，其决定了树的生存、生长、抗风险能力。

第二节　能力与职业发展的关系

能力是个人职业选择和职业成功的基础，不同职业对人的能力有不同的要求，能力制约着人们活动的领域和职业选择的范围。能力是职业选择和发展中最为现实的方面，一个人的兴趣、人格和价值观，都是对职业的倾向和期望，而能力可以把我们的职业理想和现实有机地结合起来，使理想落到实处。因为，无论何种职业，都会对能力有要求。如果不能很好地评价自己的能力，错误地选择职业，将无法发挥自己的潜能，难有成就。那么，能力和职业之间到底是什么关系呢？如图 4-4 所示，我们从以下四个方面进行说明。

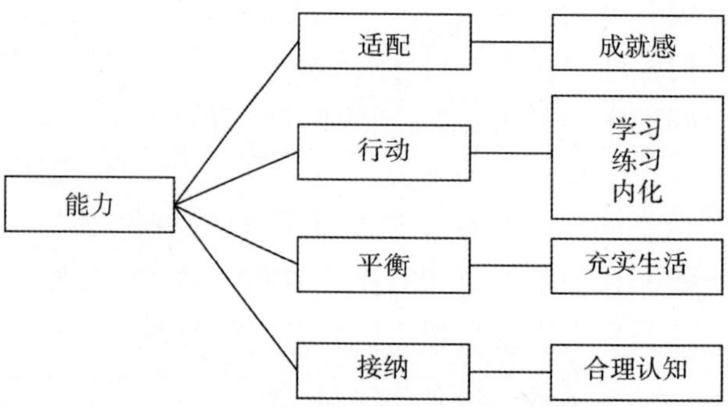

图 4-4　能力与职业发展的关系图

一、适配

人有能力类型间的差异，同时，职业根据工作的性质、内容和环境而划分为不同类型，并且对人的能力类型有不同的要求；人的能力水平不同，职业也有层次，不同职业层次对能力水平有不同的要求，因此，要注意能力和职业的适配问题。调研中发现学生对专业对口的看法是“一叶障目，不见泰山”或者以偏概全，主要有以下误区。

(1) 想专业对口，但是认为专业就业难。

(2) 认为就业只能专业对口。

(3) 不清楚跨专业找工作会怎样。

(4) 临近毕业还不清楚专业就业的出路在哪。

生涯规划指导，概括起来，就是建立一种行为取向的思维模式，即 who(我是谁)、where(我要到哪里去)、how(我怎么去)。刚步入大学校园的学生处在建立这种思维模式的黄金时期，也处在能力提升期的开始阶段，他们有四年的时间去寻找适合自己的工作。在此期间，我们不仅要知道自己拥有哪些能力，还要知道环境对我们的期待是什么，这就是知己知彼。此外，寻找工作时还可以以终为始，就是根据职业意向的入职条件倒推我要怎么办。考公务员就以公务员的入职条件为终，出国深造就以出国留学的条件为终，考研就以目标学校专业的录取条件为终，找工作就以目标职位的入职条件为终。只要大家明确自己的方向，相信毕业时可从容面对就业求职，而且会取得比较理想的结果。有人说缺乏就业信息，但我们认为这是个伪命题，身边的信息多如牛毛，不会找或者不去找才是真实的情况，我们建议大家通过各种渠道获取招聘信息。而且适配的工作绝不是等出来的，必须是主动争取到的。

【课堂活动 4-1】

一个手机的旅行

【活动目标】

通过讨论“一部新手机怎么从一个构思开始，最后到我们手里的”整个过程，让学生初步了解企业基本的架构以及部门岗位的能力要求，思考自己适合哪一个部门或者岗位。

【活动要求】

1. 每个小组讨论一部手机从设计到客户手中需要经历哪些环节？各个环节中的部门或者职位所需要的技能是什么？

2. 时间是五分钟。

3. 讨论结束后，大家可分享和补充。

想象一下，假如你做的工作既是自己所学专业，又是自己感兴趣的，既是自己能做的，又是自己擅长的，能做得很好的，工作的过程很顺手，如鱼得水，工作结果还能保证，你会感觉到什么?这就是匹配之后的一种 flow 的状态，你的心理能量会在这里得到最大的补充。

但是，匹配是相对的，不匹配才是绝对的。

二、行动

如果技能和职业不能匹配怎么办？进一步说，如果学习和工作的表现比不上理想状态怎么办？面对这种情况，在生涯理论应用中，适应论为先，就是首先要采取行动去适应工作的需要。有的人进行专业的技能测试后并没有对检测报告进行分析，浪费了进一步了解自己的机会，也容易错失与自己匹配的工作。如何去适应，如何有意识地发展自己的技能，能力的概念告诉我们，克服自卑，相信自己；技能的概念告诉我们要去学习、去练习、去思考。现实当中很多人的自我效能感不高却用各种表演加以掩饰，其间浪费了太多的时间和精力。所以，我们要强调行动，强调学习，就必须知道学习是什么。学习分三个层次：

第一个层次是学习知识；第二个层次是练习，此处不再赘述；第三个层次是内化，内化就是不断把学习的知识与自己原来已有的知识体系融为一体，达到自动化输出程度。学习必经三个阶段：专业化的阶段，主要通过死记硬背的方法，提升专业知识技能；职业化的阶段，主要通过练习实践的方法，提升可迁移技能；事业化的阶段，主要通过领悟和修炼的方法，提升自我管理技能。努力不一定成功，但是不努力一定不会成功！

三、平衡

痛苦来自不会平衡，一个人可能对于工作的期待或付出过多，因此当现状或收获无法满足时，会产生不平衡。工作只是生活的一部分，不是人生的全部。如果你在工作中无法获得那种欢乐感、成就感的美妙状态，那就把工作只当作当下谋生的手段，那你的成就感就可以从业余时间去获得。重要的是获得成就感的满足，而不必纠结是从哪里得到的满足。

平衡自己的生活，也是一种智慧。不要盯着一个角色看，要学会平衡工作和生活。充实自己的业余生活，在业余生活也能感受到成就。你希望增加家庭收入，除了工作获取工资外，还有其他途径可以选择和创造。工作中得不到的成就感可以在其他地方获得，这就是平衡。我们可能不知道爱因斯坦是一个好老师，但知道他是一个科学研究工作者。他以高校教书为职业，支撑其利用业余时间搞科学研究，终成一名伟大的科学家。如图 4-5 所示，爱因斯坦八小时理论指出人生的关键是如何处理三个八小时：工作八小时、睡觉八小时、业余八小时，如何在这三个八小时之间获得平衡。

8 + 8 + 8 = 24

图 4-5　爱因斯坦八小时理论图

四、接纳

要合理认知自己。这个世界变化太快，竞争太激烈，身边厉害的人物又很多，我们应该怎么办？每个人都有自己的路要走，每个人的生涯发展彩虹图都是不一样的，坚持做自己。当下的自己一定有核心任务，我们应该尽力完成它。有些人尽管没有考上大学，但仍然能够获得成功的事业。只要你有手艺，踏实肯干，都可以活得很好。职场上不要总是羡慕别人，也不要攀比和抱怨，要学会调整自己的心态，保持心理平衡。每个人都有自己的生存方式，针对所处环境和自身的认知，改变自己的心态，这就是接纳。接纳当下状态，接纳自己当下的样子，完成人生每个阶段的任务，做好自己即可。

还要合理认知自己与职业生涯的关系。在现实中，我们会对许多问题产生困惑，比如，“英语四级不和学位挂钩了，学英语还有用吗？”又如，“学习重要还是能力重要”“文凭重要还是实际工作经验重要”“考证重要还是能力重要”。本章开头提到“就业难到底难在哪里”，

延伸阅读 4-1
满齿不存，舌头犹在

相信通过本章的学习，大家一定有了自己的答案。还要指出一点，大多数工作和大多数人都会陷入重复和单调的状态，此时便不会再有成就感，这便需要从业者调整心态，寻找新的突破点。此外，不要对工作有太多理想化的期待，往往期望越大，失望就越大。

第三节　熟悉能力

每个人都是一块金子，但往往因为不了解自己或者自身较懒惰，能力得不到有效开发，而被淹没在沙土中。笔者曾经与一个经验丰富的人力资源(HR)交流过，他说了两点给我留下很深的印象，这个 HR 面试过万名大学生应聘者，他会有意识地去发现应聘者的优点，放大应聘者的优点，同时，他认为 60%的应聘者不知道自己的优势在哪里。

一、探索技能的必要性

探索自我技能的过程是了解自身的过程，只有对自己的技能有充分的了解，才能在就业选择时做出正确的判断和决策。探索技能的目的，无外乎两个方面：一是了解自己的技能和职位的任职条件之后可以扬长补短或者扬长避短，二是可以发现自己的优势或者比较优势从而增强自信心，不断滋养自己的优势能力，形成自己的核心竞争力。

根据美国全国大学与雇主协会(the National Association of Colleges and Employers)的调查，美国雇主们最为重视的技能和个人品质按顺序排列如下：沟通能力、积极主动性、团队合作精神、领导能力、学习成绩、人际交往能力、适应能力、专业技术、诚实正直、工作道德、分析和解决问题的能力。我们可以看到，沟通能力、领导能力、人际交往能力、适应能力、分析和解决问题的能力属于可迁移技能，积极主动性、团队合作精神、诚实正直、工作道德则属于自我管理技能，而专业知识技能有学习成绩和专业技术两项。

美国大学和雇主协会另一项调查结果也表明，是否拥有实习的经历对大学毕业生能否找到工作至关重要。在调查中，超过 3/4 的受访雇主表示，他们更喜欢雇用那些在大学学习期间实习的毕业生，一般而言，这种实习往往是要与所学专业和毕业后求职的工作相近，而不仅仅就是在餐馆打工或是在商店当售货员。美国也有 16%的雇主认为，他们雇用新毕业的大学生，对工作经历的要求不一定必须与其专业和现在的工作密切相连，只要有工作经历就行。从一定意义上说，这说明企业比较看重可迁移技能。

从上面的调查结果，我们应该清楚用人单位对技能的要求有相同之处也有不同之处，对于相同的技能，要引起我们足够的重视，说明大家都很看重这些技能。对于不同的技能，笔者认为可以采用主动的策略，主动根据自己的技能去寻找合适的用人单位，这样会取得比较理想的效果。

二、探索技能的方法

探索自我技能或者用人单位考察应聘者技能的方式有很多，下面介绍一些主要的方式。

(一) 进行专业测评

职业指导师为大学生提供直接的服务，如性格测试、能力测试、个人素质测试等，因为学生往往不能自主找到这些专业的测试题目，也不能明白其中的专业术语，职业指导师为学生提供专业测试题目、解答疑问。学生可以通过学校内部信息或者网络上的信息，联系职业指导师，与他们进行交流，但一定要注意验证他们的职业资格证书与等级证书，不要随意相信不正规职业指导中心。在企业招聘时，根据岗位需求也会进行技能的测评。

【课堂活动 4-2】

技能定位法：寻找核心竞争力

【活动目标】

通过寻找核心竞争力，强化对技能的理解，发现自己的核心竞争力。

【准备与要求】

1. 准备一张 A4 纸和三支不同颜色的笔，将图 4-6 所示内容打印出来。然后思考以下三个问题。

(1) 你喜欢做的事情有哪些？无论你做得怎样，也无论别人如何评价，你依然乐此不疲的事情有哪些？用一支笔填上去。

(2) 你擅长做的事情有哪些？不管喜欢不喜欢，和你周围的人相比，哪些方面的事情你最能够胜任？用另外一支颜色笔填上去。

(3) 如果有一天，你走投无路了，你可以用来谋生的事情有哪些？用第三支颜色笔填上去。

核心竞争力，就是三者交汇的地方。

2. 分享活动感受。

注意：一定要找对参照物。别人不是无法超越的行业大牛，而是你周围的同龄人，是跟你同一批来应聘的人。

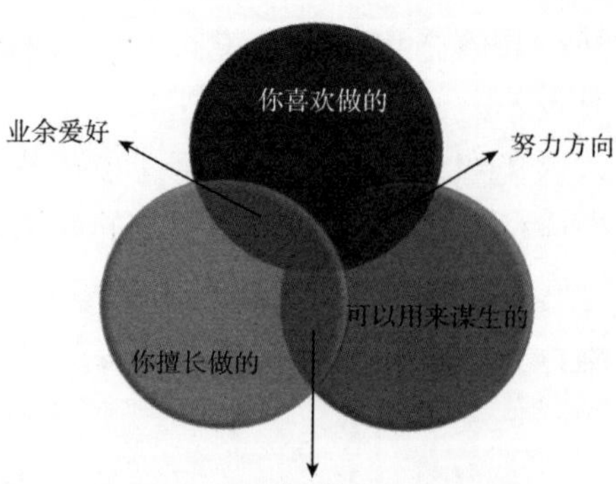

图 4-6　核心竞争力结构图

【课堂活动 4-3】

模拟面试

【活动目标】

通过模拟面试，强化对技能的理解，发现自己的能力，提升应对面试能力。

【准备与要求】

1. 两两一组，分别模拟人力资源经理和应聘者。

想象假如我是一个超级人力资源经理，我可以给你任何你想要的职位，和其他几十名求职者一样，你有幸来到我的面前，在给你理想工作机会之前，请如实回答我三个问题……

(1) 请用 3~5 个名词概括你所学过的专业理论知识，它们都属于哪些学科？能精确到二级学科更好(生物医学工程、中医基础理论、医学心理学、职业心理学、系统解剖学……)——不论这些知识是上学学过的，还是业余时间学过的，它们必须是全面、系统，而且达到专业的要求。

(2) 假如我可以满足你期待的薪资要求和福利条件，请用 3~5 个动词描述你所能做的事。我给你那么多钱为什么要雇你——你能干什么?(研发、咨询、培训、治疗、整理、讲课、多任务处理、沟通、求职培训、团体辅导、搞定学生、执行、组织活动、写新闻、项目开发、课程设计、带领团队、报账、制作 PPT、就业辅导、学生工作……)

(3) 假如和你应聘同一个职位的人，他们也有着和你一样的专业知识和技术，你身上有哪些优秀的特点和品质让我有充分的理由选择你呢？请用 3~5 个形容词或者副词描述这些特质。(乐于助人、耐心、仔细、执行力、灵活、忠诚、努力、专注、专业、勤勉、团队合作、尽全力、集体荣誉感、主动沟通、大局意识、乐于奉献、认真负责……)

2. 分享活动感受。

(二) 听取他人的意见

“不识庐山真面目，只缘身在此山中”，对于大学生来讲，他们对自身的认知难免存在主观方面的认知不清、盲目自大或妄自菲薄，这都会导致学生在探索路上走向歧途。所以，可以适当地寻求他人的帮助，通过他人对自身的认知，来更加客观地了解自己、挖掘自己。这其中比较关键的是：

(1) 父母亲朋的评定。父母对于每个学生来讲，应该是最为亲近、最为了解自己的人，他们目睹孩子的成长与变化，对孩子的性格、脾性、爱好、缺点应该是最为了解的，同时，他们还比较了解相关的工作情况。大学生应该多拿出一些时间来，与父母进行沟通，多向父母询问他们对自己的看法。通过与父母的交流与沟通，大学生可以更加全面地了解自我和工作世界。亲朋的职业经历将会帮助大学生认识更多的职业状况，并且亲朋的帮助也将带来更多的就业信息。

(2) 老师、同学的评定。除了父母，在学生的生活中陪伴最多的便是老师、同学了。尤其是在专业与职业选择关系中，多与老师交流沟通，咨询他们的建议，也有利于加深你对自己的了解。与同学交流，侧重对自己兴趣、性格以及技能的确认，也可借鉴他们的方法，从中学到一些自己没有想到的、没有考虑到的方面。

(三) 提供个人证明

毕业生找工作时，HR 会要求你出具一些证明。所有这些个人证明并非简单地是一张纸，这张纸背后是什么？比如要求出示学历、学业、培训等相关证明及成绩单，这是侧重考察你的专业知识技能。又如让提供相关的社会工作证明、社会实践证明、组织鉴定、组织证明等资料，这是考察你的可迁移技能。HR 还会询问你诸如“你的老师、同学、朋友、家人如何评价你?(360 度评估)”“在同学眼里，你有哪些特点？在你辅导员看来，你是一个什么样的学生？在父母眼里，你有哪些不同？综上所述，你自己认为你是一个什么样的人?”等问题，这是考察你的自我管理技能。

(四) 撰写成就故事

人们习惯于抱怨，人为什么会抱怨，就是因为不如意。到了大学，也会有许多不如意的地方，大多数人就只有抱怨，但是马云笃信一点：“大部分人都在抱怨的地方，也就是机会所在的地方。”他可能指的是市场的机会，但是对于发现和发展个人成就故事，这句话同样有道理。换而言之，在大学里，大多数人抱怨的地方，正是我们成就自己的地方。很多文学作品都已经很明白地告诉我们成长的过程当中面临很多问题和困难，我们只有克服它们才能成长，这也是 HR 想听的。比如，大学里某一门的老师教学水平一般，上课只念教材或者 PPT，很多同学上课睡觉或玩手机，我和大家不同，我是这样处理的……在大学，我的室友比较难相处，我是这样解决问题的……常听有人在抱怨“食堂饭菜真难吃，各种服务离我们想象的差距不是一点半点，简直是‘罄竹难书’”，但是我是这样想的……这样做的……很多人认为入党、竞选学生干部、评优评奖不公平，失去了动力和进取心，而我却认为……有人认为加入学生组织的人都是有野心的人，不想与他们为伍，而我却认为……通过以上示例，你有没有豁然开朗的感觉，并非我们没有成就故事，而是没有用心和留意罢了。

案例 4-1

成就故事

2017 年 6 月，12 名预备党员谈话时听到了关于经济专业 2014 级一个轮滑女孩的故事，并让她把自己的故事用文字记录下来。

我叫白某某，来自经济专业 14 级 Q3 班，也是一个农村家的孩子。大一到大二我担任了班级的生活委员，大三竞选时我当选了班级团支书。

在大一学期，我参加了新野社团和武协社团，因为新野可以让我去支教，武协是我喜欢的。在大一第一学期年关，我参加了体院元旦晚会的集体拳和双节棍的表演，也参加了新野社团的晚会手语的表演。自己在大一时耐心很差，脾气也很暴躁，我发过传单、贴过广告，在三联干过空调的促销，我想锻炼自己的口才和耐性，但是总找不到合适的。在大一下学期刚开学的偶然机会，我看见了一个招轮滑教练的广告，想试试，碰碰运气。原因很简单，它的工资高，我的学费是由姐姐出的，爸爸妈妈给我负担生活费，我可以帮家里年过六十的爸爸妈妈分担生活压力，也可以锻炼自己的耐性，因为教的是三四岁的小孩子。我努力地练习了两周多的轮滑，去应聘了。

2015 年 3 月 24 日，我的第一堂轮滑课，是老教练带着教的，我感觉很困难，但是坚持下来了，因为我得自立。我刚开始不会轮滑，只是学了两周多的时间，感觉去了也是误人子弟，在舍友和轮滑老板的鼓励下，我坚持了下来。起初我只是教教那些刚开始学习的孩子，他们年龄太小，我的耐性还不足，有时候就忍不住想发脾气，但是看着其他教练那么和蔼地教学，自己就忍住了，两年以后，我的耐性变成了我们里面最好的。我很感谢自己，更感谢那里的孩子和教练，我们的教练大哥是个中专学历的人，他的事迹给了我很大的鼓舞，也帮助我锻炼了自己。在他刚毕业没多久，他只身带了 50 元去了北京闯荡，在那里，两个星期只吃了不到六顿的饭，只有油条豆浆，睡的是桥洞和天桥，就这样他坚持了一年，然后回到了济南。他在济南学过厨师、打过杂役，还在芙蓉街做过小吃、卖过烧烤，他是个有志向的人，参加了山东的一个轮滑大赛——极限轮滑，并获得了亚军，所以在 2003 年时，他开了一个轮滑俱乐部。他曾告诉我们，人这辈子毅力很重要，就算自己再穷，只要坚持，总会成功的。毅力，让我坚持到现在还在那工作。

工作不到半年，教课、卖鞋、督促家长续费报班等工作，都得心应手，并得到了老教练的一致好评。老板很信任我，就是那份信任，让我这个脾气暴躁和没有耐性的人改变了。我之前有一次和一个家长发生了冲突，是因为彼此都不理解对方的意思，家长认为我拿和鞋子不一样的护具忽悠她，我实在是没有办法了，老板帮忙圆了场，事情才算过去了，这件事情对我打击很大，自己不但没能给俱乐部带来利润，还有损俱乐部名声，我很愧疚。但是大家都鼓励我，老板哥说人这辈子什么事情都能遇到，要放宽心态，多学习多看多听。就是这样，我成了俱乐部的一个“销售高手”。之前自己给一位家长介绍鞋子和轮滑的好处都感觉吃力，现在我可以给多个家长同时介绍，而且洽谈得很和谐，我学会的不仅是怎么销售我们的鞋子，学会的更是做人的心态。

我的交际能力有了一个很大的提升，也收获了很多的友谊。在大二暑假时，我留校学习并教轮滑。有一天，我的胃病犯了，我们宿舍的人都考驾照去了，陪我去打吊瓶的人是兼职教轮滑的不同学校和同学校不同学院的姐妹哥们。还有一次他们陪我打吊瓶到将近凌晨四点，而天亮后他们还要参加期末考试，我很感动。这两年多来，我们经常聚在一起聊天，他们大多数都是拿奖学金的人，而我没有能拿到，我一直在努力，却始终进不了前十名，我很愧疚自己在学习上没能给爸爸妈妈带来骄傲，我努力地在其他方面提升自己的能力，希望能让爸爸妈妈高兴，不再为我的学费、生活费担心，不再为我是个弱小的女孩担心，让他们可以放心地认为我可以养活我自己，不仅是在现在，还有将来。

这两年多来的学习，让我明白了很多，一个人要想有所成就，耐性和毅力很重要，也要有自己明确的目标和一颗为他人着想的心。在这里我学会了怎么与他人交流，怎么让我们的俱乐部更上一层楼，老板哥的管理也让我学会了人性的管理很重要，让我学到了很多管理知识，他都把我们当作弟弟妹妹，谁有困难他会义不容辞，还经常给我们讲工作、学习的事，让我们受益匪浅。

我在大学里最骄傲的事就是自己当初选择了轮滑，并一直坚持到现在，比我有毅力的还有很多，有一个姐姐也是济大的学生，她在那里一直干了将近六年，现在研究生即将毕业了，要离开了，我希望我自己比这个姐姐还能坚持。

(资料来源：作者教学案例)

面对这样的成就故事，你作何感想？你认为她找工作会像你想象的那么难吗？

其实，每个平淡无奇的生命中，都蕴藏着一座丰富的金矿，只要你肯挖掘，你就会挖出令自己都惊讶不已的宝藏来。在生活中提炼令你有成就感的具体事件，然后对其进行分析，梳理你在其中使用了哪些技能(如专业知识技能、可迁移技能和自我管理技能，尤其要突出可迁移技能的使用)。“成就事件”不仅可以是工作或学习上的，也可以是课外活动或家庭生活中发生的。它们不必是惊天动地的大事，只要符合以下两条标准，就可以被视为“成就”：你喜欢做这件事时体验到的感受；你为完成它所带来的结果感到自豪。如果同时你还获得了他人的认可和表扬那就更好了，不过这并不重要。我们关注成就事件切记不要认为只有那种显赫的、带有光环的“业绩”才能称得上成就，生活中你曾做过的对你的成长和发展有意义的或对他人有帮助的事都叫成就。

我们可以用STAR法则来编写成就故事，最好能够量化评估(用某种方法衡量或以数据说明)，在撰写成就故事时，应当包含以下要素：①情境(situation)：你面临的障碍、限制或困难。②任务(task)：你想达到的目标，即需要完成的事情。③行动(action)：你采用什么具体行动步骤，如何一步步克服障碍、达成目标的。④结果(result)：对结果的描述，即你取得了什么成绩或者成就。

如果你是一个应聘学生，HR让你讲一讲自己在大学值得自豪的事情，你将如何应对？我们应先充分地认识自己、剖析自己，这样才能够将自我的能力与优势发挥到极致，达到事半功倍的效果，在个人的事业上做出一番成绩。下面，我们在课堂上通过两个活动体会并了解自己的能力。

【课堂活动 4-4】

成就故事(一)

【活动目标】

通过分析上述成就故事，强化对技能的理解。

【准备与要求】

1. 看看在这个案例中的人物都用到了哪些技能，尽可能多地写下人物拥有的技能。

2. 小组分享，看看谁写的技能多。大家写的技能一样吗？有什么不同？讨论看看这个人物都用到了哪些技能，为别人查漏补缺。

3. 课堂分享。

【课堂活动 4-5】

成就故事(二)

【活动目标】

通过讲述自己的成就故事，强化对技能的理解，发现自己的技能。

【准备与要求】

1. 按照要求写出两个成就故事，看看在这些故事中都用到哪些技能，尽可能多地写下自己所拥有的技能，是否有重复出现的技能，并将这些技能按优先次序加以排列。

2. 小组分享，每人分享一个成就故事，看看谁写的技能多。大家写的技能一样吗？有什么不同？讨论看看这个故事中的人物都用到了哪些技能，为别人查漏补缺。

3. 推荐在课堂上分享自己的故事。

(五) 无领导小组讨论

目前，用人单位的面试大多采用无领导小组讨论的方式，而且对于结果绝大多数会要求形成统一一致的意见，甚至有的用人单位会对达不到此项要求的小组进行扣分处罚。用人单位采取这种方式有何用意呢？

这种面试方式主要考察应聘者的分析问题、解决问题的反应能力、思维能力、领导能力、表达能力、创新能力和协调沟通能力。用人单位会根据职位需要提前设计讨论题目。面试过程中，面试官会密切关注应聘者的表情和眼神，找到他想要的人。比如，一个人在整个讨论的过程中发言很少，但是一谈到技术，这个人的眼睛会放光，可以确定这是一个擅长技术工作的求职者。

【课堂活动 4-6】

无领导小组讨论

【活动目标】

通过分组专题讨论，加深对能力的理解，体会无领导小组讨论的面试形式。

【准备与要求】

1. 介绍一下无领导小组讨论的方式和评判标准。

2. 按照要求进行讨论。

3. 分享活动感受。

案例 4-2

无领导小组讨论经典案例

经典案例一：海上救援(世界 500 强 LGD 面试题)

现在发生海难，一艘游艇上有 8 名游客等待救援，但是现在直升机每次只能够救一个人。游艇已坏，不停漏水。寒冷的冬天，刺骨的海水。游客情况如下：

(1) 将军，男，69 岁，身经百战。

(2) 外科医生，女，41 岁，医术高明，医德高尚。

(3) 大学生，男，19 岁，家境贫寒，参加国际奥数获奖。

(4) 大学教授，50 岁，正主持一个科学领域的项目研究。

(5) 运动员，女，23 岁，奥运金牌获得者。

(6) 经理人，35 岁，擅长管理，曾将一大型企业扭亏为盈。

(7) 小学校长，53 岁，男，劳动模范，五一劳动奖章获得者。

(8) 中学教师，女，47 岁，桃李满天下，教学经验丰富。

请将这 8 名游客按照营救的先后顺序排序。

(3 分钟阅题时间，1 分钟自我观点陈述，15 分钟小组讨论，1 分钟总结陈词)

经典案例二：面包与记者(世界 500 强 LGD 面试题)

假设你是可口可乐公司的业务员，现在公司派你去偏远地区销毁一卡车的过期面包(不会致命的，无损于身体健康)。在行进的途中，刚好遇到一群饥饿的难民堵住了去路，因为他们坚信你所坐的卡车里有能吃的东西。

这时报道难民动向的记者也刚好赶来。对于难民来说，他们肯定要解决饥饿问题；对于记者来说，他是要报道事实的；对于你这个业务员来说，你是要销毁面包的。

现在要求你既要解决难民的饥饿问题，让他们吃这些过期的面包(不会致命的，无损于身体健康)，以便销毁这些面包，又要不让记者报道过期面包的这一事实。请问你将如何处理？

说明：①面包不会致命。②不能贿赂记者。③不能损害公司形象。

经典案例三：荒岛逃生(世界 500 强 LGD 面试题)

一架私人飞机坠落在荒岛上，只有 6 个人存活：

(1) 孕妇：怀胎八月。

(2) 发明家：正在研究新能源(可再生、无污染)汽车。

(3) 医学家：今年研究艾滋病的治疗方案，已经取得突破性进展。

(4) 宇航员：即将远征太空，寻找适合人类居住的新星球。

(5) 生态学家：负责热带雨林抢救工作组。

(6) 流浪汉。

这时，逃生工具只有一个能够容纳一人的橡皮气球吊篮，没有水和食物。那么，应该由谁乘坐气球离岛呢？

问题与要求：

(1) 请考生认真读题，并准备发言提纲，时间 2 分钟。

(2) 每位考生依照抽签顺序依次发言表明观点并陈述理由，时间 3 分钟。

(3) 考生进入自由讨论，并须达成一致意见，时间 20 分钟。

(4) 小组推举一位代表进行总结陈辞，时间 3 分钟。

经典案例四：是什么决定成败？(重庆选调 LGD 面试题)

有人说细节决定成败，也有人说战略决定成败。请问：你同意上述哪个观点？并陈述你的理由。

答题要求：

(1) 主考官提出问题后，第一名考生可用 2 分钟时间思考，可拟写提纲。

(2) 每位考生按抽签顺序依次发言，每人限 2 分钟，阐明自己的基本观点。

(3) 依次发言结束后，考生之间可进行自由辩论；在辩论过程中，考生可更改自己的原始观点，但对新观点必须明确说明。

(资料来源：作者教学案例)

经过本章的能力探索之旅，大家有什么样的感觉？再联想一下本章前面提出的“大学生就业难”问题，你是否有了解决方案？面对就业难最关键、最现实的因素到底是什么？笔者认为应该是学生能力出现问题，换句话说，经过大学四年的学习、工作、生活，毕业后要面对社会、面对用人单位，很多学生的整个履历由于各种原因拿不出手，这个履历突出表现在学生的能力方面，而这正是用人单位最关心的问题。

第四节　提升能力

为什么毕业生面对就业如此信心不足或者备受打击？大学四年的大好时光，是人生最重要的四年，我们不能浪费这些光阴然后再后悔，应该掌握创造美好明天的能力。能力的形成与发展受多种因素的影响，既包括先天素质，也包括后天因素，主要指对先天素质产生影响作用的环境、教育和实践活动等。实际上，能力就是这些因素交织在一起相互作用的结果。不忘初心，方得始终。在大学里，有两个理念要牢记：一是重视专业知识，二是能力素质是硬道理。从技能的概念出发，“技不如人”的原因就是学习、练习、领悟出现问题，我们就从这些环节入手提升自己的能力。

(一) 用心发现自己的能力

许多人认为自己能力平平、乏善可陈，这实际上是对自身能力的误解和不了解。其中不乏忽略自身能力、不自信的人，他们没有认真探索自己的技能，因此没有发现自己的能力。我们应该善于从生活和工作中发现自己的能力，并进一步提升能力。或者从行动中发现自身欠缺某种方面的能力，然后掌握和提高相关能力。

(二) 失败是提升能力的机会

许多人的学习能力水平相当，但却有不一样的结果，这是为什么呢？一个人在进行某项活动前，对自己能否有效做出判断，对活动结果会有很大的影响。一个相信自己能处理好各种事情的人，在生活中会更积极、更主动。一个总是怀疑自己、害怕失败的人，在生活中会更消极、更被动。大多数的失败都为我们提供了积极的学习经验，能够帮助我们获得更大的进步。要认识到这一点，客观地看待失败是非常重要的。约翰·考特提出一个重要观点："一个人能力的高低与自尊心的强烈程度没有必然的联系。"换句话说，害怕失败是一种常态，没有人不带偏见地观察自己。误解、遗漏和夸大可能会扭曲我们的自我认知，使我们变得自卑。很多成功的人士也很自卑，认为自己所取得的成就微不足道，但却忽略了一个事实：他们的这些成就足以让人们肃然起敬。

(三) 为自己找一个好的氛围，有规律地生活

环境对能力的形成和发展，特别是潜能的开发具有重要影响。"近朱者赤，近墨者黑""与榜样共舞"是增强自信的有效方法。笔者曾经问过一个学生："你为什么加入实验室？"他的回答非常简单，但很聪明："为自己找一个好的氛围。"笔者也曾听过一个学生说过："大二时进入实验室，我终于明白了我为什么上大学。"大学中有很多体现"象牙塔"的地方和氛围，只不过需要我们去发现和选择它。

(四) 施用累能

越来越多的科学家认识到，个人直接经验的积累在人的能力发展中有着不可替代的作用。我国古代思想家王充提出"施用累能"，即指能力是在使用中积累的。有些人在找工作时，后悔当初学得不好、规划不好，努力不够、准备不足；怕竞争、怕受挫折、怕自信心受打击；抱怨企业对人才要求高，过分看重实际经验；害怕面对找工作等。出现这些现象的主要原因是这些人的能力不足，没有信心。我们应该知道，技能是后天学出来的、练出来的，通过实践活动不断积累与提升的。实践活动是人与客观现实相互作用的过程，是技能形成与发展的必要条件。人的专业知识技能是在学习活动中形成与发展的；人的可迁移技能也是在长期的社会实践中逐渐形成的。人的各种技能脱离具体的实践活动是无从提高和发展的。是否具备某项技能在我们心理上可能有天壤之别，但实际上就是一次认真行动的差别。

此外，我们要学会密切关注并挖掘自己的潜能。马斯洛对于挖掘人的潜能开出的药方是：①克服陈规化思考问题的习惯，墨守成规是我们很容易犯的毛病。②引导生活崇高的目标，合理的目标使我们具有创造力量，一个具有崇高目标的人肯定会比一个没有目标的人更有作为，因为没有目标让人寸步难行或者得到南辕北辙的结果。③自由地选择生活路线，当我们深陷从众的压力并随波逐流时，会变得平庸。我们应该自由地进行选择，要相信我们的成长和幸福取决于自己做出的选择。④摆脱虚伪的自我，许多人已经习惯在各种场合戴上合适的面具，在这种情况之下，我们展示给外界的是精心伪装的自我，而不是真正的自我。⑤增强自信的生存需要，克服自卑，相信自己。大多数人都知道自信是成功的秘诀，不幸的是，许多人都不具备这种强大的自信。缺乏自信的人会形成让自己停滞不前的精神状态，而自信的人会创造出成功所需的精神状态，这种感觉就是自我实现的。

(五) 聚焦目标，以终为始

从大一开始就准备填写毕业生推荐表，或者为自己制作一份简历，想象这就是四年毕业应聘时递给 HR 的原件，应该填些什么内容才能顺利过关呢？为了能够填写这些内容，

我现在该怎么办？通过思考这些明确自己的目标。当职业或者职位目标清晰后，通过生涯人物访谈或者网络了解职位相关要求特别是任职条件，按照任职条件制定规划，把握好时间节点，不断总结，不懈努力。

(六) 重视计划和总结

许多大学生进入大学校园后，只是应付考试的学习，虚度光阴，没有学习计划，浪费了大学阶段的学习机会和时间。有人把计划和总结比喻成个人成长的梯子，因为它们能够培养人的思维能力，更重要的是内化能力素质，让我们能够更好地驾驭自己和环境。在大学阶段乃至今后的生活中，我们应重视计划和总结，不断完善自己，提升自己。

(七) 改善元认知技能

(1) 能够辨别消极观念。消极观念因人而异，但凡阻碍这个人成长成熟的观念，对他都是消极观念。桑德森、彼得森、伦兹和桑德斯提出了改变我们消极观念的四步骤方法：找出消极观念和陈述；挑战这些想法的合理性、有用性和真实性；改变消极观念，将之变为更为积极的想法或陈述；按照新的方式行动。

(2) 积极的自我对话训练。我们有许多消极的自我对话，比如“应该如此”“托付心态”“没有办法”，而且许多人已习惯顺从于这种状态。我们应将这些消极的元认知再造为一种更积极的观念。比如，“托付心态”是把自己生活中成功快乐的控制权托付给别人。但是，每个人都需要照顾自己的人生，人生中的成功快乐也只可以由自己找到。每个人应该照顾自己的人生，不假手他人。再比如，“没有办法”的心态是一份导致无法突破的执着情绪。有些人固执于某种行为和处事方式而同时又对效果不满，这应该怎么破解？首先要坚信突破是有可能的，然后坚持一个灵活的态度：未达到理想的效果便不会妥协，进而不断地寻找新的方法。凡事至少有三个解决方法，你总会有选择。

(3) 减少“要么/或者”式的思维。进行相对思维的元认知技能，有助于我们成为更好的问题解决者和决策制定者。而二元思维也称全或无式思维，倾向于使我们停滞不前，因此应减少二元思维方式。在现实的生涯问题解决和决策制定中，事情总是依程度、情境、人物、时间、环境等发生变化，当我们的思维能反映这些现实时，就能运行得更好。

(4) 发展自我觉察和自我控制。只有自我觉察，才能自我控制。自我觉察是指意识到“自己就是任务的执行者”和“自己在整个决策过程中的感受”，自我控制是指需要了解何时继续前进、何时停下来继续搜集更多的信息，还需要对决策中的强迫性和冲动性给予认真的权衡。一些自我觉察和控制技术，比如，留意口头禅、数数字、深呼吸、放松身心等，能帮助我们提高元认知技能，并最终改善我们决策制定过程。

(5) 提高一般问题的解决能力。CASVE 循环提供了一种能用于许多生活情境的解决问题的通用方法。当我们能快速、有效地使用 CASVE 循环这样的策略来处理生涯或其他生活问题时，将会改善我们的生涯决策制定，直至达到自动化输出的状态。

延伸阅读 4-2
了解手机生产相关部门或相关岗位

能力的获得和能力的提升是一个动态变化的过程，特别是对青年人，其能力的类型及水平都有很大的可塑性、伸缩性和潜在性。大学有很多获得和提升能力的途径和办法，大学生应把握机会。“少壮不努力，老大徒伤悲”，如果大学阶段不努力学习，便无法掌握相关技能。“你的技能”是大学生求职简历上必填的一项，这是每个求职者都要认真面对和思考的问题，也是我们最需要证明的。怎样发现、培养、展现自己的技能，从而在毕业后的求职过程中占据优势，是非常关键的。人才是第一资源，功以才成，业由才广，所以，大学的人才培养质量强调能力是本分，学生在大学阶段的学习和生活无外乎三个目的：有利于提升竞争力，有利于谋一个好的职业，有利于享有一个有意义的人生。

讨论与思考

1. 每个人毕业后的工作方向各不相同，你为自己规划的方向是什么？这个方向需要你具备什么样的能力？

2. 如何利用大学四年的时间获得最想要的一技之长，让自己能够安身立命？

第五章
价值观探索

价值观是我们在生活和工作中最为看重的原则、标准或品质。职业价值观是我们在从事与职业相关的活动中最看重的东西，是价值观在职业需求上的反映。在校大学生通过澄清自己的价值观，明确自我成长的真正需求和愿景，自身的职业生涯发展目标才会更清晰，动力才会更强大，有助于实现职业理想。通过本章的学习，读者应了解和掌握以下内容：

(1) 理解价值观与职业价值观的基本概念。

(2) 了解价值观的探索方法，会使用价值观探索工具。

(3) 学会澄清自己的职业价值观。

(4) 发现自身不合理价值观的错误信念，培养积极正确的职业价值观。

案例导入

这是我想要的生活吗

王夏是一名思想政治教育专业的学生，和不少同专业的学生一样，在校期间就考取了教师资格证，大四也选择了报考研究生。考研失败后，她听从父母的建议，幸运地通过了教师编制考试，如父母所愿成了一名初中政治老师。刚参加工作时，王夏干劲十足，各方面都表现不错，收入稳定，生活安逸，父母也非常欣慰。可是，没过几年，王夏对工作慢慢产生了厌倦，渐渐失去了刚入职时的激情，生活变得索然无味。她总在想：我真的要一辈子都这样度过吗？为什么我总是感觉不快乐呢？她也常常问自己：我真正想要的究竟是什么呢？

如果你是王夏，你会怎么做呢？

(资料来源：作者教学案例)

第一节　价值观的概念

在生活中，不少人都会遇到和王夏相似的困惑，心里有很多想法，却又时常感到“理想很丰满，现实很骨感”。能力不够，不敢跳槽；父母反对，不敢违背；工作稳定，待遇不高……无论哪种困惑，其实都涉及同一个问题：我们不清楚自己内心真正看重的是什么。这就是无处不在的价值观。

究竟什么是价值观？价值观是如何形成的？又具有什么特点呢？价值观与职业发展有着怎样的密切联系？本章我们着重解答这些问题。

【课堂活动 5-1】

你的朋友怎么样

【活动目标】

通过分析你好朋友的优点，初步体会自己对待一个人的看法，了解价值观的基本概念。

【活动要求】

1. 找一个你最要好的朋友，请你想一想他(她)身上最吸引你的地方有哪些，用 2~3 个词语概括一下，写在下面的横线上。

____

2. 如果你需要购买一件衣服，你选择购买衣服的标准是什么，请用 2~3 个词语概括一下，写在下面的横线上。

____

做完这个小练习，我们不难发现，从对待一个人的看法到选择一件物品的标准，这些看法标准就构成了我们每个人的价值观。

你是否发现，虽然你的好友相貌平平，但他品学兼优，你依然特别欣赏他；虽然你的同学常常自以为是，但他见解独到、富有才华，你也愿意接纳和包容他。你在择友方面最在乎的这些看法就体现了你的择友价值观。你购买衣服是看重价格、舒适感，还是看重品牌和款式，这些标准主要体现了你的消费价值观。所以，价值观无处不在，它深刻影响着我们生活中的每一个看法、选择和行为，关乎着我们每个人的理想追求，也最终决定着我们能否幸福地度过一生。

一、价值观的定义

在我们每一个评价和选择的背后，都有价值观在发挥作用。价值观如同空气一样，为每个人所需要。那么，究竟什么是价值观呢？

价值观就是我们在生活和工作中最为看重的原则、标准或品质。价值观是一个人对客观事物(包括人、物、事)和对自身行为结果的意义、重要性的总体评价和总体看法。价值观是以我们“信什么、要什么、坚持什么和实现什么”的方式，指导着我们对精神目标的选择，因此它是一套自我激励机制。

需要我们特别注意的是，始终都是那些正向积极的自我激励机制，能够同时实现个人生涯发展和社会整体进步的双赢。如果自我激励机制与整个社会的真理进步相违背，则为不正确的价值观。

二、价值观的形成

（一）价值观受制于人生观和世界观

一个人的价值观不是天生的，而是在其出生以后，在家庭和社会的影响下，随着知识的增长和生活经验的积累而逐步确立起来的。我们所持的价值观中很大一部分是早年形成的，是从我们与周围环境的接触和体验中获得的，在与父母、兄弟姐妹、老师和朋友等人的交往中形成的。

不同的价值观决定着不同的人生态度和行为。比如，同样都是大学生，有的学生最看重学习成绩，最大的追求是每次成绩都要考最好，拿到奖学金；有的学生则最看重自己的全面发展，除了学习之外，把更多课余时间投入各种活动中，提高自己的各种能力。对学习成绩和全面发展二者的重视程度，就体现了学生们不同的价值观，继而决定了他们对学习的不同态度及对参加活动的融入程度。

（二）价值观、人生观和世界观相互统一

价值观、人生观和世界观三者相互影响，并动态地统一为一个人认识内在和外在的所有观点。价值观是人们在做选择和判断时最为看重的原则、标准和品质；人生观是人们对于人类生存目的、价值和意义的看法；世界观又称为宇宙观，是人们对整个世界以及人与世界关系的总的看法和根本观点。简单而言，我们如何看待世界，就会影响我们如何看待人类，我们如何看待人类，就会影响我们如何辨别事物，进而影响我们所有的选择和行动。

三、价值观的特点

（一）因人而异

价值观因人而异，独一无二。正所谓“世界上没有完全相同的两片树叶”“一千个读者就有一千个哈姆雷特”，说的就是这个道理。即使是在同一个家庭中长大，生活经历比较相似的兄弟姐妹，由于每个人的天性禀赋不同，看待事物的角度各有差异，价值观也自然会有很大不同。因此，我们每个人都有自己独一无二的价值观，我们每个人都是与众不同的自己，也都应该珍惜和悦纳自己。

（二）相对稳定

价值观相对稳定，影响深远。由于价值观是一个人在特定的时间、地点和条件下，长期形成和发展起来的，它一旦形成，便具有相对稳定和持久的特点。“先天下之忧而忧，后天下之乐而乐”，这句耳熟能详的名言，表达了范仲淹远大的政治抱负和伟大的胸襟胆魄，也成为他一生的爱国写照。古往今来的很多有志之士，一旦确立了某种高尚的精神信仰和价值追求，便会把它作为自己长期稳定的核心价值观，时刻鞭策自己，成就一番伟大事业。所以，一个人在生活中所体现出来的全部价值观念，就构成了每个人独特的价值观，

并作为稳定的心理特征使我们区别于他人。

(三) 可以改变

价值观可以改变，调整优化。我们此时此刻所持有的价值观，是在以往所有的人生经历及经验中获取的，我们未来的价值观也必定受到此刻的经历及经验的影响，而产生新的改变。我们常说“生涯之学，即应变之学”，想要做到“应变”，离不开我们对原有价值观的不断调整和优化。只要我们知道并且理解价值观是可以改变的，就能辩证地看待和分析自己的某些信念、观念的不合理性，从而借助终身学习、丰富阅历、深入思考等途径，不断调整个人与他人、个人与世界的关系，我们的价值观便有机会得到更多调整、完善和优化。

四、价值观与职业发展的关系

职业价值观又名工作价值观。生涯大师舒伯认为，职业价值观是个人追求的与工作有关的目标，亦即个人在从事满足自己内在需求的活动时所追求的工作特质或属性，它是个体价值观在职业问题上的反映。职业价值观与职业发展二者关系密切，贯穿于我们一生的职业活动。职业价值观为初期的职业选择提供了基本依据和目标方向，更为后期的职业发展提供了持续动力。

忽视职业价值观的择业行为，很容易导致职业选择的动摇。前文王夏同学的困惑，相信大家都还记得。她拥有一份令人羡慕的教师职业，可为什么很快就厌倦了呢？一个重要的原因就在于，在择业之前，她缺乏对自己职业价值观进行探索和澄清的过程，没有从内心真正的需求出发，探索自己最在乎和看重什么，思考清楚教师这个职业能否实现自己的职业追求，而是完全听从父母的建议，从而导致自己很快对职业选择产生动摇，丧失了职业发展的动力。

持续重视职业价值观与职业发展的匹配适应，会有利于提升一个人的职业发展成就。完成对职业价值观的积极探索，能够增加我们职业选择的成功率，避免方向性的失误。在进入职业活动后，职业价值观也会在职业内驱力、自我效能感、职业晋升发展等方面持续发挥作用，帮助我们实现职业生涯的不断进步。

因此，在大学阶段，我们越重视探索和思考自己的价值观，积极了解职业世界，尽早确定我们职业发展的初级目标，做好职业生涯发展规划，我们在毕业阶段的求职就业状态也就越从容，参与求职准备的行动也就越积极主动，找到一份适合自己的工作将离我们不再遥远。

第二节　价值观理论

20 世纪初，西方学者开始对生涯选择和生涯问题领域进行研究，心理学、经济学、社会学、教育学和管理学等都从各自的角度，对职业生涯发展涉及的多种影响因素和构成要素进行了系统的阐释，在职业生涯发展实践的各个阶段进行了广泛的运用。

在众多理论中都涉及对价值观因素的研究，如帕森斯在其特质因素论中，将价值观、能力、兴趣和人格作为特质，进行测量和评价，以期实现人职最佳匹配；明尼苏达工作适应论主张，只有当工作环境能满足个人内在需求时，其持久发展才能得以实现；舒伯 15 种职业价值观量表可以帮助人们清楚地了解自己的职业价值倾向；马斯洛提出的需求层次模型则认为人的需求有五种层次，突出了价值观强大的激励作用。

本节主要介绍罗克奇的 13 种价值观分类和施恩的职业锚理论，从而了解职业价值系统。

【课堂活动 5-2】

你最宝贵的“五样”

【活动目标】

通过引导学生想象生命中最在乎的五样东西，并在最短时间内完成对它们的取舍，让学生能够快速体验选择与放弃的心理感受，并对自己最在乎的东西进行归类，为学习价值观分类和相关理论做准备。

【活动要求】

我们一生中总有一些东西难以取舍，但我们又必须时常面临坚持和放弃。处在大学生活阶段的你，最看重的五样东西究竟是什么呢？现在，请你准备好一张白纸和一支笔，用 5 分钟的时间，安静地完成以下练习：

(1) 请在白纸上端中间郑重地写下你的名字，比如：“×××最宝贵的五样”。名字一定要写，因为这个名字代表的不是别人，就是你自己。

(2) 请飞快地写下你现在认为最重要的五样东西。这五样东西，可以是实在的物体，比如食物、水或钱；也可以是人和动物，比如父母、朋友和爱犬；也可以是精神的东西，比如宗教、学习；也可以是你的爱好，比如旅游、音乐或吃素；也可以是抽象的事物，比如祖国或哲学；也可以是具体的物品，比如一个瓷瓶或一组邮票；还可以是一些表述，比如健康、快乐、幸福、学业、金钱、名誉、地位。总之，你尽可以天马行空地想象，只要把你内心最珍贵的五样东西写出来。

不必思来想去，左右斟酌，脑海里涌出什么念头，就提笔把它写下来。

(3) 请你拿起笔，在你最看重的“五样”中去掉一个。用笔狠狠地涂掉，直到看不清字迹或成为黑洞。

(4) 你必须在剩下的四样中再去掉一样，这就是命运，你别无选择。

(5) 在你剩下的三样最珍贵的东西中，你还得去掉一样，实在是没有办法。不管你有多少怨言和不情愿，请你遵照游戏规则，用你的笔，把三样当中的某一样涂黑。

此刻，请你坚持下去。游戏的核心价值就在这里——你要学会放弃。你有权利不再放弃任何东西，但命运和生活更有权利让你放弃你的最爱。

(6) 现在，你的人生中最重要和珍贵的东西就剩下两样了。请你勇敢地从仅剩的两个挚爱中再涂掉一个！

到此，你的纸上只剩下了一样东西，这就是你最宝贵的东西。你涂掉了四样，它们同样是你宝贵的东西。好好记住这个顺序吧，它们就是你目前的优先排序。当你无所适从的时候，它会告诉你，什么才是你最为重要的东西，什么才是你恋恋不舍的东西。(参考毕淑敏著《心灵七游戏》“你最宝贵的五样”)

这是一项探索个人价值观的练习。我们每个人对生活都有自己独特的见解，而这些见解形成了我们各自独特的价值观和价值体系。重要他人(如父母、朋友、老师等)的价值观也会对我们产生较为重要的影响。因此，在做出人生的重大抉择时，我们必须仔细觉察自己所依据的内心价值观，只有对自己的价值观进行澄清和排序，才能知道如何进行适合自己的取舍，才能通过放弃得到最想要的。

一、罗克奇的13种价值观分类

美国心理学家米尔顿·罗克奇(Milton Rokeach)在《人类价值观的本质》(*the Nature of Human Values*，1973)中总结提出 13 种价值观。米尔顿·罗克奇认为，各种价值观是按照一定的逻辑意义联结在一起的，它们按一定的结构层次或价值系统而存在，价值系统是沿着价值观的重要性程度的连续体而形成的层次序列。

(1) 成就感：提升社会地位，得到社会认同；希望工作能受到他人的认可，对工作的完成和挑战成功感到满足。

(2) 美感的追求：能有机会多方面欣赏周围的人、事、物，或任何自己觉得重要且有意义的事物。

(3) 挑战：能有机会运用聪明才智来解决困难；舍弃传统的方法，而选择创新的方法处理事物。

(4) 健康(包括身体和心理)：工作能够免于焦虑、紧张和恐惧；希望能够心平气和地处理事物。

(5) 收入与财富：工作能够明显、有效地改变自己的财政状况；希望能够得到金钱所能买到的东西。

(6) 独立性：在工作中能有弹性，可以充分掌握自己的时间和行动，自由度高。

(7) 爱、家庭、人际关系：关心他人，与别人分享，协助别人解决问题；体贴、关爱，对周围的人慷慨。

(8) 道德感：与组织的目标、价值观和工作使命能够不相冲突，紧密结合。

(9) 欢乐：享受生命，结交朋友，与别人共处，一同享受美好时光。

(10) 权力：能够影响或控制别人，使他人照着自己的意思去行动。

(11) 安全感：能够满足疾病需要，有安全感，远离突如其来的变动。

(12) 自我成长：能够追求知性方面的刺激，寻求更圆满的人生，对智慧、知识与人生的体会有所提升。

(13) 协助他人：认识到自己的付出对团体是有帮助的，别人因为自己的行动而收获颇多。

【课堂活动 5-3】

找出你的 5 种价值观

【活动目标】

通过让学生认真思考米尔顿·罗克奇的 13 种价值观，从中找到符合自己情况的 5 种重要价值观，深入分析思考相关问题，使学生进一步明确自己的价值观倾向。

【活动要求】

上述 13 种价值观概括了我们在职业中最看重的品质。我们按照 1～5 的分值进行打分，1 代表不重要，5 代表最重要，并从中筛选出符合你需求的五种价值观：____________、____________、____________、____________、____________

针对以上 5 种重要价值观，同学们可以通过思考，一一回答下列问题，把你的答案记录下来，以帮助你进一步明确自己的选择：

1. 我最重视的价值观是什么？

____

2. 我所选择的 5 种价值观是我一直都重视的吗？如果曾经有改变，是在什么时候？

____

3. 有哪些价值观是我父母认为重要的，而我却不同意的？有哪些价值观是我和父母共同拥有的？

____

4. 价值观的改变是否改变了我安排生活的方式？

____

5. 我理想的工作形态与我的价值观之间是否有任何关联？

____

6. 我是否因为谁说的一句话或某件事，例如考试成绩，而对自己的价值观感到怀疑？

____

7. 以前我曾经崇拜哪些人？他们目前对我有什么影响？

____

8. 我的行为一向反映我的价值观吗？

____

另外，罗克奇认为价值观可分为终极型价值观和工具型价值观，如表 5-1 所示。终极型价值观，指的是一个人希望一生实现的目标，是人对于整个生命意义的理想化终极状态的需求；工具型价值观，指的是一个人为达到个体生命意义的理想化终极状态，所采用的个人偏好的行为方式和手段。

表 5-1　罗克奇的价值观分类

终极型价值观	工具型价值观
• 舒适的生活(富足的生活)	• 雄心勃勃(辛勤工作、奋发向上)
• 振奋的生活(刺激的、积极的生活)	• 心胸开阔(开放)
• 成就感(持续的贡献)	• 能干(有能力、有效率)
• 和平的世界(没有冲突和战争)	• 欢乐(轻松愉快)
• 美丽的世界(艺术和自然的美)	• 清洁(卫生、整洁)
• 平等(兄弟情谊、机会均等)	• 勇敢(坚持自己的信仰)
• 家庭安全(照顾自己所爱的人)	• 宽容(谅解他人)
• 自由(独立、自主的选择)	• 助人为乐(为他人的福利工作)
• 幸福(满足)	• 正直(真挚、诚实)
• 内在和谐(没有内心冲突)	• 富于想象(大胆、有创造性)
• 成熟的爱(性和精神上的亲密)	• 独立(自力更生、自给自足)
• 国家的安全(免遭攻击)	• 智慧(有知识、善思考)
• 快乐(快乐的、休闲的生活)	• 符合逻辑(理性的)
• 救世(救世的、永恒的生活)	• 博爱(温情的、温柔的)
• 自尊(自重)	• 顺从(有责任感、尊重的)
• 社会承认(尊重、赞赏)	• 礼貌(有礼的、性情好)
• 真挚的友谊(亲密关系)	• 负责(可靠的)
• 睿智(对生活有成熟的理解)	• 自我控制(自律的、约束的)

需要注意的是，终极型价值偏重于目标，工具型价值观偏重于手段，切不可将两种价值观混为一谈。很多人对于“成就感”的定义有很大不同，有的人认为帮助更多的人养成一个健康的习惯是一种成就感，有的人认为教书育人是一种成就感，有的人认为拥有权力是自己最大的成就感，也有人认为拥有很多财富才是有成就感的表现。“成就感”作为很多人都乐于追求的终极型价值观，看起来是相同的，但人们选择的工具型价值观却有截然不同的差别，明白这一点，我们就可以拨云见日，做到我们常说的“不忘初心”。只要明确方向——终极型价值观，工具型价值观并不是唯一的，而是要根据自己的能力、兴趣和擅长的领域综合思考，选择适合自己的手段和途径。

二、施恩的职业锚理论

美国麻省理工学院埃德加·H.施恩(Edgar H. Schein)教授通过对 44 名 MBA 毕业生长达 12 年的职业生涯跟踪研究，总结出了职业锚理论。职业锚，又称职业系留点，是当一个人不得不做出选择时，无论如何都不会放弃的职业中至关重要的东西或价值观，是人们选择和发展自己的职业时所围绕的中心。职业锚问卷在国外职业测评、职业生涯规划咨询中得到了广泛应用。

职业锚通常是一个人进入职场并具备一定工作经验后，通过对工作世界的进一步认知逐渐确定下来的，适用于职业人员对自己现有职业生涯规划调整的参考。相比较而言，罗克奇的 13 种价值观分法简单明了，更适用于在校大学生对职业价值观分类进行初步理解。

职业锚包括以下八大类型。

(1) 技术/职能型：技术/职能型的人，追求在技术或职能领域的成长和技能的不断提高，以及应用这种技术、职能的机会。他们对自己的认可来自他们的专业水平，他们喜欢面对来自专业领域的挑战。他们一般不喜欢从事一般的管理工作，因为这将意味着他们放弃在技术/职能领域的成就。

(2) 管理型：管理型的人追求并致力于工作晋升，倾心于全面管理，独自负责一个部分，可以跨部门整合其他人的努力成果。他们想去承担整个部分的责任，并将公司的成功与否看成自己的工作。具体的技术/功能工作仅仅被看作通向更高、更全面管理层的必经之路。

(3) 自主/独立型：自主/独立型的人希望随心所欲安排自己的工作方式、工作习惯和生活方式，追求能施展个人能力的工作环境，最大限度地摆脱组织的限制和制约。他们意愿放弃提升或工作扩展机会，也不愿意放弃自由与独立。

(4) 安全/稳定型：安全/稳定型的人追求工作中的安全与稳定感。他们可以预测将来的成功从而感到放松。他们关心财务安全，例如：退休金和退休计划。稳定感包括诚信、忠诚，以及完成老板交代的工作。尽管有时他们可以达到一个高的职位，但他们并不关心具体的职位和具体的工作内容。

(5) 创造/创业型：创造/创业型的人希望使用自己的能力去创建属于自己的公司或创建完全属于自己的产品(或服务)，而且愿意去冒风险，并克服面临的障碍。他们想向世界证明公司是他们靠自己的努力创建的。他们可能正在别人的公司工作，但同时他们在学习并评估将来的机会。一旦他们感觉时机到了，他们便会自己走出去创建自己的事业。

(6) 服务/奉献型：服务/奉献型的人指那些一直追求他们认可的核心价值，例如：帮助他人，改善人们的安全，通过新的产品消除疾病，他们一直追寻这种机会。他们也不会接受不允许他们实现这种价值的工作变换或工作提升。

(7) 挑战型：挑战型的人喜欢解决看上去无法解决的问题，战胜强硬的对手，克服无法克服的困难障碍等。对他们而言，参加工作或职业的原因是工作允许他们去战胜各种不可能。新奇、变化和困难是他们的终极目标。如果事情非常容易，它马上变得非常令人厌烦。

(8) 生活型：生活型的人是喜欢允许他们平衡并结合个人的需要、家庭的需要和职业的需要的工作环境。他们希望将生活的各个主要方面整合为一个整体。正因为如此，他们需要一个能够提供足够的弹性让他们实现这一目标的职业环境。他们甚至可以牺牲自己职业的一些方面，如：提升带来的职业转换。他们将成功定义得比职业成功更广泛，他们认为自己在以下方面与众不同：如何去生活，在哪里居住，如何处理家庭事务，在组织中的发展道路。

我们在进行未来职业规划和定位时，可以运用职业锚理论帮助我们思考自己的能力、兴趣，审视自己的价值观与未来意向职业的匹配程度。王夏同学对教师职业在“稳定性”价值观的认同决定了她最终没有选择辞职，她产生职业倦怠的原因是因为在“生活型”方面的失衡，于是，她从生活的丰富性和兴趣角度寻找到了突破口，进行了积极的价值观探索和调整，从而又获得了她新的职业活力和生活乐趣。在校大学生可以通过职业锚的八大类型结合对自己的分析，有意识地选择适合自己的实践实习，增加对自己的资质、能力、偏好进行客观评价的能力，使自己的职业锚更加具体、清晰，为未来的求职就业做好更加明确深入的准备。

第三节　价值观探索

在基本了解价值观的理论后，要想真正实现对自己职业价值观的有效探索和深入理解，还需要具体有效的探索步骤和方法。当我们面临人生重要转折点的选择时，经常会遇到迷茫和难以决策的情况，掌握探索职业价值观的操作技能，一步步清晰明确自己内心真正看重的东西，从而能够不断提高自己理性决策的能力。

一、三阶段七准则探索法

价值观的探索和澄清需要三个阶段来完成：即选择、赞赏(珍视)和行动，其中包括七个准则，我们称之为价值观澄清“三阶段七准则法”，如表 5-2 所示。

表 5-2　价值观澄清“三阶段七准则”

三阶段	七准则
选择	1. 不受他人的影响，完全自由地选择 2. 在尽可能广泛的范围内自由选择 3. 衡量以上各种选择可能出现的后果，进行再选择
赞赏	4. 重视和喜爱自己做出的选择并感觉满足 5. 乐于公开表达自己的选择
行动	6. 按照自己做出的选择行事 7. 重复一贯的行动和确定的模式

(一) 选择阶段

(1) 不受他人的影响，完全自由地选择。不要考虑任何人会如何建议你选择，完全听从自己的内心进行选择，之后思考：“我第一次看重这样东西是从什么时候开始的？”

(2) 在尽可能广泛的范围内自由选择。辨别与问题有关的价值观，辨别其他可能相关的价值观，分析梳理每一种价值观及其对选择可能产生的后果。

比如：你有一个机会可以出国读研究生，同时也通过了知名企业的面试，你会选择哪一个？选择前者的话，体现了你对专业学习和拓宽见识的重视；选择后者，则显示你更看重职场经验的积累和尽早获得经济收入。分别分析这两种选择满足了你最看重的哪一种价值观，其中哪个是你认为的真正最重要的。

(3) 衡量以上各种选择可能出现的后果，进行再选择。比如：如果选择出国读研究生，我能不能得到我最看重的？最坏的结果又会是什么？我能不能接受这个最坏的结果？如果选择去企业工作，我能不能得到我最想要的？最坏的结果又会如何？我能否接受？然后对最坏结果进行对比，哪个结果可以承受，哪个不能，进而指导自己做出进一步的选择。

(二) 赞赏阶段

(1) 重视和喜爱自己做出的选择并感到满足。只有我们自己重视并从内心深处珍视这个选择背后的价值观，我们才会悦纳自己，为自己的选择感到欣慰和喜悦。

(2) 乐于公开表达自己的选择。如果我们选择了我们最看重的，我们便会自然而然地想“把我的选择告诉我的父母”“把我做的事情让更多的人知道”。敢于对朋友和家人公开表达自己的选择，不仅会让你了解内心对这个选择的认同程度和敢于接受评判的自信，还将有机会为自己赢得更多人的鼓励和支持。

(三) 行动阶段

(1) 按照自己做出的选择行事。当我们完成“选择”和“赞赏”阶段，我们便要开始用行动来证明我们的选择是对的。我们要问自己“我现在要准备做些什么呢？”“我将会用多久，付出哪些努力来做这件事呢？”“为此，我必须先做到什么？”坚持自己的选择，必须通过改变自己的精力分配来尽量确保实现它。越来越引起重视的“时间管理”和“精力管理”等技术方法，都是为了提升目标执行力的工具，很值得加强学习和运用。如果在选择之后，只是把目标停留在想象中，不做任何努力，那么成功将永远不会到来。把我们的价值观付诸行动，是梦想成真最重要的一步。

(2) 重复一贯的行动和确定的模式。当我们的选择被我们认为是最重要的观念，从而上升为我们的价值观后，我们将会在任何合适的时间和场合一而再、再而三地重复我们的行为。我们甚至会为此舍弃很多其他的价值观，而且毫无怨言。当你决定要考研究生，要以考上研究生为目的产生具体的行动，制订每日的行动计划，日复一日地完成考研准备、考研复习、考研冲刺等一系列举动，一步步接近我们选择的目标，一步步实现这个选择。

三阶段七准则探索法看似复杂，但其在实际运用中具有较强的操作性和准确性，是个人在进行决策选择和价值观澄清时易于掌握的工具，可以长期使用，运用得越多，越能快速指导我们进行合理决策。

二、职业价值观探索工具

【课堂活动 5-4】

“榜样模仿”探索法

【活动目标】

通过让学生在自己的生活中寻找出 5 个榜样，分析他们的特点，用来对照自己的特点，用榜样的力量影响自己。通过明确榜样的优势，鼓励学生积极模仿榜样，慢慢形成和建立自己的特点优势，打造出自己的核心特质。

【活动要求】

在你所了解的人里面，比如你周围的亲朋好友，或者你通过电视、电影、网络、报纸、刊物了解到的人中，你觉得哪些人的人生状态是你认同或者欣赏的？请你至少列出 5 个人，把他们的名字和他们的特点写在表 5-3 中。

表 5-3　崇拜的人及他们的特点

序号	我最崇拜的人是谁？ (写下他或她的名字)	我崇拜他或她什么？ (写下他或她的三个特点)
1		
2		
3		
4		
5		

分析最崇拜和最欣赏的人的特点，能够折射出我们最向往的价值观，而他们的样子或许就是我们想要成为的样子。大家再继续思考下去，仔细想想你所崇拜的这些人，他们是什么职业？这些职业和你的专业是否有大的关联？他们是单一角色的成功，还是多重角色的成功？他们有哪些成功的人生特点是你也能够具备和加强的？哪些是你一点都没有的？你是否愿意通过努力提高这些方面？那么通过哪些练习和目标才能够提高自己，成为像他们这样的人呢？你现在应该做些什么来改变自己呢？一一回答以上问题，相信你肯定会有不小的收获。

【课堂活动 5-5】

“我喜欢的生活方式”探索法

【活动目标】

很多学生在进行职业生涯规划时，往往陷入职业选择具体的问题中，迷茫彷徨，不知所措。其实，我们可以跳出来问自己：无论我选择做什么，十年后我究竟想过怎样的生活？我喜欢的生活方式是什么样的？回答了这些问题，再看当下的职业困惑，你或许就会知道如何选择。

【活动要求】

请你想象一下，十年后，假如能够拥有理想的生活状态，你喜欢的生活方式是什么样的呢？请你仔细考虑下列各项，并依照它对你的重要程度打分(如表 5-4 所示)，然后思考并回答表格下方的问题。

表 5-4 “我喜欢的生活方式”

项目	重要程度（1~10 分）	项目	重要程度（1~10 分）
住在繁华的都市		能够自由支配自己的时间	
住在宁静的乡村		每天按时上下班	
居住在文化水平较高的社区		有充裕的闲暇时间做自己感兴趣的事情	
居住在小孩上学方便的地方		坚持运动、强身健体	
定居在某个地方		工作之余参加社会活动	
担任管理职务		参与和宗教有关的活动	
吸收新知识，充实自己		每天有固定的时间和家人相处	
贡献自己所能，服务社会		和家人共享假期	
生活富有挑战性、创造性		积极参与社区活动	
有较高的社会声望		经常旅行，扩宽视野	
拥有宽广、舒适的生活空间		和父母生活在一起，承欢膝下	
工作稳定，有保障		和妻子(丈夫)、孩子生活在一起	
拥有较高的经济收入		有时间辅导孩子的作业	
有高效率的工作伙伴		有密切交往的好朋友	
能自由支配金钱		每个月有固定的存款	

思考：

1. 你最看重的三个项目是什么？为什么它们对你如此重要？

(1)________________________________

(2)________________________________

(3)________________________________

2. 根据刚才的填写情况，请描述十年后你最期待的三个生活画面：

(1)________________________________

(2)________________________________

(3)________________________________

3. 为了实现理想的生活状态，你需要满足哪些条件？

4. 为了满足这些条件，你有哪些具体的行动计划？

____

____

____

5. 当下，你觉得对你最重要的是什么？

____

____

____

还记得王夏的困惑吗？她正是通过“我喜欢的生活方式”打分法找到了问题所在。她在大学的课本里，发现了自己曾经做过的这个小测试。她发现自己在“生活富有挑战性、创造性”那一栏打了10分，在“有充裕的闲暇时间做自己感兴趣的事情”一栏打了9分，而在“工作稳定，有保障”那一栏打分较低，是6分。她琢磨了一会儿，顿时明白了，自己内心并不太喜欢稳定，而是更看重富有挑战性的工作和做感兴趣的事。教师职业这个按部就班的工作满足不了她的需求。

后来，经过深思熟虑，她投入积极的改变中，为了父母和来之不易的工作，她并没有放弃教师的职业，而是利用业余时间重新拾起自己大学的兴趣爱好瑜伽运动。她给自己规定：第一，不能影响学校的工作；第二，利用所有业余时间练瑜伽。就这样，除了工作，她把大部分业余时间都投入到了瑜伽运动上，实现了职业和生活的平衡，生活又充实和快乐起来。

在王夏的故事中，我们看到她在进行职业价值观探索时，最看重的是“充实和快乐”，这是她的终极价值观，从事教师的工作作为工具价值并不能带给她更多充实和快乐时，她便对这一职业产生了更多质疑，甚至有所动摇。经过对自己价值观的重新探索和思考后，她进行了积极的行动和调整，慢慢实现了职业价值观和生活价值观二者的平衡，找到了生活的意义。而价值观在这个过程中就如同明灯，照亮了王夏内心深处最看重的东西。

【课堂活动5-6】

“80岁生日宴会”探索法

【活动目标】

通过让学生想象80岁生日宴会的场景，想象自己终极价值实现后的画面、别人对自己的赞美之词，帮助学生大胆思考最终想要成为什么样的人，实现什么样的人生价值。

【活动要求】

假如你已经80岁了，这是你80岁生日宴会的场景，请你尽可能使自己放松，并跟随以下问题的指引，慢慢想象一下宴会的细节、画面，想象越具体越好。

1. 请你想象一下自己会坐在哪个位置？

____

2. 最中间的桌子坐的都有哪些人，或者他们都可能是谁呢？

____

3. 在座的人谈到你时，都非常羡慕你的人生，你最希望他们称赞你的哪些方面？

____

4. 如果在宴会上你要对自己的前 80 年做个总结，你会说什么？

____

5. 如果要你给像你现在一样的年轻人一个建议，你会给他们什么样的忠告？

____

通过想象 80 岁生日宴会的场景，我们会进入到自我价值实现后的画面当中，我们所想象别人对自己的赞美，就是最终我们想要实现的人生价值。这是当下的我们想象到的最理想的样子。随着我们人生阅历的不断增多，生活会发生很多改变，但这样的想象会给当下的我们很大的鼓舞，我们今天做的事情和状态与我们向往的终极价值相悖还是一致？相悖就应该果断叫停，一致就鼓励自己大胆坚持下去。

第四节　价值观的调整

通过价值观探索澄清的练习，每个人对自己的价值观都有了更清晰的认识，但有可能会发现自己探索的重要价值观之间有时候并不一致，甚至有些价值观之间似乎存在着某些矛盾和冲突，而且在探索自己价值观的过程中有过很多徘徊不定、难以取舍的体验。为什么会出现这种情况呢？用什么方法能够解决这个问题呢？接下来，我们需要更加深入地探讨价值观调整与价值困惑的关系，进一步掌握价值观调整的方法，不断完成对价值观的优化。

【课堂活动 5-7】

给你的价值观看看“病”

【活动目标】

通过让学生对具体价值观的定义，分析思考价值观定义中存在的不合理认知，让学生学会正确认识自己的价值观定义，并有根据地对其进行调整优化。

【活动要求】

人人都向往成功、健康和被爱，请依据你对这些关键词的理解，将下面的句子补充完整，然后和小组同学分享，让大家做医生，给你的价值观看看“病”。

(1) 成功：我______________________，我觉得自己是成功的。

(2) 健康：我______________________，这说明我是健康的。

(3) 爱：父母______________________，我才能体会到父母的爱。

(4) 受欢迎：如果别人______________________，我是一个受欢迎的人。

(5) 好学生：______________________，我就是一个好学生。

一、价值观调整的三个步骤

价值观调整主要有以下三个步骤。

(1) 要将你的价值观按照追求型和逃避型进行区分。

(2) 针对区分后的两类价值观给出你自己的价值观定义，反思自己的价值观定义是否存在误区。

(3) 按照价值观调整的方法，纠正自己价值观定义中不合理的信念，将其修改成为更加积极合理、科学正确的价值观定义。

(一) 分清价值观的类型

弗洛伊德认为：人类行为的动机，都在于追求快乐、逃避痛苦。人的一生想要追求的感觉可以称之为追求型价值观，而我们不愿触碰或不愿意拥有的感觉可以称之为逃避型价值观。

追求型价值观有：爱、温暖、关怀、感恩、快乐、幸福、有趣、舒适、安全感、自由、被尊重、和谐、健康、挑战、创造性、贡献、影响力、成功、幽默、诚实、信任、团结、自信、受欢迎、责任感、成就感……

逃避型价值观有：孤独、寂寞、无聊、沮丧、失望、压力、忧虑、愤怒、生气、挫折、失败、绝望、无助、难过、自私、嫉妒、无能、愚笨、无知、不安、恐惧、可怜、懦弱、被排斥、被拒绝、被冷落、被忽视、不被信任、拖延、懒惰……

请从以上两类描述价值观的词汇中，分别选出 5 种并排出先后顺序，填入“我的价值观清单”，如表 5-5 所示。

表 5-5　我的价值观清单

我的追求价值观清单	我的逃避价值观清单
1.	1.
2.	2.
3.	3.
4.	4.
5.	5.

(二) 给自己的价值观下定义

对同一种价值观所持的定义不同，就会产生截然不同的归因和行动，也会用这个定义指导自己向着自己认为对的逻辑去追求和实现这个价值观。比如很多人将追求幸福与快乐作为价值观，认为只有拥有了权力、成功、名利和金钱才会得到幸福和快乐，但往往拥有之后仍然感觉不到快乐幸福的人却比比皆是。这就要从对幸福和快乐的价值观定义中寻找问题。

接下来，根据前面所列出的追求型价值观和逃避型价值观，选择自己看中的两条，在每一条的后面写出两个你对于此价值观定义的解释，如表 5-6 和表 5-7 所示。价值观的定义写法如下：当××(具体事件)发生时，我就会有××感觉。

表 5-6　追求型价值观定义

我的追求型价值观	我对它的定义
	1.
	2.
	1.
	2.

表 5-7　逃避型价值观定义

我的逃避型价值观	我对它的定义
	1.
	2.
	1.
	2.

请认真审视以上这些你自己定义的价值观词条，接下来对这些词条进行逻辑分析和调整工作。

(三) 调整价值观中的不合理信念

有意识地改变自己的思维方式，将调整价值观中的不合理信念作为习惯化的思考，不断调整修改使其成为更合理的信念，并在生活中进行加强运用和实践，获得更多反馈。每一个人必定要通过长期、反复的价值观调整，才会逐渐形成自己更积极正确的价值观，这种调整的过程将会贯穿我们的一生。

请结合【课堂活动 5-7】自己给出的价值观定义，或者参考以下价值观定义，找出这些价值观定义中不合理的地方。

(1) 成功：我 30 岁的时候，年薪能达到 50 万元时，我觉得自己是成功的。

(2) 健康：我没有任何疾病，身体比其他朋友都好，这说明我是健康的。

(3) 爱：父母要经常关心我，支持我的想法，我才能体会到父母的爱。

(4) 受欢迎：如果别人能够接受我的观点，都很喜欢我，对我很友好，那么我就觉得我是一个受欢迎的人。

(5) 好学生：期末考试我能考班级前三名，我就是一个好学生。

仔细分析，我们不难发现，以上这些价值观定义有很多不合理的地方：

(1) 规则的实现受制于他人或不可控的外部环境。

(2) 规则过于严格或苛刻，实施起来缺少弹性。

(3) 片面追求结果和目标，不关注过程中的成就体验。

所以，我们在定义自己的价值观时，要尽量保持客观，遵循以下原则。

追求型价值观的定义原则：

- 要避免过多受制于他人，尽可能自己掌握。
- 要完全能够在过程中拥有。
- 达成目标的规则不要太严格，留有适度的弹性。
- 要能够容易时常性达到。

逃避型价值观的定义原则：

- 要避免过多受制于他人，尽可能自己掌握。
- 要避免在过程中拥有。
- 达成目标的规则要严格，不容易达到。
- 要避免经常性达到。

根据这些基本原则，我们对前面所列举的价值观进行如下调整：

(1) 成功：我每天要努力完成学习和工作计划，每天都要有所进步，这样就有可能在不同年龄实现自己的工作规划目标，这样就算成功了。

(2) 健康：当我感到精力充沛、身心舒畅时，这说明我是健康的。

(3) 爱：当我对父母付出了自己力所能及的爱，不强求父母一定要时刻关心我时，我也能感受到爱的力量。

(4) 受欢迎：我想要受到大家的欢迎，就要先对别人友好，多看到别人的优点，喜欢别人。

(5) 好学生：我要努力学习，提升各种能力，把感兴趣的问题真正弄明白，把技能真正学到手，我认为这样的我才是一个好学生。

通过对比，我们看到，调整前和调整后的价值观定义区别是很明显的。比如对成功的定义，我们试想一下，30 岁之前我们究竟有多大可能实现年薪 50 万的收入呢？这的确是有一定难度和挑战，即使在过程中非常努力，如果没有实现这个愿望，我们很难感受到满足和快乐，会为迟迟得不到这个结果而痛苦，甚至会认为自己是个失败者。而修改后的定义则是每天努力完成学习和工作计划，每天都有所进步，则是时常能够达到的，我们会在小的成功中得到源源不断的快乐，也以此有可能获得更大的成功。

正确的价值观能帮助我们进行正确的选择，而正确的价值观定义则可以帮助我们展开正确的行动。当我们难以取舍时，我们会依靠自己明确的价值观减少纠结和焦虑；当我们遭遇挫折时，我们会依靠正确的价值观定义，辩证分析对与错，从容看待得与失，有时眼前利益看似受到损失，为了长远的目标，我们也勇于坚持自己的选择；当面临职业发展中的巨大困难与挫折时，我们可以依靠不断优化的职业价值观支撑着自己的信念，积极应对困难，顺利度过职业发展的困境。

二、树立正确的职业价值观

正确的职业价值观是我们从事职业选择的依据、追求事业成功的动力源泉，也是我们抵御生涯困难的有力武器。对在校大学生而言，大学校园和社会环境有很多诱惑比艰苦的学习来得轻松和安逸，学会运用价值观工具对自己的价值观进行阶段性的排序和澄清，对价值观规则进行具体化的描述和明确，才能够真正掌控自我，不随波逐流，在面临选择时更加坚定和果断，不轻易迷失方向。勤奋的学习和充分的实践是实现职业价值观与生涯发展适配状态的最佳途径，唯有积极向上的价值观才是获得美好人生的最佳伴侣。

一方面，正确的职业价值观是符合社会现实需求的价值观。探索职业价值观，需要将个人价值观同社会价值观在一定程度上相结合，既要知晓“我想要什么”，也要明白“社会需要什么”。人自身的需要，离不开社会和他人的付出，而人自身的价值又在为社会和他人创造物质和精神财富过程中得以实现。人既是价值的承担者，又是价值的创造者。人的价值取向必须和社会需要的价值取向一致，社会价值是实现个人价值的基础，没有社会价值，人生的自我价值就无法实现。符合社会需要并被社会肯定的人生才是有价值和有意义的。有些青年大学生毕业择业选择扎根基层，以敢担当、能吃苦、肯奋斗的精神状态，助力乡村振兴与人民幸福。

延伸阅读 5-1
青年在选择职业时的考虑

另一方面，我们的职业价值观不是一成不变的，而是不断在调整中得到优化的。随着时代发展、社会环境、行业形态的改变，我们的职业价值观也将必然相应地改变。我们这一代人正面临着人工智能时代的巨大变革，必然对我们传统的职业形态带来更多挑战和机遇。保持对自己职业生涯的开放心态，不畏惧外在环境的变化。在更多更快的变化中积极调整、平衡和适应需求，达到自己内在价值和外在需求的和谐共赢，将是我们必须具备的能力。

与兴趣、技能和性格相比，价值观隐藏较深，不易觉察，对人的影响也是潜移默化、持久深远的。职业价值观的最终实现来自职业活动的不断实践、成败得失之后的积极思考和思维行动上的不断调整。对大学生尤其是新生而言，完成对自己价值观的探索、澄清，调整优化是一个漫长的过程，其中遇到一些困难是必然的，也是正常的。在今后的大学生活中，我们要寻找更多机会大胆尝试，积极探索，勤于思考，在实践中不断发现和明确自己内在的价值需求，真正成为自己生涯的主人。

讨论与思考

1. 有两个工作摆在你的面前：一个工作是自己感兴趣的却收入一般，另一个工作是自己不感兴趣的但薪水较高，你应如何做出选择？

2. 面对一份既极具挑战性又不稳定的工作，但它可能实现你的梦想，也有可能失败，你愿意去做吗？

3. 你想找一份符合自己兴趣意志的工作，而父母希望你找一份收入较高、较稳定的工作，你该遵循自己的主观意志还是采纳父母的意见？

第六章
职 业 探 索

“知彼知己，百战不殆。”在前面的章节中，我们对职业生涯规划的意义和自我认知的探索进行了学习，那么要想进一步完善我们的职业生涯规划，认识和了解职业世界是必不可少的环节，也是树立正确择业观的必要条件。通过本章的学习，读者应了解和掌握以下内容：

(1) 通过学习职业的相关概念、特点来认识并了解职业世界。

(2) 通过对于职业信息的收集、探索方法的学习，来了解职业信息的相关知识。

(3) 通过对用人单位的含义、分类和需求等方面的学习，了解用人单位。

案例导入

小李应如何选择

小李是大三学生，虽然在校期间学习努力，成绩良好，但她对于所学专业的就业情况了解甚少，对未来很迷茫。最近，她因为考研还是就业与父母有了意见分歧。父母认为现在社会看重高学历，本科生已经不是“香饽饽”，必须获得更高学历才能有好发展。小李虽然觉得父母说的有些道理,但也听说自己所学的专业本科生和研究生就业前景差别不大，本科生的用人需求也非常高。这个专业的就业前景究竟如何？用人单位真的对学历要求越来越高吗？

(资料来源：作者教学案例)

第一节　认识职业世界

在象牙塔苦读十几年，然后选择一份职业，走向社会，这份陌生感对于大学生而言是难免的。他们不了解职业世界，容易导致决策困难，陷入被动。因此，认知职业世界，有利于大学生主动把握自身优势，找到适合自己的发展之路。

一、职业认识

(一) 职业的概念与特征

1. 职业的概念

职业是指个人服务社会并作为主要生活来源的工作。从社会角度看，职业是劳动者获得的社会角色，劳动者为社会承担一定的义务和责任，并获得相应的报酬；从国民经济活动所需要的人力资源角度来看，职业是指不同性质、不同内容、不同形式、不同操作的专门劳动岗位。

总体来说，职业是参与社会分工，利用专门的知识和技能，创造物质财富、精神财富，获得合理报酬，满足物质生活、精神生活的工作。

2. 职业的特征

根据职业产生的发展历史及其对人类社会发展的影响，职业一般具有以下特征。

(1) 产业性。社会上的职业大致可以归属为三类产业。第一产业和第二产业都是物质生产部门，第三产业虽然并不生产物质财富，却是社会物质生产和人民生活必不可少的部门。在传统农业社会，农业人口比重最大；在工业化社会，工作领域中的职业数量和就业人口显著增加；在科学技术高度发达和经济发展迅速的社会，第三产业职业数量和就业人口显著增加。

(2) 行业性。行业是根据生产工作单位所生产的物品或提供服务的人的不同而划分，它是按企业、事业单位、机关团体和个体从业人员所从事的生产或其他社会经济活动性质的同一性来分类。某行业的职业内部，其劳动条件、工作对象、生产工具、操作内容相同或相近。由于环境的同一，人们就会形成同一的行为模式，有共同的语言习惯和道德规范。不同行业间存在着很大的差异，其劳动条件、工作对象、工作性质等都不相同。

(3) 职位性。所谓职位是一定的职权和相应责任的集合体。职权和责任是组成职位的两个基本要素。职权相同，责任一致，就是同一职位。在职业分类中，每一种职业都体现职位的特性。从社会需要角度来看，职业并没有高低贵贱之分，但是，现实生活中由于对从事职业的素质要求不同以及人们对职业的看法或舆论的评价不同，职业便有了层次之分，这种职业的不同层次往往是由不同职业体力或脑力劳动的付出、收入水平、工作任务的轻重、社会声望、权力地位等因素决定的。

(4) 组群性。无论以何种依据来划分，职业都带有组群特点。如科学研究人员中包含哲学、社会学、经济学、理学、工学、医学等多种学科，再如咨询服务事业包括法律咨询工作者、心理咨询工作者、信息咨询工作者等。

(5) 时空性。随着社会的发展和进步，职业变化迅速，除了弃旧更新外，同一种职业的活动内容和方式也会发生变化，所以职业的划分带有明显的时代性，不同时代有不同的热门职业。我国现代社会中曾出现过的“当兵热”“下海热”“外企热”等，都反映出特定时期人们对某种职业的热衷程度。

(二) 职业与相关概念的关系

在词语意义上，与“职业”有关的关键词语主要有“工作”“职位”“职业生涯”等。

1. 工作与职业

“职业”与“工作”在概念上最为相关。在英语中，“工作”(work)的词语意义，首先与“游戏”(play)或“娱乐”(recreation)相对而言，是指“为特定目的而耗费体力或脑力”；其次是指“一个人为谋生所做之事”，也就是现代社会通常所说的“就业”(employment)。一个人拥有一份工作就意味着他必然要减少休闲、娱乐的时间，也意味着他在这个社会上有了生存的基础。

职业的一般词义，是指一个人所从事的行业、专业或领域，或一个人长期从事的稳定性工作。《现代汉语词典》对职业的定义是：个人在社会中所从事的作为主要生活来源的工作。一份工作可能是暂时的、临时性的，而职业则包含较长的一段从业经历，指稳定性的工作。另外，工作解释的仅是“一个人做什么”，而当工作发生在一整套的制度安排下，其中包括为执行常规的职责和义务而付给酬金时，这个人便有了职业。职业是在生产性效用获得酬金的条件下的工作安排和工作条件的集合体。

2. 职位与职业

职位是指组织中个人所从事的一组任务，它是由重复发生或持续进行的任务构成的一个工作单元。如某公司需要有人来改善员工、顾客与投资者之间的信息传递过程，于是，公司撰写了一个叫“沟通专员”的新职位说明，继而设法雇用人来做这项工作。从这个角度讲，工作就是具备某些相似特征的人从事的带薪职位。一个工作可能包含一个或一组相似的带薪职位，传统上实行与时间或任务量相匹配的薪酬制度。工作由人来完成，以任务、结果和组织为中心。

从组织角度而言，职业是组织所提供的一系列职位或一个职业等级链，如实习生、一般职员、领班、主管、部门经理、公司经理、区域经理等。当某人找工作时，他通常会申请一个空缺的职位，但一个职位不论空缺与否都是存在的。一个人在一生的就业过程中可能在许多不同的职位上工作，这些职位有可能在同一组织机构中或者同一种职业中。

3. 职业生涯与职业

日常生活中，我们常常听到“生涯”这个词，比如“学术生涯”“艺术生涯”“体育生涯”。《现代汉语词典》中，“生涯”一词是指从事某种活动或职业的生活。美国国家生涯发展协会指出，“生涯”是指个人通过从事工作所创造出的一个有目的、延续一定时间的生活模式。这是生涯领域中被最广泛使用的一个定义。目前，大多数学者所接受的定义是舒伯的论点：生涯是生活里各种事态的演进方向和历程，它统合了人一生中的各种职业和生活角色，由此表现出个人独特的自我发展形态。

从个体角度讲，“职业”是指一个人生命历程中与工作相关的经历。个人是职业的拥有者，或者可以把职业看作一种员工与组织互相拥有的状态。组织所拥有的职业管理系统帮助他们规划和管理员工的职业，同时，员工也会自主规划和管理他们的职业。

由此引出了另一个重要词语：职业生涯，它可以理解为“工作人生”，是个体一生中相关的工作经历。职业生涯并非一个抽象范畴，而是一个历史范畴。随着工业化社会和市场经济的发展，人们在专业化分工和社会化大生产体系中，在就业机会、工作职位以及职业发展路径方面面临多样化的自主选择，由此对其人生意义或生命价值带来一系列不确定性的风险，其间充满了机遇挑战、欢喜、痛苦、成功或失败等各种各样丰富多彩的人生体验，在这样特殊的历史条件下，“职业生涯”概念应运而生。

二、走进职业世界

职业是人类最天才、最神奇、最伟大的发明，它通过劳动分工，使人类能够最大限度地发挥各自优势，大大提高了生产效率。了解职业世界，有助于我们更准确地找到适合自己的职业方向。

(一) 产业、行业与职业

1. 产业与产业结构

产业是国民经济活动最基本的类别。20 世纪 20 年代，国际劳工局最早对产业做了比较系统的划分，即把一个国家的所有产业分为初级生产部门、次级生产部门和服务部门。我国在 20 世纪 80 年代中期引入了三次产业分类法。三次产业分类法就是把全部的经济活动划分为第一产业、第二产业和第三产业。

第一产业的属性是其生产物取自于自然，指农、林、牧、渔业；第二产业则是加工取自于自然的生产物，包括采矿业、制造业、电力、燃气及水的生产和供应业，建筑业；第三产业指繁衍于有形物质财富生产上的无形财富的生产部门，分为流通和服务两个部分，主要有四个层次：①流通部门，包括交通运输、邮电通信、商业饮食、物资供销和仓储等产业；②为生产和生活服务的部门，包括金融、保险、房地产、公用事业、居民服务、旅游等产业；③为提高科学文化水平和居民素质服务的部门，包括教育、文化、卫生、体育、社会福利等产业；④为社会公共需要服务的部门，包括国家机关、党政机关、社会团体及军队、警察等。

产业结构是各产业在其经济活动过程中形成的技术经济联系，以及由此表现出来的一些比例关系。从静态看，三次产业间的联系表现为某一时刻三次产业各自创造的国民生产总值在整个国家国民生产总值中所占的比重及相互的比例关系。从动态看，随着时间推移和经济发展，三次产业间的联系表现为三次产业上述比重和比例关系的变化及其趋势。改革开放 40 多年来，国家从重视调整农、轻、重比例关系，到大力促进第三产业发展，三次产业结构不断向优化升级的方向发展。

2. 行业与行业发展

行业是指从事相同性质的经济活动的所有单位的集合。国民经济行业分类是依据经济活动的同质性原则，即每一个行业类别都按照同一种经济活动的性质划分，而不是依据编制、会计制度或部门管理等划分。我国 2019 年批准了 GB/T 4754-2017《国民经济行业分类》国家标准第 1 号修改单(以下简称第 1 号修改单)，分类采用经济活动的同质性原则划分，每一个行业类别按照同一种经济活动的性质划分。分类共分为门类、大类、中类和小类四个层次，共包含门类 20 个，大类 97 个，中类 473 个和小类 1382 个。例如，20 个门类如下：

一是农、林、牧、渔业；

二是采矿业；

三是制造业；

四是电力、热力、燃气及水生产和供应业；

五是建筑业；

六是批发和零售业；

七是交通运输、仓储和邮政业；

八是住宿和餐饮业；

九是信息传输、软件和信息技术服务业；

十是金融业；

十一是房地产业；

十二是租赁和商务服务业；

十三是科学研究和技术服务业；

十四是水利、环境和公共设施管理业；

十五是居民服务、修理和其他服务业；

十六是教育；

十七是卫生和社会工作；

十八是文化、体育和娱乐业；

十九是公共管理、社会保障和社会组织；

二十是国际组织。

近年来，信息技术和互联网行业、医药/生物工程行业、现代物流行业、房地产/建筑/建材/工程行业、环境保护行业、贸易行业等成了就业市场的热门行业。随着国家“互联网+”行动计划实施，新兴的热门行业将进一步增多。

3. 产业、行业与职业的联系与区别

产业、行业、职业三者之间既有密切联系，又相互区别。产业、行业、职业都是社会分工的产物，是社会生产力不断发展的必然结果，这是它们在本质上的共同点。随着社会的发展和新技术的出现，产生了新产品及相应职业的从业人员。随着新产品的生产及相应从业人员数量的不断扩张，新的行业逐渐形成。当新行业发展到一定规模时，就会与其他相关行业进行整合，依据发挥作用的程度并入或形成新的产业。

产业、行业、职业的不同之处是它们在国民经济领域中，从着眼点的层次上是由高到

低、概念上涉及的范围是由大到小。产业的着眼点是生产力布局的宏观领域，体现的是以产业为单位的生产力布局上的社会分工，产业由行业组成。行业的着眼点是企业或组织生产产品的微观领域，体现的是以行业为单位的产品生产上的社会分工，行业由企业或组织组成。职业的着眼点是组织内工作人员的具体工种，体现的是以人为单位的劳动技能上的社会分工，职业是由人的技能组成。

(二) 职业的分类

职业分类是在社会分工的基础上按照职业性质、工作方式、技术要求及行业范围等的同一性所进行的划分归类。

目前职业世界中有超过 20 000 种，对于大多数人来说，有多种职业适合他们。《职业名称词典》定义了 12 700 种不同的职业名称，并有 17 000 个名称是相互参照的。在近 50 年的时间里，《职业名称词典》是职业信息标准的基本参考资料。然而，如今它已经被网站 O*NET OnLine(网址为 https://www.onetonline.org/)所取代，这是一个能提供 780 种职业信息、工作者技能和工作训练要求的内容全面的数据库。它是目前美国职业信息的首要来源，许多计算机生涯信息传递系统包含该网站数据。

1. 西方国家的职业分类

(1) 根据劳动的性质、层次进行分类。这种分类方法把工作人员划分为白领和蓝领。白领工作人员包括：专业性和技术性的工作人员，农场以外的经理和行政管理人员、销售人员、办公室人员。蓝领工作人员包括：手工艺及类似的工人，非运输性的技工，运输装置机工人，农场以外的工人，服务性行业工人。随着行业的发展，又出现了“灰领”工作人员，指既能动脑又能动手具有较高的知识层次、较强的创新能力、掌握熟练的心智技能的新兴技能人才。目前，广告创意、会展策划、服装设计、软件开发工程师、装饰设计师等 25 个大类的岗位从业人员，都被冠以“灰领”。

(2) 根据职业性向进行分类。基于美国著名职业心理学家霍兰德创立的“人职匹配理论”，我们可以把职业分为六类：现实型职业，企业型职业，社会型职业，事务型职业，艺术型职业，研究型职业。

(3) 根据职业的主要职责或从事的工作进行分类。国际劳工组织(International Labour Organization，ILO)于 1958 年颁布了首部《国际标准职业分类》，之后又经 1968 年、1988 年、2008 年三次修订，形成目前的最新版本《国际标准职业分类(2008)》。其中提供了包括 10 个大类、43 个中类、125 个小类、436 个细类、1506 个职业项目，总共列出职业 1881 个，每个职业都有个 5 位编码，并有相应的职业名称以及关于一般职权、主要职责和任务的职业定义。其中 10 个大类是：管理者，专业人员，技术人员和专业人员助理，办事员，服务人员及销售人员，农业、林业和渔业技术员，工艺及有关人员，机械机床操作员和装配工，非技术工人，军人。西方各国如美国、加拿大、新加坡等国家也都有自己的职业分类相关标准。

2. 我国的职业分类

在我国，关于职业分类标准的编制和完善有一个历史演变过程。1986年，国家统计局和国家标准局为适应第三次人口普查的需要，组织编制和颁布了《职业分类和代码》(GB/T 6565—1986)，将所有职业分为 8 个大类、63 个中类、303 个小类。1988 年，国家劳动部同 45 个行业部委的劳资机构组织有关专家学者和技术人员，历经 4 年于 1992 年发布了《中华人民共和国工种分类目录》，为修订个人技术等级标准、企业制定个人岗位规范和劳动组织管理以及职业教育培训提供了标准。1995 年，国家劳动部、国家统计局、国家技术监督局组织 50 多个部委、机关和有关专家学者近千人，历经 5 年编制和颁布了《中华人民共和国职业分类大典》，后于 2015 年进行了重新修订，2015 版的《中华人民共和国职业分类大典》将职业分类结构为 8 个大类、75 个中类、434 个小类、1481 个职业。

2022 年 9 月 27 日，《中华人民共和国职业分类大典（2022 年版）》（以下简称《大典》）审定颁布会召开，审议通过了新版《大典》。随着新技术、新产业、新业态、新模式层出不穷，职业变迁加速，新职业新工种不断涌现。新版大典在保持八大类不变的情况下，本次净增 158 个新的职业，职业数达到了 1639 个。其中标注了 97 个数字职业，占职业总数的 6%。同时，延续 2015 年版《大典》对绿色职业标注的做法，标注了 134 个绿色职业，占职业总数的 8%。其中既是数字职业也是绿色职业的，共有 23 个，反映出数字经济和绿色产业带来的职业变化。

8 个大类如下：

第一大类 党的机关、国家机关、群众团体和社会组织、企事业单位负责人

第二大类 专业技术人员

第三大类 办事人员和有关人员

第四大类 社会生产服务和生活服务人员

第五大类 农、林、牧、渔业生产及辅助人员

第六大类 生产制造及有关人员

第七大类 军队人员

第八大类 不便分类的其他从业人员

为了更好地适应时代发展，在新版《中华人民共和国职业分类大典》中，农业数字化技术员、农业经理人、碳排放管理员、碳汇计量评估师等被认定为新职业；将报关专业人员和报检专业人员 2 个职业，整合为报关人员 1 个职业；取消了电报业务员等职业。

三、职业发展与发展趋势

(一) 职业发展的影响因素

职业发展演变呈现了一定的规律性，把握引起职业变化的原因就可以把握其变化发展的基本趋势。

(1) 生产力发展水平是决定和推动职业演变的根本原因。生产资料、生产工具和掌握

生产技术的劳动者都是生产力的组成部分，人们通过不断改进生产工具，开发生产资源，提高生产技术和组织管理水平，从而推动了生产力的发展，也推动了社会分工的变化。

(2) 科学技术的发明与广泛应用，是现代职业迅速演变的重要原因。科技是第一生产力。当一个新的科技发明直接应用于生产或为人们生活服务时，必须与新材料、新工艺、新的经营管理相联系，同时也必然产生相应的新职业。

(3) 社会和管理制度的变革，促进了职业的演变。社会制度和管理制度的每一次变化，都会引起职业的变化，有的职业消失，有的职业新生，有的职业由盛转衰，有的职业由衰转盛。

(4) 物质文化生活水平的提高，会促使职业的产生和发展。人们物质文化水平的提高，会激励人们这方面需求的增强，因而有关职业便应运而生，并竞相发展，如近几年迅速发展的网络销售行业、保健营养药品行业等。

(二) 职业变化与发展趋势

制造业曾经是美国经济的支柱产业，但现在美国的经济正日益演化为服务业为主。这种情况下，大多数从业者是提供某种服务(如卫生保健、零售业、餐饮业)，而非制造某种产品。更多的工作机会来自发展中的服务业和信息产业。今天的许多工作如网页主管、多元文化管理、数字图书馆管理等，在 15 年前根本不存在。现在从事工作的方式更多样化，比如电子通信，许多雇员成为灵活的就业者，雇员们可以选择在家中或在公司办公室工作，他们运用适当的技术来完成工作。

现在的职业对知识型员工的需求越来越大。当一个员工积累起更多的新技能时，他就变得更有地位。对于一个员工来说，挑战在于既要保持在工作岗位上做出新贡献，同时还要不断学习新技能。具有多方面能力的员工才具有更好的适应性，在职场中才有更多提升的机会。

延伸阅读 6-1
热门行业与冷门行业

当今正处于信息技术时代，网络已经成为人们日常生活的一部分，而信息技术也影响着人们的职业发展，先进的信息技术意味着我们可以不去办公室，在家里通过电话、电子邮件、社交媒体以及其他通信工具保持与同事和顾客的联系，可以以网络在线的方式从事如营销顾问、记者、投资顾问、投资经理、在线家教辅导等工作。

第二节　了解职业信息

如果把职业世界比作一幅图画，那么职业信息就是使得这幅图画看起来栩栩如生的那些色彩。

一、职业信息概述

职业信息是求职者尤其是高校毕业生选择职业的必备要素。掌握充足的、高质量的职业信息，能够为求职者提供更多的就业机会、更大的择业空间和更高的成功把握。职业信息经过分类、筛选等加工处理后就会变成求职者可利用的就业信息。求职者可以利用多种方式获取职业信息。谁获得更丰富的就业信息，谁就掌握了就业的主动权。

(一) 信息与职业信息

1. 信息的概念

随着数字技术的诞生，信息这一词语逐渐被人们所熟知。从专业的角度来解释，信息是指对现实世界事物的存在方式或运动状态的反映。信息具有可感知、可存储、可加工、可传递和可再生等自然属性，信息也是社会上各行各业不可缺少的、具有社会属性的资源。

从这个定义中我们可以看出，信息具有其自身的特点。第一，信息具有可传递性。只有能够在个体或者组织间传递的才能被称为信息。第二，信息具有可识别性。信息是可识别的，而识别可以分为直接识别和间接识别。对于不同的信息来源，人们会采取不同的识别方法。第三，信息的特定范围有效性。任何信息的有效性都有其特定范围，超出了某个范围就无法保证信息的有效性。第四，信息的可存储性。第五，信息的可压缩性。人们可以对信息进行有目的的加工，使其更加符合使用者或接收者的要求。第六，信息具有可扩充性。信息所表达和传递的内容是会变化的，大部分信息可以随着时间而不断扩充。第七，信息具有可转换性。比如，从形态上，信息可以由语言形态转化为文字等。第八，信息具有可持续性。信息有其自身一定的持续时间，在其持续的时间范围内是有效的。

2. 职业信息的概念

职业信息的概念有广义和狭义之分。广义的职业信息就是与职业有关的所有信息。对于求职者来说，并不是所有信息都是有用的，因此，有人就从狭义上把职业信息定义为“择业者未知的、经过加工处理后对择业者具有一定价值的就业资料和情报”，包括职业资源、职业政策、职业新闻、职业测评等。参考上述定义，本书从求职者的角度出发把职业信息定义为求职者进行职业准备、职业评估、求职决策和职业发展过程中可利用的行业情报和职位信息。

(二) 职业信息的特性

职业信息具有一般信息的所有特性。对于求职者来说，尤其要注意职业信息的以下几个特性。

(1) 时效性。信息总是有时效的，职业信息也是如此。随着社会的快速发展，职场变化的节奏也在加快。一项新的就业政策的出台，一个行业发展周期的结束，一个人才招聘周期的完结，都预示着新的就业导向、行业需求和职位要求，这些都会使大量职业信息失效。

(2) 可参考性。职业信息之所以有用，就在于它能够给求职者提供参考，指导求职者完成求职过程。不断丰富更新的职业信息还能为职场人士进行生涯规划、为谋求职业发展提供必要参考。

(3) 共享性。职业信息自发布之时起就不是排他的，信息传播扩散必然产生一种共享的结果。

(4) 行业差异性。不同的行业有着不同的发展状况、人才需求、职位供给和职业发展空间。同时，就业政策的就业导向作用也会有行业差异。因此，职业信息必然具有行业差异性。

(5) 不对称性。职业信息的不对称是指职业信息发布者(信息源)和求职者双方信息量的不对等。职业信息的发布者(用人单位、就业指导服务机构等)往往比求职者掌握更全面的职业信息，但由于主观或客观因素，发布者不能完全公开或及时发布。同时，信息在传播过程中可能出现的流失、扭曲或失真，也会导致求职者处于信息不对称的弱势一方。这就要求求职者发挥主观能动性，宽口径、多渠道地获取职业信息。

二、职业信息探索

(一) 职业信息的内容

既然职业信息从概念上讲是求职者进行职业准备、评估、决策和发展过程中可利用的行业情报和职位信息，那么从内容上讲，它又包括些什么呢？

职业信息包括就业政策、就业形势和人才需求信息。还有专家认为职业信息除了就业政策和人才需求之外，还应包括宏观职业发展信息、横向职业动态信息、职业咨询信息和职业参考信息等。上述这些都是对职业信息的宏观概括，同时，从微观视角也有对职业信息内容的说明，包括工作地点、工作环境、工作条件、工作技能要求、工作性质、工资及福利和工作对个人素质的要求等。

借鉴上述观点，职业信息既包括宏观的就业政策、就业形势、人才需求、职业动态和职业发展信息等，也包含微观的职业环境、职业要求和薪资保障等。但为了使处于求职状态的大学毕业生在收集职业信息时更易于操作，现列出了以下职业信息清单。

涉及某一具体职业(行业+职位)的相关信息一般包括：

(1) 用人单位的基本情况，尤其是它的组织文化、业务范围和组织规范。

(2) 该职位所属行业的发展状况。

(3) 职位的工作内容与职责。

(4) 该职业对任职者的知识、技能、素质和经验要求。

(5) 关于工作时间、地点和工作环境的描述。

(6) 对任职者未来发展空间和职业前景的介绍。

(7) 薪酬待遇和福利状况。

(8) 用人单位的招聘文化和该职位的应聘流程。

(9) 其他有用信息。

要完成这份职业信息清单中所涉及的所有项目并非易事，有些项目完成起来十分简单，有些项目却没那么容易。简单的项目如第(1)、(3)、(4)、(5)、(8)项，只需要查看用人单位的招聘信息或者浏览一些就业网站即可获得。但是像第(2)、(6)、(7)项，这样较难完成的项目，则需要求职者发挥更大的主观能动性，花费更多的时间对工作世界进行深入探索。

(二) 职业信息的分类

职业信息浩如烟海，职业信息经过分类处理或筛选操作，就能初步构成求职者的职业信息库。职业信息库能够为求职者在求职过程快速抉择、取得成功提供强大支持。因此，大学毕业生要掌握职业信息的分类与筛选方法，才能高效地利用职业信息去谋求光明的职业前途。

大学生可以根据自身需要对职业信息进行多种多样的分类。可供选择的方法也是多种多样，比如职能分类法、职业兴趣分类法、专业分类法(根据职业信息的专业对口情况分类)、工作地点分类法、时间分类法(根据时间先后顺序分类)等。现主要说明前两种分类方法。

1. 职能分类法

职业信息的职能分类法就是按照职业的主要职能属性对职业信息进行归类。根据职能分类法，首先要选择一个“职能分类表”，比如“智联招聘”职业搜索引擎的 13 项大类、59 项小类分类表(如图 6-1 所示)。然后，把收集到的具体职业信息按该职业的主要职能归入“职能分类表”中相应的类别里。对于大学生而言，受所学专业、兴趣爱好和个人技能影响，一般择业范围不会涵盖整个职能分类表，可以从选定的“职能分类表”中圈定与自身情况最为贴近的若干个职能。经过一段时间的信息收集与更新，通过职能分类法建立的职业信息库就基本形成。

2. 职业分类兴趣法

职业分类兴趣法基于霍兰德职业兴趣理论和金树人等人对职业分类的研究而形成。根据对职业兴趣和职业分类的探索，我们可以从自己的霍兰德兴趣类型出发，在人—事物、资料—概念两个维度上对职业信息进行分类。通过这种方法我们首先建立一个六边—四象限坐标图(如图 6-2 所示)，然后根据具体职业在人—物、资料—概念两个维度上的具体分布来把收集到的关于该职业的信息归入 a、b、c、d 四个象限中。最后根据自身的职业兴趣分布，我们对四个象限进行相关性(即自身职业兴趣与某一象限的相关度)排序，进而得出职业信息的相关性序列。通过这种方法，大学生可以根据职业兴趣管理和更新职业信息，方便对较感兴趣的职业信息进行深度挖掘和整理。

选择职位 不限

销售|客服|市场	销售业务	销售管理	销售行政/商务
	客服/售前/售后技术支持	市场	公关/媒介
	广告/会展		
财务|人力资源|行政	财务/审计/税务	人力资源	行政/后勤/文秘
项目|质量|高级管理	项目管理/项目协调	质量管理/安全防护	高级管理
IT|互联网|通信	软件/互联网开发/系统集成	硬件开发	互联网产品/运营管理
	IT质量管理/测试/配置管理	IT运维/技术支持	IT管理/项目协调
	电信/通信技术开发及应用		
房产|建筑|物业管理	房地产开发/经纪/中介	土木/建筑/装修/市政工程	物业管理
金融	银行	证券/期货/投资管理/服务	保险
	信托/担保/拍卖/典当		
采购|贸易|交通|物流	采购/贸易	交通运输服务	物流/仓储
生产|制造	生产管理/运营	电子/电器/半导体/仪器仪表	汽车制造
	汽车销售与服务	机械设计/制造/维修	服装/纺织/皮革设计/生产
	技工/操作工	生物/制药/医疗器械	化工
传媒|印刷|艺术|设计	影视/媒体/出版/印刷	艺术/设计	
咨询|法律|教育|翻译	咨询/顾问/调研/数据分析	教育/培训	律师/法务/合规
	翻译（口译与笔译）		
服务业	商超/酒店/娱乐管理/服务	旅游/度假/出入境服务	烹饪/料理/食品研发
	保健/美容/美发/健身	医院/医疗/护理	社区/居民/家政服务
能源|环保|农业|科研	能源/矿产/地质勘查	环境科学/环保	农/林/牧/渔业
	公务员/事业单位/科研机构		
兼职|实习|社工|其他	实习生/培训生/储备干部	志愿者/社会工作者	兼职/临时
	其他		

图 6-1 “智联招聘”职能分类表

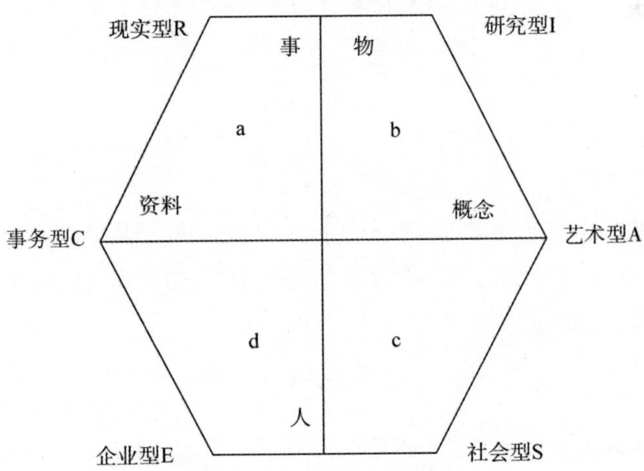

图 6-2 霍兰德六边形模型

(三) 职业信息的获取

(1) 接触静态资料：比如用人单位的单位规模、所处区域、主营业务、单位性质等，这些都是长期稳定的静态资料。

(2) 查找动态资料：比如用人单位的年销售额、利润情况、不同岗位间薪酬待遇等经常发生变化的动态资料。

(3) 参与模拟情境：对于自己希望从事的职业方向，可以用提前预估的方式来考量，包括未来的工作方式、工作强度、职业发展等方面，从而对该职业方向达到初步认知。

(4) 参与真实情境：可以利用假期或课余时间，在自己希望从事的职业方向上谋求实习实践的机会，通过自身的实际参与，加深对该职业方向的了解。

(5) 筛选获取信息：①早做准备，根据人职匹配原则找到求职的目标行业，目标行业也许是一个，也许是多个。②平时注意关注目标行业的基本情况(如行业发展成熟度、行业中知名用人单位数量、行业重大事件等)。③注意收集用人单位的基本情况，尤其是其组织文化、业务范围和运营状况等。④学会收集整理兴趣职业的简略“工作说明书”，可以通过用人单位发布的招聘信息获得。⑤最好能够建立并管理自己的“职业信息库”，“对职业保持某种程度的不确信，因为职业信息永远不能代表任何时间在任一工作场所所发生的所有事情”，有的信息持续地变化着，有的信息却变化得较慢，管理好自己的职业信息库能够使你自如地应对这些变化。⑥学会利用“职业生涯人物访谈法”，这对获取更真实、关键的信息有很大帮助。

第三节　了解用人单位

大学生就业是双向选择过程，首先在了解自我的基础上，充分了解职业和职位状况，每个职业或职位依照法律都要依附于具体用人单位。为了让求职者更好地做出选择，下面将从用人单位的含义与分类，以及用人单位的需求两个方面，帮助求职者充分了解用人单位，选择用人单位。

一、用人单位的含义与分类

用人单位，从法律意义上讲，就是一个法人单位，每个用人单位的性质和分类，法律都有明确的规定和界定。因此，熟悉掌握《中华人民共和国劳动法》等相关就业的法律，对于就业者来说非常有必要。

(一) 用人单位的定义

用人单位是指具有用人权利能力和用人行为能力，运用劳动力组织生产劳动，且向劳动者支付工资等劳动报酬的单位。用人单位的用人权利能力和用人行为能力，自其依法成立之时产生，自其依法撤销之时消失。作为劳动合同法规定的用人单位主体的组织，最基本的特征有两个：一是合法成立；二是有一定的组织机构和财产。

(二) 用人单位的分类

根据法律规定，用人单位可以是依法成立的企业、个体经济组织、国家机关、事业组织、社会团体。

(1) 企业是指我国境内的所有企业，包括法人企业和非法人企业、国有企业和非国有企业、内资企业和外资企业。

(2) 个体经济组织是指经工商登记注册，并招用雇工的个体工商户。

(3) 国家机关、事业组织和社会团体是指通过劳动合同或应通过劳动合同与其工作人员建立劳动关系的单位。

事业单位与企业单位的划分管理是我国特有的模式。企业单位是以营利为目的独立核算的法人或非法人单位。它的特点是自收自支，通过成本核算进行盈亏配比，通过自身的盈利解决自身的人员供养、社会服务，创造财富价值。企业单位的登记在工商行政管理部门进行。企业单位与职工签订劳动合同。如发生劳动争议，企业单位进行劳动仲裁。事业单位是以政府职能、公益服务为主要宗旨的一些公益性单位、非公益性职能部门等。它参与社会事务管理，履行管理和服务职能，宗旨是为社会服务，主要从事教育、科技、文化、卫生等活动。其上级部门多为政府行政主管部门或者政府职能部门，其行为依据有关法律，所做出的决定多具有强制力，其人员工资来源多为财政拨款。事业单位的登记在编制部门进行。事业单位与职工签订聘用合同。如发生劳动争议，事业单位进行人事仲裁。

二、用人单位的需求

许多用人单位表示，希望毕业生有很强的实践能力和适应能力。敢于创新、勇于创新的大学生，是用人单位公认的首选人才，但在展现个性的同时，也要有严格的组织纪律观念。那么，对于大学毕业生而言，如何适应用人单位对人才的需求呢?

(一) 用人单位的用人观念

“人尽其才，人为我用”是用人单位的基本准则，目前我国社会人才的流动更加频繁活跃，许多用人单位也在不断地刷新用人观念。以下几点简单总结了用人单位的需求倾向，以供广大学子适当地调整自己的求职观念。

1. 突出团队

在知识经济时代，人才固然可贵，但资源的相互共享才能谋求更大的利益，这便注定了为企业服务的是一个坚强的集体团队。俗话说“祸起萧墙”，坚不可摧的堡垒却能从内部被攻破。因此，员工是否能够相处融洽、团结工作，是否具备奉献团队精神，是用人单位必须考核的内容。特别是对管理岗位，用人单位几乎会异口同声地回答“突出团队精神”。能够有效地凝聚员工的向心力，相互献计、共同帮助也是一种生产力。如今是一个“谁都不可被小看”的竞争社会，“三个臭皮匠，赛过诸葛亮”，一个坚强的团队不仅可以最快、最有效地共享资源空间，更能提升品质，塑造品牌。

2. 淡化学历

用人单位招聘的是人才，而人才有广泛的概念，技术、管理、营销、策划等任何一方面的特长都能为用人单位有效服务。高文凭学历只代表你的过去，并不代表你一定能胜任工作。学历与能力是两回事，用人单位更倾向于招聘能忠诚服务的实干家。

3. 崇尚学习

随着信息市场的日新月异，从学校书本里学到知识的衰退期越来越短。许多用人单位都积极开展员工提升培训，但更多的是员工走进各类培训中心进行学习。用人单位也鼓励员工多学习进而提升自己。学习包括两方面：一是能勤奋耐心地在用人单位内部锻炼，从基层干起；二是能在工作以外的时间充实头脑。

4. 职酬匹配

“职”是职位岗位，它需要一定的资历和技能为后盾。“酬”是薪酬福利，它是用人单位对员工职责能力肯定的价值货币表现，通常是求职者提出、用人单位答复的一种相互妥协的结果。这就为用人单位用人提供了许多便利。因为，从求职者的能力、气质和承担的职责中，用人单位决定支付薪酬标准。许多求职者认为高职低就或愿意付出低回报，用人单位便会录用他们，其实这是个误区。如今，用人单位在人才济济的现场开展招聘工作，如果求职者高职低就，用人单位会认为他缺乏自信。低回报往往被理解为能力平平，因此，用人单位常会舍弃。求职者应明确了解自身的能力，确定求职的薪酬范围。要价过高或过低，都无法令用人单位信服。用人单位都强调一定的能力适合相应的职级，获得应当的薪酬。

5. 内部提升

用人单位都有其自己的个性，产品的构成、工艺流程、市场前景等方面都与其他单位有所不同。员工在工作单位达到岗位熟练的程度，不是朝夕而就的事。例如，甲公司的经理跳槽到乙公司，有可能只能做业务员。任何职员可通过用人单位内部各因素的综合，提升自己，创造效益。用人单位重视内部提升，特别是中高层管理要有基层实践经历。招聘单位许诺的“良好的发展空间”，很大程度上指的是内部职位和薪酬提升。同时，内部提升的人员由于获得用人单位更多的信任和肯定，工作动力会更充分，再加上熟悉技艺和管理方法，工作常常会事半功倍。

(二) 用人单位对求职者素质的基本要求

据相关机构调查结果显示：在当今技术时代，人们从事任何职业都应具有下述五项基本能力和三种基本素质。

1. 五项基本能力

(1) 合理利用与支配各类资源的能力。

- 时间：选择有意义的行为，合理分配时间，计划并掌握工作进展。

- 资金：制定经费预算并随时做必要调整。
- 设备：获取、储存与分配利用各种设备。
- 人力：合理分配工作，评估工作表现。

(2) 处理人际关系的能力。能够作为集体的一员参与工作；能够向别人传授新技术；诚心服务；坚持以理服人并积极提出建议；调整利益以求妥协；能与背景不同的人共事。

(3) 获取信息并利用信息的能力。获取信息并进行评估；能够分析与传播信息；能够使用计算机处理信息。

(4) 综合与系统分析能力。理解社会体系及技术体系；辨别趋势，能对现行体系提出修改建议或设计替代的新体系。

(5) 运用特种技术的能力。选出适用的技术及设备，理解并掌握操作设备的手段、程序；维护设备并处理各种问题，包括计算机设备及相关技术。

2. 三种基本素质

(1) 基本技能。

- 阅读能力：会搜集、理解书面文件。
- 书写能力：正确书写书面报告、说明书。
- 倾听能力：正确理解口语信息及暗示。
- 口头表达能力：系统地表达想法。
- 数学运算能力：基本数学运算以解决实际问题。

(2) 思维能力。创造性思维，有新想法；考虑各项因素以做出最佳决定；发现并解决问题；根据符号、图像进行思维分析；学习并掌握新技术；分析事物规律并运用规律解决问题。

(3) 个人品质。有责任感，敬业精神；自重，有自信心；有社会责任感、集体责任感；自律，能正确评价自己，有自制力；正直，诚实，遵守社会道德行为准则。

同时，根据国家经济发展对专业人才的新要求，用人单位更需要基础宽厚、支柱坚实、能力增强、素质优良的专业人才。在拓宽专业的基础上，淡化原有专业界限，整体优化专业人才。基础宽厚主要体现在掌握各学科中最基础和最必需的，反映该学科社会、自然、文化经济、管理等背景基础知识。支柱坚实是指有扎实的专业大类基础知识和专业知识，基础既是本专业的基础，又是跨专业的基础。掌握基本专业知识的学习方法和应用，了解某一两个专业的发展方向和科技前沿，为毕业时选择职业及以后的工作打下坚实基础。据有关资料显示，某大学对其毕业生调整工作岗位情况进行调查，发现有的专业调整达到 75%，也就是 75%的毕业生转换了工作岗位，倘若没有宽广的知识面和扎实的基础，便很难适应二次择业。又如，某些大学力学专业学生可以考进独资银行；物理学专业学生可以进跨国软件公司、会计师事务所，说明社会需要知识面宽的复合型人才。

此外，从近年人才市场和就业形势反馈的信息看，具有以下四种条件的大学毕业生更受用人单位的青睐：具有事业心和责任感强，对单位有归属感；有奋斗精神、奉献精神和创新精神；基础扎实，知识面较宽；有组织管理能力，善于处理人际关系。

总之，未来对专业人才的要求是具有宽广的知识面，需要的是适应性、创新意识、综合能力、接受挑战性的工作能力、知识更新能力、终身学习能力和基础素质都较强的人才。而那些只“专”不活的人、“尖”“利”不和的人、缺乏个性特点的人、缺乏责任感的人和以自我为中心、不善与人相处、人际关系紧张的人会被拒之门外。

3. 不同单位和岗位求职者应具备的基本能力

根据世界 500 强企业用人需求，优秀的员工应该具备以下能力与素质：①适应性：融入企业，接受企业的价值观；②主动性：让自己真正成为企业的一分子；③开放性：乐于与人交流、沟通，展示自己真实的想法；④创造性：不因循守旧，富于创造热情。

国家公务员的要求和条件则是要有较高的政治素质，正确把握党和国家的方针、政策，关心时事政治和国家大事，拥有敏锐的政治嗅觉和政治洞察力等。

管理人才需要具备影响他人的能力、社交能力、组织协调和宣传能力，且敢于承担责任，果断决策等。

工程技术人才需要具备扎实的专业基础、较强的实际动手能力，勇于创新，开发新技术，科研精神，吃苦耐劳的作风等。

科研人才需要有深厚的理论基础知识、逻辑思维能力和判断能力、进取心和好奇心、刻苦钻研的精神，且尊重客观事实、严谨，拥有创新精神与能力等。

讨论与思考

1. 从你的个人经历出发，说一说有哪些职业是近年新兴发展起来的。
2. 大胆地预测一下，在未来 10 年，还会继续衍生出哪些新的职业？
3. 根据你所学的专业，尝试分析找出对应的职业有哪些。

(1) 当你在搜集职业信息时，一定要关注那些职业选择中可能存在的问题和领域。表 6-1 可以帮助你进行初步的职业分析，请按照实际情况完成填写。

表 6-1　职业信息表

1. 请描述你希望从事职业的特点	
2. 你喜欢怎样的工作环境	
3. 你喜欢这份职业的哪些方面	
4. 这份职业有你不喜欢的部分吗	
5. 这份职业需要怎样的教育背景和技能	
6. 这份职业能给你提供怎样的薪酬待遇	
7. 在你希望从事的职业上能发展到怎样的前景	
8. 你与这种职业的要求还存在怎样的差距	

(2) 在网络上，我们有哪些渠道可以获取职业信息？

① 假设现在让你参加学校每年的春季就业双选会，那么你能从用人单位官网的招聘信息中获取哪些有用的职业信息？

② 对你希望从事的职业或岗位进行分析，预估其所提出的聘任要求，再从招聘网站上寻找类似岗位，将个人预估的情况与实际招聘简章进行对比，有哪些相同点和不同点？

第七章
职业决策

本章重点讲述职业生涯的决策，尤其是职业生涯决策的常见风格、影响决策的主要因素、职业决策面临的主要风险和妨碍决策的非理性信念，以及常见的决策方法。重点掌握职业生涯决策过程中的理性决策模式及生涯决策 CAVSE 循环，熟知职业决策中的平衡单法、四步决策法等常见的决策方法。通过本章的学习，读者应了解和掌握以下内容：

(1) 了解职业决策的常见风格。

(2) 了解职业决策的影响因素。

(3) 了解职业决策的主要风险。

(4) 掌握理性职业决策的方法。

(5) 熟知职业决策的常见方法。

案例导入

小米该何去何从

小米是会计学专业的大四女生，从小就是一个乖乖女，对父母的话言听计从，在学校成绩优良，是标准的好学生，目前已经跟一家制药公司签订了就业协议。小米认为在这家公司不但能做自己喜欢的工作，还可以展示她的艺术才华。小米非常喜欢他们提供的岗位和福利待遇，但是父母却帮她物色了一个汽车公司的工作，而且有熟人在单位担任高管职务，可以对她进行适当照顾，前途非常光明，所以父母坚决要求她去汽车公司工作。小米反复比较后，还是希望到自己签订的制药公司去工作，但是她根本无法说服父母，小米现在该怎么办呢？

(资料来源：作者教学案例)

我们在职业选择中经常与父母产生重大分歧，类似的场景可谓司空见惯，而且生活中的决策问题也是随处可见，比如说：今天中午吃什么？要不要去图书馆借书？本科毕业后要不要读研究生？将来从事什么样的工作？我们每天都在不停地作各种决定，生活中的选择无处不在，可以说根本无法回避。有时候我们也会放弃作决定，这本身其实也形成了一种决定：你选择了不作决定！可以说，充实、精彩、成功的人生就是千千万万个正确选择所积累起来的结果。决策面对的是未来和不确定，充满了变数，在我们的生活中不可或缺，但这也正是让人左右为难之处。

著名文学家柳青曾经说："人生的道路虽然漫长，但紧要处常常只有几步，特别是当人年轻的时候。"因此，年轻人尤其是大学生要特别注意掌握合理决策的方法。

第一节　职业决策概述

俗话说："洞房花烛夜，金榜题名时。"职业和婚姻是人生中两个极为重要的组成部分，对这两件事情的相关决策显然是人生中极其重要的决策。大学生在做职业生涯决策时需要特别慎重，毕竟这关系到自己一生的职业生涯发展方向。每个人在做决策时所采用的方式、所秉持的态度以及所处的心理情绪也各不相同，从而形成了各自不同的决策风格。

一、职业决策的含义

决策是人们在改造世界的过程中，寻求并决定某种最优化目标和行动方案，以对事物发展规律及主客观条件的认识为依据。《咨询词典》解释说，决策是根据所获信息做出选择的过程，任何决策都是承前启后的。管理学界也曾经提出："确定干还是不干，叫决；明确用什么方法和工具干，叫策。决策就是做出用什么工具和方法去达成什么目标的难以逆转的决定。"

职业决策(career decision-making)就是在职业生涯方面所做的决策，是在多项选择之间权衡利弊，以达到最大价值的过程。职业决策是一个非常复杂的过程，如何谨慎地思考问题、全面地收集资料、仔细地分析各种信息、客观评价和预测各个选项可能的利弊，是非常重要的。决策其实是为了达到自己的职业目标，从多个备选方案中选择一个职业方案并且加以"确定"的环节。职业决策有广义和狭义之分。广义的职业决策可以看作一个完整的认知过程循环，包括决策意识的觉醒、自我认知、职业认知、综合分析、确认方案、实施行动、评估调整、新的觉醒等，这个过程就是职业生涯规划的整个过程。狭义的职业决策可以理解为广义职业决策过程中的一个环节，是从多个备选方案中确认一个具体方案的过程。本章中的职业决策指的是狭义的决策，主要关注的是在整个生涯规划中做出职业选择和确认的过程。

二、职业决策的常见风格

决策风格是指个人在面对决策环境时所表现出的习得的、习惯性的反应模式，每个人在做决策时所采取的方式、所持的态度、所反映出的心理情绪都不尽相同。丁克拉格(Dinklage)提出了几种常见的风格：计划型、冲动型、直觉型、苦恼型、拖延型、宿命型、顺从型、瘫痪型。

【案例 7-1】

桃园摘桃子的故事

路边的桃园里长满了又大又新鲜的桃子，假如你可以进去采摘，并且只能摘一次，要摘到最大、最红的那一个，你会怎么办?

A. 观察下桃子的整体情况，对桃子进行总体比较，脑海中形成基本的判断标准，然后根据自己的标准挑选最大、最红的桃子，发现合适的就摘下来。

B. “我感觉这个最大最红！”然后把它摘下来。

C. 这个最大，就是它了，其他的压根就不用看。

D. 这么多啊，这可怎么选呢？虽经来回比较，但我还是不知道该摘哪一个。

E. 先不管这些了，到最后再说吧。

F. 算了不管了，反正也摘不到最大的那个，哪有那么好的运气啊。

G. 我去问问桃园里的人(或者同伴)，他们说哪个最大就摘哪个吧。

这个故事中的各种行为风格反映了生活中常见的几种决策类型，如表 7-1 所示。面对大量的信息，每个人的表现大不相同，所以个体在做决策时，在决策时间、合理程度等各方面都存在很大的差别，如表 7-2 所示。

表 7-1　常见决策的类型及其特点

类型	常见表现	行为特征	主要特点
计划型	思考内心所需，考虑外部环境条件，分析信息，权衡利弊，形成判断标准，根据有利条件作决定	自己的命运自己掌握	积极主动，直面问题，充分判断，恰当解决
冲动型	很少收集信息，缺乏计划性，看到第一个方案就立即选择，不再考虑其他可能性	先做决定，不计后果	不需要花时间查信息
直觉型	根据直觉而不是思考来作决定，只考虑主观想象，依靠灵感作选择，不考虑外部条件	感觉这个不错，就这么定下来吧	简单省事，不费时间
苦恼型	收集大量信息，思前想后，反复比较，顾虑太多，难以取舍，担心决策出现失误	不能轻易地下结论，万一错了就麻烦了	收集信息完整充分
拖延型	了解相关信息，知道问题所在，但迟迟不作决定，缺乏自信，自我评估不高，到最后再作选择	不着急，看看情况再说吧	延长作决定的时间
宿命型	知道自己要作决定，但不愿意作决定，把决定权交给命运或者他人，认为作什么决定的结果都一样	车到山前必有路，冥冥之中自有天意	不需要自己负责，减少内心冲突和挣扎

(续表)

类型	常见表现	行为特征	主要特点
顺从型	很少收集有关信息，屈从于他人或多数人的决定，不需要考虑太多，喜欢随大流	大家都觉得好，那就肯定是好的	省时省力又省事，心理承受能力比较强
瘫痪型	理性上知道自己该作决定了，但就是无法开始，想到这事就头疼，害怕为决策后果承担责任	我知道自己该作决定了，但我办不到啊	可以暂时摆脱烦恼

表 7-2 常见决策风格的差异

类型	时间		信息		自主性		连续性	
	早	晚	充分	缺乏	自主	依赖	一致	多变
计划型	√		√		√		√	
冲动型	√			√	√			√
直觉型	√			√	√			√
苦恼型		√	√		√			√
拖延型		√		√	√		√	
宿命型		√		√		√	√	
顺从型		√		√		√		√
瘫痪型		√	√		√			√

每个人的决策风格不同，职业生涯决策的过程就会有所不同，但没有任何一种决策风格具有绝对意义上的好坏之分，关键是对自己的决策风格要有正确的认识，努力做到扬长避短，针对不同的情况，采用不同的决策类型，做出不同的决策结果。我们要尽可能完善自己的决策类型，培养和提高自己的决策能力，尽可能做出科学合理的决策。

第二节 职业决策的影响因素

职业决策是在认真地进行自我探索和环境探索的前提下进行选择的过程，因而每一次决策都是一个艰难的过程，需要充分了解自己，充分了解环境情况，搜集大量的信息，并进行反复的比较和分析，然后做出理性决策。但最佳的职业决策只能是近似合理的，而且总是带有风险的。因此在决策之前，需要明确职业决策中常见的影响因素，了解并摒弃决策过程中的某些不合理信念。

一、职业决策中的社会影响因素

人类向来都有群居生活的习性，任何人都具有其社会属性，都无法脱离开社会而独立存在，都要在适应社会环境的前提下寻求个体的生存和发展。然而现代科学技术发展迅速，带动着社会环境的发展日新月异，瞬息万变，所以我们要努力认清形势，了解社会环境的发展趋势，努力适应社会，顺应潮流，谋求个人的良好发展。

1. 经济发展趋势的影响

经济发展状况客观上成了大学生就业形势的晴雨表，因为社会经济状况的发展大趋势，决定着社会能够提供的就业机会多寡，决定着社会环境可提供的就业选项是多还是少，这都会对个人的职业决策产生深远影响。党和国家致力于稳定压倒一切，大力发展经济，其中一点就是为了增加更多的就业机会，倡导“大众创业，万众创新”，号召更多的人参与到创新创业大潮中去，也是希望增加就业机会。

2. 社会政治环境的影响

各个国家的政治制度不尽相同，对经济环境的影响也不尽相同，同时指引着大学生的个人追求和发展方向，对个体的职业决策产生着不同的影响。我国政治形势和经济形势较为稳定，近年来研究生入学考试、公务员考试等多年来持续火爆，也是政治环境影响下的一种特定现象。国家有关政策性的指引对大学生的职业生涯规划尤其是职业生涯决策产生着重大的影响，因此大学生志愿西部计划、选调生(村官)、自主创业等热度也是常年不减，这些都是政治环境对职业决策的显性影响。

3. 社会文化环境的影响

党和国家号召实现中华民族伟大复兴的中国梦，就是要实现国家富强、民族振兴、人民幸福，其中核心部分就是实现中华优秀传统文化的伟大复兴。“文化是民族的血脉，是人民的精神家园。”一个民族拥有的文化元素越多，文化多样性就越丰富，人们选择的自由就越大。社会文化影响人们的行为和梦想，文化环境轻松、公民自由平等、社会和谐安定，就会对个体决策形成良性影响。良好的文化环境会让人更加尊重知识、尊重人才，社会上就会涌现出更多的人才，出现更多的人才竞争，这些都会对个体职业生涯的决策产生深刻影响。

4. 行业发展趋势的影响

社会行业的发展趋势影响着大学生的生涯决策，良好的行业发展趋势会形成更多更好的就业机会。行业是企业的集合，从事同类产品的生产销售的企业，或者提供类似服务的企业达到一定数量才形成一个行业，如家电行业，就包括生产电视机、洗衣机、空调、冰箱等不同类型的具体产品的若干家企业。受社会大环境和经济发展的影响，不同行业的发展情况不一样，从而对不同专业的人才需求也不一样。大学生经过四年的大学生活，最重要的是要扎实学习专业知识，锻炼自主学习的能力和为人处世的能力，全面提升自己的综合素质。大学生毕业后进入某一行业之前，要认真分析自己所选择行业的发展状况、发展前景。

5. 信息收集情况的影响

现代社会发展迅速，科技发展日新月异，信息来源更加丰富，信息传播网络化，传播速度更快、传播范围更广、传播形式更多，人们对信息的收集越来越便捷，这为大学生职业生涯决策提供了更多的便利条件，这些都会对大学生的职业决策产生很大的影响。社会的发展状况良好，可以提供的信息也更加广泛，大学生作为职业生涯决策的主体，所能掌握的信息也就更多，认真筛选信息，仔细加以分析，去伪存真，才能做出更加合理的职业决策。

6. 决策环境氛围的影响

职业决策还会受到当时事件所处的环境和实际情境的影响，当时所处情境的时间、地点、人物等，都会构成特定的决策背景，这也会影响到决策主体的实际选择。每一件事情都是存在于一个特定的环境和氛围中，不同的情境也会产生不同的决策。

7. 来自亲朋好友的影响

大学生来自各种不同的家庭，每个家庭的经济状况、文化水平、教育方式都有所不同，这会对职业决策产生很大的影响。传统的中国家庭，父母在孩子眼中仍然是绝对的权威者。当然随着教育理念的发展，现在越来越多的家庭采取了民主化的教育方式，让孩子从小参与家庭中的重大事件的决策，这对孩子的决策能力会有较大影响，也会让大学生在进行职业决策时更加得心应手，更加合理和科学。到了大学阶段，共同生活的宿舍相当于小型家庭，同学们之间会相互影响，在职业决策的过程中，同学们的意见和建议、舍友间的相互比较、同学们的相互参照、学长学姐的“现身说法”，都会对大学生的职业决策产生很大的影响。

二、职业决策中的个体影响因素

职业决策的主体是人，每个人的个性特点都有所不同，世界上从来不存在两片完全相同的叶子，也从来不存在两个完全相同的个体，每个人都是一个特定的存在，都有自己独特的兴趣、性格、技能、价值观，同时也会有完全不同的心理情绪、知识经验、职业信息、决策理念，这些都会对大学生的职业生涯决策产生重大影响。

1. 自我探索结果的影响

我们常说职业生涯规划就是知己知彼、决策行动，其中的“知己”，就是要认真进行自我探索，清楚自己的个性特质和独特之处。古人说：“不识庐山真面目，只缘身在此山中。”了解别人比了解自己要容易得多，本书前面的章节已经介绍了关于兴趣、性格、技能、价值观的相关探索方法，自我探索是最关键、最重要的部分，这是进行职业决策的重要基础。我们必须对自己的职业兴趣、性格类型、所掌握的技能、个人的职业价值观有相对清晰的认识。职业决策的主体只有在充分进行自我探索的基础上，才可以充分了解自我，明白自己想要的到底是什么，明白自己能做的到底是什么，从而激起决策主体对职业世界探索的方向感和目标感。

2. 个体决策风格的影响

前面我们还介绍了常见的职业决策风格类型，明确了每个人的决策风格都会有很大的不同。在需要做职业决策的时候，面对大量的信息，不同风格类型的决策主体有不同的表现，这也就使得个人在职业决策时间、合理度等方面都存在较大的差别。计划型风格的个体会积极主动地收集大量信息，反复进行比较和分析，充分权衡利弊后，做出尽可能合理的决策，而其他几种风格类型的决策主体在决策中有可能存在某些不合理信念的干扰，造成决策结果的不合理性和不科学性。

3. 个体心理情绪的影响

面对不同的环境或情境，个人的情绪和心理都会发生很大的变化。很多职业决策问题的背后，其实都是心理问题所致，所以要想解决职业问题，首先需要解决心理方面的问题，这样做出的职业决策才会更加合理。有些大学生因为某些事情而产生心理阴影，导致自己在做职业决策时也会有意无意地考虑这些事情，比如在学校里“人缘”不太好的学生，可能会误以为自己不善于处理人际关系，导致自信心不足，害怕加入到新的陌生的环境，从而影响到自己的职业决策。情绪也会影响职业决策，当个体出现抵触、焦虑等情绪时，很难做出正确的合理的职业决策。这都是不理智的，属于职业决策中的不合理信念。

4. 个人经验知识的影响

社会学习理论强调个人经验对个体产生重大的影响，决策相关的经验也会对决策个体产生直接的影响。虽然个体的选择和决策在日常生活中随处可见，但是如果一个人很少参与甚至经常回避决策相关事件，或者经常找他人代替，就会缺少相应的决策技能和决策经验，到了自己真正需要做出决策和选择的时候，就会出现决策困难，表现得不知所措。因此，决策经验和决策知识的积累也是很重要的，积累的经验和知识越丰富，职业决策的时候就会越容易，相反，则会在职业决策中表现得很困难和犹豫。这时要尽量向相关老师或者专业人士寻求帮助。

5. 信息收集情况的影响

职业决策需要做到知己知彼，才有可能做出合理的决策。所谓的知己，就是要对自己进行 360 度全方位无死角的探索，也就是要对自己的职业兴趣、技能、性格、价值观等进行全面的探索，正确而全面地认识自我。所谓知彼，就是要对即将进入的职业世界要有尽可能详尽的了解，全面收集职业相关的信息，收集的职业信息越多越全面，个人进行决策时就越会胸有成竹，也更能克服对未来的恐惧心理，从而实现合理而轻松的决策，反之则会导致职业决策的时候出现偏差，难以形成科学合理的决策结果。

6. 个体决策信念的影响

每个人的决策风格都不相同，个人在进行决策时所秉持的信念也是千差万别的，如果缺少对自我决策风格的了解，就容易忽视自己决策风格可能存在的短板，缺少对自己决策信念的了解，不能全面而正确地认识决策中可能出现的风险，无法摈除或规避不合理的信念，也无法实现合理的职业决策。因此正确认识自己的决策风格，明晰自己的决策信念，可以帮助我们在面临职业决策问题时，采取适当的决策方式，做出合理的职业选择并进行有效的职业生涯规划。

7. 个人职业阻碍的影响

所谓职业阻碍就是任何使人难以实现某一职业目标的障碍或挑战，它可以分为内部阻碍和外部阻碍。内部阻碍就是那些存在于我们自身的障碍，我们通常对其有较大的控制力，比如焦虑、犹豫、拖延、缺乏信心、态度消极、缺少技能等。外部阻碍则来自于外界，往往是我们难以控制的，但我们经常把外部阻碍想象得过多过大，从而缺乏自信心，这实际上又变成了我们的内部阻碍。在职业决策中，我们要尽可能分清职业阻碍是内部的还是外部的，分清理想和现实的差距，并采取相应的合理措施，坦然接受不能改变的现实，努力改变自己所能改变的情况，逐步接近职业决策的最终成功。

三、职业决策中的风险和非理性信念

(一) 职业决策面临的风险

最佳的决策只能是近似合理的，而且总是带有风险的。我们的决策总是面向未知的领域，所以任何决策都存在风险，任何决策都包含了取舍，任何决策都是基于当时当下的情境做出的，任何决策都有一定的成本，而且所做出的决策也都是不可逆转的。

(1) 面向未知。任何决策都是面向未来的，包含了很多的未知信息，比如职业增减、环境形势、经济发展、个体成长等都具有不确定性，都处于不断地发展变化中，具有不可预见性。

(2) 舍得关系。任何决策都是一种选择，当你做出职业决策，就意味着放弃了其他可能存在的职业目标，其他的选项就都处于被舍弃的状态，即一种非此即彼的关系。鱼和熊掌不可兼得，得此则舍彼，因此说决策是一种舍得关系，选定自己职业目标的同时，自然就无法再考虑其他可能存在的选项。

(3) 路径依赖。好的、理想的决策是有其科学性的，存在严密的逻辑关系，因此需要依赖科学合理的理论支持，遵循一定的逻辑推理路线，所以好的决策一定有它的可依赖路径，否则无法做出理性决策。如果决策风格不属于计划型，将很容易形成非理性决策，路径依赖也就难以存在。

(4) 机会成本。做任何事情都需要一定的成本，当我们做出职业决策后，就要花费时间和精力来实现它，这就是我们要投入的成本。另外，我们舍弃掉的选项也不一定是不合理的选项，被舍弃的选项也是一种成本。选定自己的职业目标，也就放弃了其他的可能性，因此这也是一种成本的浪费。同时，我们选定的职业目标，也不一定就是最合理的选项，存在一定的冒险主义和机会主义风险，因此我们的决策是带有一定机会成本的行为。

(5) 不可逆转。决策是一种即时的、当下的、此时此刻的选择，当我们做出选择以后，再发现问题想要修正决策目标时，当时的情景已经有所变化，已经不再是“此时此刻”，变成新的时刻和新的情景，因此说想要完全地回归到当时的“此时此刻”已经不可能，我们也无法将时光倒流回到从前，完全意义上的重新决策是不存在的，我们只能在原有的决策结果的基础上进行修正和调整，甚至重新做选择，因此说决策具有不可逆转性。

(二) 职业决策中常见的非理性信念

(1) 一旦下了决定就不能再改变。许多人认为在职业决策中一旦下定决心，做出选择就无法再做改变，这是不太理性的思想，因为任何选择或决定都是可以不断地进行调整、纠偏、修改等，一旦发现前期决策有误，完全可以及时进行调整，甚至可以重新进入理性决策循环系统，重新识别问题的本质所在，然后再次做出新的选择。

(2) 每个人终生只能有一个适合的职业。研究发现每个人都有能力胜任多种职业角色，只要职业岗位符合自己的个性特质、自己也符合相关职业的岗位要求，即基本上做到人员和职位的合理匹配，那么就可以胜任相应的职业角色。人的潜质是多方面的，每个人都存在很多可能性，我们要发现各种可能。

(3) 不能做出决定说明自己不够成熟。职业决策面临各种挑战，面对复杂的决策环境和自己不习惯的决策风格，任何人都有可能遇到难以做出决策的困境。不能做出决策，只能说明自己还没有做好充分的准备，或者还没有对问题做出充分的分析和梳理，这跟个人成熟与否没有明显的关系，仅是决策能力还不够成熟而已。

(4) 按照家人或者老师的期待去做出决策。如果凡事都按照他人意志进行决策，只能是活在别人的影响下，活出来的不是真实的自己，人生的意义将会大打折扣，因此在决策中一定要本着自身的真实需要和个人的实际意愿进行理性决策，充分收集和梳理有关信息，认真分析自身和职业相关的要求，厘清自己与职业之间的匹配程度，然后再做出决策，而不是简单地听取他人的建议，或者干脆由他人代为决策，这是典型的非理性决策。

(5) 只要有兴趣就一定能成功。我们说知之者不如乐之者，乐之者不如好之者，兴趣有助于成就我们的事业，有助于我们实现人生理想和人生价值，但这并不是充分必要条件，而是可以起到催化作用的辅助条件。即便是所选择的职业不太符合自己的兴趣，只要足够努力和打拼，也可以获得事业的成功。

(6) 我的决策必须是十全十美的。追求完美原本无可厚非，但是现实中没有真正意义上的完美决策，所谓的“好决策”都是相对意义上的说法，因此不必在乎自己的决策是不是完美无缺，真正需要在意的是，充分探索自我特质和职业环境，尽可能做到职业生涯的理性决策，从而让自己的决策更加合理和科学，对自己的未来成长更有帮助。

(7) 世界变化太快，“计划未来”没有意义。这个世界确实是变化很快，也正是因为如此，才更需要认清形势，分析未来生活中的各种潜在风险，合理规划自己的人生和未来，才有可能实现自己人生的意义和价值。反之如果因为担心发生变化而不进行规划，更容易在未来迷失方向，找不到自己的初心，看不到自己的未来。

(8) 工作是实现自我的唯一途径。人生的意义和价值有多方面的实现途径，寻找一份工作，从事一份职业，是常规意义上的自我实现的方式，但是我们还有很多其他的新型的生活方式可以尝试，非全职工作、弹性工作、多重职业、共享工作、远程工作、自我受雇、顾问工作、自由职业以及公益事业等，也可以实现自己的人生价值，因此生活不必完全依靠“全职工作”这一传统方式，也可以通过其他的新型方式实现自我价值。

(9) 身为男生/女生，我应该做……很多人对性别角色存在一种刻板印象，认为性别决定自己能够成为什么样的人。事实上，虽然性别确实有可能影响自己的职业决策和职业未来，但性别只是一种“有可能”的优势，并不能决定自己“应该”做的事情，我们应考虑自己是否适合自己的决策结果。生活中类似的现象处处可见，例如常规意义的家庭妇女是做饭的主力军，但是高级厨师却以男性为多数，常见的企业家也是男性为多数，但是我们身边也并不缺乏优秀的女强人、女企业家等，这都说明性别并不能真正阻碍我们的成功。

四、理性职业决策的模型和循环

(一) 理性职业决策的PIC模型

决策前的各种准备和基础工作都做好以后，就需要做出理性决策了。以色列职业心理学家盖蒂(Gati)提出了职业决策的 PIC 模型，将理性职业决策分为三个阶段，即排除阶段(prescreening)、深度探索阶段(in-depth exploration)和选择阶段(choice)，所谓 PIC 就是这三个阶段的英文单词的首字母。PIC 模型的理论基础是排除理论，决策方案的选择通常都是多重属性的，在选择过程的每一阶段，要挑选出某一属性或某一方面，根据其重要性对其做出评价，对不符合决策要求的属性就要予以排除，即不再在后期的梳理分析中继续加以考虑，直到剩下某种未排除的方面或属性时，再做出最后的选择。

1. 排除备选方案

排除备选方案主要是根据自己的偏好对相关方案优缺点进行判断，排除一部分备选方案，从而留下相对好点的“可能性方案”。决策者应当在事前为每个方案收集尽可能广泛的信息，并且有效地加工整理这些信息，最终得到“有可能的方案”。

排除备选方案可以采用以下几种方式：一是基于理想工作缩减方案，事先考虑清楚自己理想的工作是什么样子，然后再分析职位职务、工作环境、升迁状况、雇佣条件、雇佣要求，也就是从工作性质、教育培训机会、福利报酬、个人发展前景、工作地点、企业文化、个体优缺点、期望的满意度等方面，对备选方案进行描述和比较，从而删除不太合适的选项；二是通过工作技能缩减方案，即决策主体首先对自我技能进行探索，确认自己所拥有的实际技能，再分析职业选项所要求的技能要求，两相对比，从而留下比较符合或者经过努力可以达到相关要求的选项；三是基于个人价值观缩减方案，首先对自我价值观进行探索，把最符合自己价值观的选项排在靠前的位置，其次是比较符合的，然后是不符合的，这样也可以缩减备选方案，当然很难有完全符合自己职业价值观的选项，有可能需要进一步澄清价值观，适当放弃或妥协，做出适当的取舍；四是基于教育成本缩减方案，即根据教育培训或晋升成长所需要的时间和费用及地点等成本信息，适当舍弃一部分备选方案。

2. 搜索合适方案

通过排除阶段产生了一些“有可能的方案”，此阶段的目的是在“有可能的方案”中找到合适的方案，工作任务就是获得合适方案的清单。我们可以基于以下两方面来考虑，从而认定某项方案是较为合适的。一方面，每个合适的方案与个人的偏好相符；另一方面，个人符合该方案的要求，也就是方案条件和个人特质相互符合。在这个深度探索的阶段，随着更多的、更具体的信息被得到，个人的偏好是会被调整的。这个阶段主要需要考虑“适配性”，选出“合适方案”。

3. 确定最终方案

这是从“合适方案”中挑选出“最合适方案”的过程。此时每个方案都是相对合理和合适的，要想进行区分和选择仍然是很困难的，毕竟鱼和熊掌难以兼得，这是一个非常纠结的阶段，需要进行多次评估和比较，甚至是需要忍痛割爱才能选出最后的方案。正所谓舍得舍得，有舍才有得，有时候实在无法做出决策，适当舍弃也是一种很好的选择，当然这需要事先根据实际情况做出充分的评估和比较。

(二) 理性职业决策的CIP模型及CASVE循环

在职业生涯决策理论体系内，最经典的理论就是 1991 年美国佛罗里达州立大学的桑普森(Sampson)、彼得森(Peterson)和里尔登(Reardon)创立的认知信息加工理论(Cognition Information Process)，简称 CIP 理论，认为职业决策来源于认知过程和情感过程的交互作用，是一种相当复杂的决策活动。理论的主旨是，如果一个人能够“认知”到生涯选择的内涵，就能够增进其生涯选择的能力。所以生涯决策的过程，就是在信息加工理论的指导下，充分了解自我知识和职业知识，利用信息加工技能，在自己元认知的宏观调控之下，做出理性决策的过程。要提升生涯决策能力，可以从加强信息加工的能力着手。

彼得森等学者将这些能力组成一个“信息加工金字塔模型”(参看第一章的图 1-5)，底层的是知识领域，包括自我知识和职业知识两方面，中间是决策技能领域，最上层是执行加工领域。CIP 理论对于职业生涯规划而言最具价值的就是，它通过两个极其简单的理论模型，清晰地阐述了如何定位生涯问题所涉及的因素(如 CIP 金字塔所示)，以及如何有效进行决策(如 CASVE 循环所示)。围绕着这两个模型，我们如同获得了一套工作指南，可以快速识别问题、建构解决方案。该理论的一个核心内容就是理性职业决策的 CASVE 循环，如图 7-1 所示。这个循环主要包括五个方面，即沟通(communication)、分析(analysis)、综合(synthesis)、评估(value)、执行(execution)五个主要环节。

1. 沟通：识别问题所在

沟通是决策过程的第一个阶段，主要是识别出相应的问题及其本质，因为在这个阶段我们会发现关于理想与现实情境之间存在差距的信息。这些信息可能通过各种交流途径传达给我们，例如身体信息(如疲倦、头疼、瞌睡等)、情绪信息(如厌恶、焦虑、紧张、失落等)、外部消息(他人传递来的各种信息)等。这是“意识到我需要做出一个选择”的阶段。

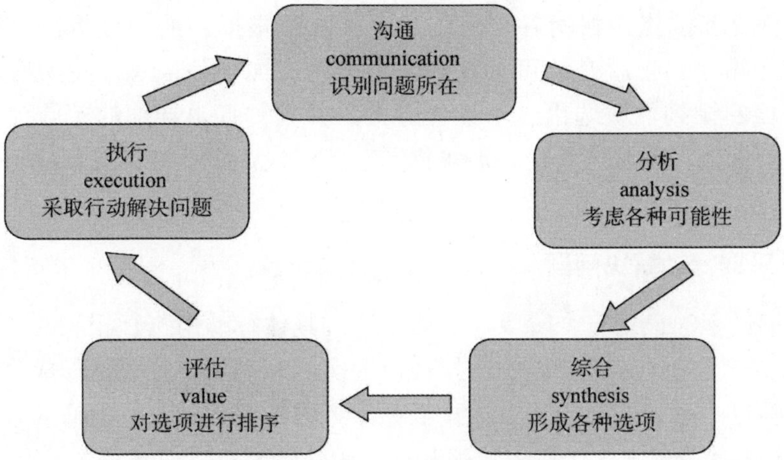

图 7-1 理性决策 CASVE 循环

在这个阶段，我们从认知上(对现状和期待的看法)和情绪上(感受如何)与问题充分接触。当我们充分意识到这些沟通交流时，说明存在一个问题或差距，而且已经不容忽视，然后我们开始分析问题的根源，探索它的成因，找到问题的真正根本所在。

2. 分析：考虑各种可能性

分析是决策过程的第二个阶段，主要是思考各种可能性，寻求潜在的选择项。因为在这一阶段，好的问题解决者往往会花时间进行充分的观察、思考、研究，从而更充分了解现实与理想之间的差距，同时他们会有效地做出反应。他们经常会自我提出一些问题并尝试回答，如：要解决这个问题我需要探索自我的哪些方面？要探索外部职业环境的哪些方面？我的重要他人怎样看待我的选择？好的决策者不会用冲动行事的方式来减小在沟通阶段所感受到的压力或痛苦，因为冲动、盲目行事只会是低效或无效，甚至可能导致问题恶化。这是“了解自己和各种选项”的阶段，应尽可能了解形成差距的具体原因，明确自己的决策风格，确认自己是否已经理解如何把自我认知和职业信息相结合。

3. 综合：形成各种选项

综合是决策过程的第三个阶段，主要是形成各种可能的选择项，因为我们将在这一阶段对分析阶段提供的信息进行综合梳理，从而制定出消除问题或差距的行动方案，基本任务是“为了解决问题我可以做些什么”。这是一个“扩展或缩小我的选择清单”的阶段，我们尽可能扩展问题解决的可选择清单，发散地思考每一个可能的问题解决方法。我们要列出大致能符合自己的兴趣、价值观或技能的所有可能的职业或专业选择，对其进行仔细梳理，再删减一些“不太合适”的方案，最终浓缩成 3~5 个解决方案。判断的标准是：前两个阶段提及的差距或问题可以被消除。

4. 评估：对选项进行排序

评估是决策过程的第四个阶段，主要是对前面所形成的解决方案进行选择，其实就是“选择一个职业或工作”的过程。首先是评估每一种选项对决策者本人和他人的可能影响，分析各选项的优点和缺点，权衡各自的利弊。其次是根据前面的分析，对综合阶段得出的各种选项进行排序。也就是从可行性和满意度两方面评估信息，将所有的选项进行排序，根据各选项的排列位次选出一个最佳方案，并且制订出详细的实施计划，在情感上和行动上都做出承诺，愿意将其变为现实行动。此阶段，职业决策的问题也就基本上得到解决。

5. 执行：采取行动解决问题

执行是决策过程的最后一个阶段，主要是通过具体行动来执行相应的方案，将其变为现实。我们将根据实施计划把自己的选择转换为实际行动。执行包括形成“手段—目标”的联系，以及确定一系列逻辑步骤以达到目标。考虑到评估阶段得出的结果，这是把第一选择作为决策目标重新建构，然后关注那些有助于达到目标的具体的、积极的事物的过程。这是“实施我的选择”的阶段，用选定的最佳实施方案来解决问题。

理性决策 CASVE 循环过程是一个自身不断循环的过程。在执行阶段之后，个体又回到沟通阶段，以确定已经确定的选择是否是良好的，尤其要重点检查现实与理想状态间的差距是否已经确实被消除。这是一个“了解我已经做了一个好的选择”的阶段。决策过程无论是对解决个人问题，还是解决团体问题都非常有用。用系统的方法思考这五个步骤，能够提供一个有用的工具，它能使你成为一个更有效率的人，成为一位高效的生涯决策者。

第三节　职业决策的常用方法

世间万事万物，几乎都存在着各种风险。不冒风险的人可以逃避挫折和悔恨，但同时也丧失了享受成长、感受生活的机会。只要我们搜集尽可能多的决策信息，再加上合理的决策方法，就能够制定合理目标、确定可行方案、优化行动路线、无限靠近目标。决策的方法有很多种，下面介绍职业生涯决策领域常见的几种方法。

一、生涯平衡单

生涯平衡单是一种卓有成效的职业生涯决策方法。在进行职业选择时，我们经常会遇到两个及以上的不同的职业生涯方案的选择问题，如果能进行直观的量化，以分数的形式对各个方案进行比较，可以让自己对职业生涯目标更加清晰。生涯平衡单就是通过直接打分和价值量化的方式，判断各个选项的利弊得失，细化各个备选方案的分值，使复杂的情况条理化、使模糊的信息清晰化、使错误的观念正确化，从而帮助自己进行合理选择。生涯平衡单的基本样式如表 7-3 所示。

表 7-3　生涯平衡单

选择项目		选项 A		选项 B		选项 C	
考虑因素 \ 加权分数		得(+)	失(-)	得(+)	失(-)	得(+)	失(-)
个人物质方面得失	1. 经济收入						
	2. 工作难易程度						
	3. 升迁的机会						
	4. 工作环境的安全						
	5. 休闲的时间						
	6. 生活变化						
	7. 对健康的影响						
	8. 就业机会						
	9. 其他						
他人物质方面得失	1. 家庭经济						
	2. 家庭地位						
	3. 与家人相处的时间						
	4. 其他						
个人精神方面得失	1. 生活方式的改变						
	2. 成就感						
	3. 自我实现的程度						
	4. 兴趣的满足						
	5. 挑战性						
	6. 社会声望的提高						
	7. 其他						
他人精神方面得失	1. 父母						
	2. 师长						
	3. 配偶						
	4. 朋友						
	5. 其他						

1. 确定职业决策需要考虑的因素

主要从自我和他人两方面，分别考虑物质与精神层面的利弊得失，我们将自我、他人、精神、物质两两结合，形成要考虑的四个基本要素，其中自我精神方面主要考虑个人的能力、性格、兴趣、价值观、心理需求、生活方式、成就感、自我价值、社会声望、才能展示等，自我物质方面主要考虑升迁机会、社会地位、工作环境、发展前景、工作内容、休闲时间、生活变化、健康影响、社会资源、培训机会等，他人精神层面主要包括父母、师长、配偶、家人的支持等，他人物质部分主要是择偶和建立家庭、家庭经济收入、与家人相处的时间、家庭地位等，如表 7-4 所示。

表 7-4　生涯平衡单要考虑的层面

要考虑的因素	具体的得失内容
自我物质层面	A. 经济收入； B. 工作的困难度； C. 工作的兴趣程度； D. 选择工作任务的自由度； E. 升迁机会； F. 工作的稳定、安全； G. 从事个人兴趣的时间(休闲时间)； H. 其他(社会生活的限制或机会、对婚姻状况的要求、工作上接触的人群类型等)
自我精神层面	A. 因贡献社会而获得自我肯定感； B. 工作任务合乎伦理道德的程度； C. 工作涉及自我妥协的程度； D. 工作的创意发挥和原创性； E. 工作能提供符合个人道德标准的生活方式的程度； F. 达成长远生活目标的机会； G. 其他 (如乐于工作的可能性)
他人物质层面	A. 家庭经济收入； B. 家庭社会地位； C. 与家人相处的时间； D. 家庭的环境类型； E. 可协助组织或团体(如福利、政治、宗教等)； F. 其他(如家庭可享有的福利)
他人精神层面	A. 父母； B. 朋友； C. 配偶； D. 同事； E. 社区邻里； F. 其他(如社会、政治或宗教团体)

2. 利用平衡单进行职业目标选择

列出各个备选的发展方案，分别填写到生涯平衡单职业方案中。

3. 逐项进行打分

根据第一栏职业决策要考虑的因素和层面，认真思考各个选项的得失情况，给每个选项进行赋分。这时要逐一对各选项进行检视，根据自己职业价值观的重要性进行打分，以±10 分来衡量各选项。

4. 确定加权系数

各方面的利弊得失之间，会因为决策者当时身处的不同情境而有不同的考量，因此在详细列出各个要考虑的层面上进行加权计分，也就是对当事人而言，最为重要的因素可以乘以 5 倍的系数(×5)，依次递减，最不看重的因素乘以 1 倍的系数(×1)。

5. 计算综合得分

将每一项的得分或失分填写到相应的职业选项下面，然后再分别乘以加权系数，即可得到加权后的小计分数，再分别计算出每一个选项的总和(即加权后的合计分数)，最后再把加权后的"得失差数"算出来，得到每个选项的最终分值。最终分值越大，相应的职业选项就越适合于你。

为了更好地理解生涯平衡单的技术方法，我们来看一个具体案例。

【案例 7-2】

莎莎的生涯平衡单

莎莎是大学三年级会计学专业的学生，她性格外向、活泼、能力强、自主性高，既希望工作稳定，又希望工作能有挑战性。目前她考虑毕业后的三大主要出路是考公务员、考研究生、出国留学读 MBA。

这三种出路中主要考虑的因素及各自的主要优缺点，如表 7-5 所示。

经过认真梳理后，莎莎使用平衡单考虑的项目及其得分情况如表 7-6 所示。

表 7-5 各选项的主要优缺点

考虑方向	考公务员	考研究生	出国留学
优点	1. 满意的工作收入； 2. 铁饭碗； 3. 工作轻松稳定，工作压力较小； 4. 一劳永逸	1. 专业发展不脱钩； 2. 能建立与师长、同学、朋友的人际关系； 3. 文凭较高； 4. 日后工作容易升迁	1. 圆一个出国留学梦； 2. 增长见闻、丰富人生； 3. 英语能力提高； 4. 激发潜力； 5. 日后工作升迁较容易
缺点	1. 时间长久容易厌倦； 2. 不易升迁； 3. 不易转业，且无法想象自己会做一生； 4. 不符合自己的个性	1. 课业压力较大； 2. 没有收入	1. 课业压力大； 2. 语言、文化较不适应； 3. 花费大(一年估计 20 万元)； 4. 挑战性较高； 5. 没有工作收入
其他	父母大力支持	男朋友的期望(男朋友是研究生且已经工作)	1. 兼职两年有积蓄，但不够 2. 自己一直想到国外走走

表 7-6 莎莎的生涯平衡单

考虑的项目	考公务员		考研究生		出国留学	
	得(+)	失(−)	得(+)	失(−)	得(+)	失(−)
1. 适合自己的能力		−4	5		6	
2. 适合自己的兴趣		−3	4		7	
3. 符合自己的价值观	5		3		8	
4. 满足自己的自尊心		−2	3		7	
5. 较高的社会地位		−5	3		6	
6. 带给家人声望	2		1		2	
7. 符合自己理想的生活状态	3		5			−3
8. 优厚的经济报酬	7			−1		−8
9. 足够的社会资源	2		8			−1
10. 适合自己目前处境	5		2		1	
11. 有利于择偶和成家	7		5			−5
12. 未来具有发展性		−5	5		8	
合计分数	31	−19	44	−1	45	−17
得失差数	12		43		28	

说明：每一个项目的得分或失分可以根据该方案具有的优点(得分)、缺点(失分)来回答，计分范围为1～10分，最后合计每个方案的优点总分(正分)和缺点总分(负分)，正负相加得出客观的得失差数。此表需要完全根据个人的真实想法作答，否则就可能无法正确地估计每个方案对自己的重要性。

每个项目的重要性因人、因时、因地而不同，对于此时此刻的自己，可以根据每个项目的重要性和迫切性，给它们赋予加权数值(加权范围 1 ~ 5 倍)，将原始分数分别乘以权数，最后把得失差数算出来，并据此做最终决定。

表单上要考虑的项目也可以适当调整，一般包括自我部分(能力、兴趣、价值观、心理需求、声望、社会地位、生活状态、健康等)、外在部分(工作环境、发展前景、工作内容及其变化等)、自我与环境的结合部分(家人支持、社会地位、经济收入、社会资源、目前处境、择偶、家人相处等)，每个项目的分数要根据分析出的优缺点得出(原始分一般在 1 ~ 10 分之间)，根据各项目的重要性确定权重(加权系数一般是 1 ~ 5)，折合成加权后的分数，最后比较每种方案的综合得分，并据此做出生涯决定，这就是生涯平衡单所做出的效用最大化决定。经加权处理后的平衡单如表 7-7 所示。

表 7-7 加权后的生涯决策平衡单

考虑的项目 (加权范围 1~5 倍)	考公务员		考研究生		出国留学	
	得(+)	失(−)	得(+)	失(−)	得(+)	失(−)
1. 适合自己的能力×5		−20	25		30	
2. 适合自己的兴趣×2		−6	8		14	
3. 符合自己的价值观×4	20		12		32	

(续表)

考虑的项目 (加权范围 1~5 倍)	考公务员		考研究生		出国留学	
	得(+)	失(-)	得(+)	失(-)	得(+)	失(-)
4. 满足自己的自尊心×2		-4	6		14	
5. 较高的社会地位×3		-15	9		18	
6. 带给家人声望×2	4		2		4	
7. 符合自己理想的生活状态×5	15		25			-15
8. 优厚的经济报酬×3	21			-3		-24
9. 足够的社会资源×2	4		16			-2
10. 适合自己目前处境×5	25		10		5	
11. 有利于择偶和成家×4	28		20			-20
12. 未来具有发展性×3		-15	15		24	
合计分数	117	-60	148	-3	141	-61
得失差数	57		145		80	

根据加权以后所得出的最终分数来看，莎莎很有可能会选择考研究生。

我们在做生涯决策时，一般遵循的规律就是，在充分认知自我和环境的前提下，初步选定几个比较满意的备选方案，分析每个方案可能的结果、所具有的优缺点，运用生涯平衡单的方式赋予其具体分数并加以计算，从而选择综合效用最大化的方案。

二、四步决策法

存在主义大师萨特说：我们的决定，决定了我们。人的一生总是由一个选择接着另一个选择构成的，生活中到处都是各种决策问题，例如高考填志愿、考研选学校、毕业后选工作、买衣服选款式、吃饭选菜品……这些都需要决策。因此，很多人把决策能力看作一个人思维成熟度的标志，尤其是在同龄人中，表现更加成熟的人，通常决策能力相对较高，在选择面前表现得更加理性。

(一) 决策前要重新明确的问题

1. 决策要有冒险勇气

决策本身具有很大的不确定性，是一种朝向未来的冒险行为，无论我们个人还是身边的环境世界，都处于不断地发展和变化之中，因此人和决策都要面对各种不确定性。所以，决策没有完全的科学决策，从来没有万无一失，更不可能出现百分百的正确决策，一切选择都存在不确定性和冒险性。

2. 决策必须学会取舍

一般情况下，我们之所以要进行选择，就是要从多个选项中进行取舍，选择某个选项就意味着要舍弃其他选项。任何一项选择都有其好处与不足，我们需要权衡各个选项的利弊优劣，实现价值最大化，尽量避免陷入完美主义情结，排除各种决策困难。

3. 决策要有实践行动

决策主要包含两个方面，一是选择行为方面，二是实践行动方面。如果只进行选择而不采取实际的实践行动，就无法从根本上获得价值最大化选择的目标，也无法将决策所带来的压力摆脱掉；如果只采取行动而不进行明确的选择，就很难保证持久有效的实践行动。因此，任何决策实际上都包含选择和行动两个方面，两手都要抓，两手都要硬，缺一不可。

4. 尽量合理决策

决策是根据当事人所收集到的各种信息来进行取舍，选择面对的都是不确定性的未来，所以任何决策都是实时情境下所做出的最佳决定。在各种各样的决策过程中，掌握尽可能科学和合理的决策方法，并且应用到现实生活中，这比做出选择本身更有实际意义。

(二) 合理决策的四个步骤

决策前明确以上问题后，可采用四步决策法。四步决策法主要是澄清跟合理决策有关的四个基本问题，即时间问题、决策权问题、价值观问题、最终目标问题。澄清上述四个问题，可以帮助当事人做出理性的选择。在日常生活中，四步决策法是一种很有效的决策方式，这四个步骤分别是：明确时间界限，分清决策权限，探索价值观点，厘清最终目标。

1. 明确时间界限

遇到决策问题而难以选择时，先整理一下自己的情绪，平息一下自己的心情，然后平心静气地进行自我提问：这个问题出现多长时间了？在什么时间点之前必须做出选择？

这是对当事人决策准备程度的探索，也是对决策问题迫切性的再审视。

如果需决策问题出现已久，而且当事人已经对相关选择思索很久，但是仍没有明确做出最终决定的时间底线，那很可能是没有明显迫切性的问题，或者在此时此刻没有做决策的必要性。不妨深入思考一下，是否是不满意目前的现实状况。

我们身边有些看似是决策问题实则是不满现状的情况，比如大学生说要退学重考、青少年说要离家出走、在职员工说要辞职跳槽、朋友之间说要绝交等，这些并没有付诸行动，他们也许是需要纾解压力，或者倾诉烦恼，或者抱怨不满，这都不是需要做决策的事情，也就不存在实施决策的问题。有时候不选择本身就是一种选择，只需在业余时间多做些有意义、有价值的事情，丰富自己的生活即可。

如果当事人对相关问题已经思考良久，甚至多次寻求他人的帮助和支持，收集过很多有关资料和信息，也系统做过梳理分析，但是仍然无法做出选择，那很可能是当事人有自己潜在性的、不确定性的想法，不确定是否进行选择，不确定应该如何选择。实际上，其内心已经有了自己的选择倾向，只是信心还不坚定，勇气还不足够，需要进一步梳理和分析。

生活中也常常会出现类似情况，就是在面临选择时，虽然有自己模糊的想法，但是还不够清晰和确定。这种情况可以充分发挥大脑的语言表达功能，通过诉说或者书写的方式来梳理相关信息，在表达与倾诉中整理自己的思路，让自己的思维更加条理化，从而凸显出自己内心的真实想法。

如果当事人非常明确自己的问题是从什么时间开始，也知道最晚什么时间之前必须做出选择，还收集了足够的信息资料，也尝试过很多办法，并且反复比较各个选项的优劣利弊，但却仍然无法做出最终的选择，那就需澄清难以决策的具体原因，尤其是要明确自己有没有实际决策的权限。

2. 分清决策权限

拥有决策权限时，我们才可以做决策；对于没有决策权限的事情，我们实际上无权选择也无法左右事情的发展，那么请放松心态去适应现实，不必纠结如何选择。

例如学生会换届选举的时候，自己想去宣传部或者学习部，但是指导老师希望你去秘书处历练，那就要问问自己：在部门选择的问题上，自己究竟有没有决策权限？如果能够争取到去自己所喜欢的部门工作的机会，那就去找老师表明自己的期望。如果宣传部或者学习部已经有了更合适的人选，而且秘书处更适合你，那就说明自己并没有实际决策权限。这里面就不涉及决策问题，而是要考虑应以什么样的心态去适应新部门的工作，这才是我们实际上具有决策权的部分。如果自己的决策权限可以达到80%左右，才可以说自己拥有实际决策的权力。

再比如说国庆节假期到来之际，初入职场的你原本打算到一个自己向往已久的地方去旅游，但是老板问你有没有时间加班筹划一个很重要的活动，这里就形成了一个选择旅游还是加班的决策问题，这时候就要问问自己有没有可能拒绝老板的加班邀请，如果自己根本就无法拒绝，那就属于没有决策权限，也就意味着自己只有二级决策权：虽然自己不能决定是否要加班搞策划，但是可以选择以什么样的方式和心态来加班，也就说自己只能决定抱着怎样的心态来尽可能愉快地进行活动策划中的相应工作。

下面回顾本章开头所提到的案例，我们看看小米的实际情况，看她是否具有决策权。

【案例 7-3】

小米关于就业单位的选择

小米：我已经跟一家制药公司签订了就业协议，我也特别喜欢他们提供的岗位，我觉得这份工作还能施展我的艺术才华，我非常想去，但是父母坚决要我去他们熟悉的一个汽车公司工作，根本就不听我的解释，我该怎么办呢？

老师：我想知道在这个问题上，你和父母的决策权限分别有多大？

小米：我哪有什么决策权啊，还不都是他们说了算！但是我很想证明给他们看看，离开他们的安排，我也照样能活得很好，我完全可以安排好自己的未来。

老师：也就是说你自己手中连一半的决策权都没有？

小米：是的，我的决策权顶多算是20%吧。

老师：看来这个问题不是决策问题，而是一个适应问题，也就是说去哪里工作就不用再考虑了，反正也得听父母的安排。你现在要考虑的是，到了父母指定的汽车公司以后，你将会以什么样的方式证明你自己确实“很行”，可以很好地安排自己的生活和未来，这样可以争取到今后其他事情的决策权，等到你的决策权上升到80%左右，再重新选择自己的未来。

小米：我明白了，也就是我要通过自己的努力，证明我真的能行，然后才可以争取到更大的决策权，这样才可以根据自己的意愿选择自己想要的生活，对吧？

老师：恭喜你！都学会抢答了！好好地去证明自己吧！

(资料来源：作者教学案例)

3. 探索价值观点

如果有明确的时间限制，而且自己也确实拥有决策权限，那就要进一步澄清自己的个人看法和价值观点，科学而合理地选择自己真正想要的方案。古人说“不识庐山真面目，只缘身在此山中”，很多时候我们看待别人的问题时思路非常清晰，但是一旦分析自己的问题却乱了思绪，常常有无从下手的感觉，这时候我们可以尝试通过探索别人看法的同时，澄清自己的价值观，探寻自己所看重的价值是什么。

【案例 7-4】

大三学生关于毕业去向的疑问

学生：老师，我不知道该考研还是考公务员，或者直接找工作。

老师：如果跟父母商量的话，他们会建议你做什么？

学生：他们说过让我考公务员。

老师：你认为他们为什么会推荐你考公务员？

学生：他们说公务员工作比较稳定，工作也不累，而且非常有面子。

老师：他们说得很清楚，但是我想知道，你对他们的建议又是怎么看的呢？

学生：公务员工作确实很稳定也体面，但是公务员晋升缓慢，论资排辈，工作单一，枯燥乏味，我想，让我做一辈子的话，可能会郁闷终生吧，我感觉不会有幸福可言。

至此为止，学生对于公务员工作的倾向程度基本明确。

老师：你应该有一些铁哥们般的好朋友，你认为他们又会怎么说？

学生：那帮哥们一直在建议我考研。

老师：哦，他们为什么会这样说呢？有什么理由吗？

学生：我平时成绩很好，他们认为我考研是顺理成章的事情，没什么好考虑的。

老师：你自己又是怎么看待他们说法的呢？

学生：说实话，我并不是那种特别爱学习的人，但是我没参加任何学生组织，除了学习我基本上无事可做，所以成天泡图书馆，结果阴错阳差，成绩一直都挺好。

到这里，学生对考研的看法也已经非常明确。

老师：如果舍友拉着你一起出去找工作的话，你觉得怎么样？

学生：其实我以前没做好生涯规划，也没有认真探索自我，不清楚自己找个什么样的工作比较合适，但是就业形势这么严峻，找个好工作实在是太难了，所以比较纠结。

说到这里，我们可以发现他的核心价值观，我们需要进一步进行排查和澄清。

老师：假如说，你现在就有机会找到一个在你看来非常棒的工作，也就是你心目中比较理想的好工作，你还会去琢磨考研或者考公务员的事情吗？

学生：如果能找到这样的好工作，谁还去费力参加那些考试呢！

老师：看来你心里有一定的倾向性，只不过不清楚什么样的工作才是好工作，更不清楚怎么样才可以找到心中的好工作，是这样的吗？

学生：您说得太对了，就是这个问题让我纠结烦恼。

老师：这么看来，我们需要好好梳理一下什么是好工作，以及通过什么样的方法才可以找到这样的好工作，这应该是我们下一步的工作重点，对吗？

(资料来源：作者教学案例)

从上面的案例我们可以看出，有时选择并不是主要问题，厘清自己的价值观和促进实际意义上的求职行动才是重点。

这一步我们重在通过对他人意见的分析和思考来澄清自己内心的价值观点，所以一定要仔细问问自己：他们为什么要这么建议自己？自己对他们的建议又是怎么看的？这是非常重要的。

4. 厘清最终目标

我们说不忘初心、牢记使命，可见我们内心里的终极目标是极其重要的，所以我们在做决策的时候也必须考虑自己的最终目标是什么。如果忘记了自己的最终目标，很容易走错路、走弯路，所以要时刻牢记自己的初心和使命。当我们对不同的选项权衡利弊、反复比较，但却不知道应该如何选择的时候，重新澄清一下自己最终的目标是什么。一旦我们清晰明确地知道了自己的最终目标，有可能瞬间就能做出选择。

下面以乘坐火车去往目的地来举例，假如我们没有确定最终前往的目的地，面对东西南北各个方向的不同车次，我们会难以选择。如果我们清楚自己要去的方向、预计到达的时间等最初目标，就可以根据各车次的具体情况做出选择，购买合适的车票。因此，当我们陷入选择困境的时候，可以坐下来重新想想自己本来的目的是什么，厘清自己的思路和初心，这样在比较各选项具体利弊的时候，才可以有的放矢，获得最佳选择。

【案例 7-5】

女生选择男朋友的困惑

学生：三个男生各有优缺点，他们现在都在疯狂地追求我，怎么选择呢？

老师：我先问一下，你找男朋友的目的是什么？

学生：当然是将来结婚呢，我们家是典型的传统家庭，我是那种传统意义上的好女孩，我希望选择的男朋友就是我将来的丈夫。

老师：既然找男朋友的目的是结婚成家过日子，那我们就来考虑一下，你希望自己将来的婚后生活是什么样子的？或者说在你心目中，丈夫应该具备什么样的特点？

学生：我倒不在乎谈恋爱的方式和过程，只希望将来结婚后的生活能够踏实、幸福，可以很平淡，甚至可以有点清贫，只要相互厮守一生，哪怕是平平淡淡地度过一生也没关系。

老师：假如有位男士，愿意与你相濡以沫、白头偕老，日子虽然波澜不惊，但却感到很踏实很幸福。就这样你们一起平平淡淡生活了几十年以后，你总结他的特点或者品质，你会想起哪些词汇或哪些方面呢？

学生：要想相守一生，平淡而幸福，那就要相互包容，相互尊重，忠实于我们的婚姻和感情，而且他也要喜欢这种稳定的生活，不在乎物质享受，和我看法差不多……

老师：也就是说，他需要尊重你，包容你，重视感情，漠视物质，喜欢稳定生活，两人观念差不多，还有其他的吗？

学生：嗯，差不多了。我知道该选择谁了！谢谢老师！

(资料来源：作者教学案例))

【案例 7-6】

大三学生关于毕业去向的疑问

学生：老师，我不知道该考研、考公务员，还是该直接去找工作。

老师：无论你选择哪一个，都只是你暂时这几年生活的不同方式而已，最终你仍然要从事一份工作，完成自己的事业和理想。那么我们现在先来想想，当你到了三四十岁的时候，你希望自己的生活是什么样子的呢？

学生：其实我从小就喜欢当老师的感觉，面对数十双渴望的眼睛，站在讲台上侃侃而谈，帮学生处理各种问题，解答学生们的各种疑问，特别有成就感。

老师：你是想做个小学老师、中学老师，还是大学老师？

学生：中小学老师的课程常年不变，多年如一日重复讲授基本固定的知识点，感觉挑战性不大。大学老师似乎更好些，既可以在讲台上讲述相关学科的前沿知识，又可以展开调查研究，探索相关领域内的最新学术，这都是比较有意思的。而且我也比较喜欢调查研究和学术写作，去年已经在正式期刊发表过学术论文了。我想，大学专业课老师可能更适合我。

老师：看来你想做一名大学专业课教师。大学老师有什么入职要求呢？

学生：我知道了！我要考研，将来还要读博士！谢谢老师！

(资料来源：作者教学案例)

其实，生活中还有很多这样的例子。

下课之后来到食堂，面对琳琅满目的食品，一下子陷入选择困境，不知道自己该吃什么。这时候不妨想一下：无论我选择哪种食物，我来吃饭的目的是什么，安静而愉快地享受美食，还是填饱肚子赶紧去准备下午的作业？

晚自习时间来到图书馆，站在一排排的图书面前，迟迟无法选择要看哪本书，这时候也可以静下心来重新思考一下：自己最期待这个晚上阅读哪一类的书籍？想要通过读书给自己带来哪些帮助或成长呢？我来到这里的真正目的是什么呢？

想要在暑假期间去旅行，面对众多旅游线路，不知道要选择哪一条旅游路线。我们可以先把眼前的旅游线路放在一边，静下心来仔细想想：无论选择哪一条路线，自己最期待这次旅游给自己带来的是什么？

大学新生面对五花八门的纳新社团，既新奇又困惑，不知道该加入哪个社团更好。这时候就要静下心来认真思考一下：自己想要发展哪些兴趣爱好和技能呢？如何才能让自己的大学生活既丰富多彩，又成绩斐然呢？

当我们静下心来探索自己最终目标的时候，不仅能够清晰地评估相关选项的利弊优劣，还能发现有时候不去选择也是一种选择，抛下这些选项，说不定还有更多更好的选择。

【课堂活动 7-1】

四步决策法

【活动目的】

现在你最想要解决的问题是什么？你是否面临着决策的问题？通过四步决策法可以帮助你做出理性的决策。

【活动步骤】

第一步：明确时间界限。

“最晚到什么时候，你就要必须做出一个选择了？”

第二步：分清决策权限。

“对于这件事情，你自己拥有多大的决策权限？”

“这是一个决策问题，还是一个适应问题？”

第三步：探索价值观点。

假如你去和周围的人(父母、老师、同学、朋友……)商量，请分别回答：

“他们会建议你怎么做？”

“他们为什么会这么建议你？”

“对于他们的建议，你怎么看？”

第四步：厘清最终目标。

“现在请把这些选项都放下，认真思考下，你的最终目标是什么？”

“现在评估一下，哪个选择会让你离这个最终目标更近？”

“基于这个最终目标，除了这些选项，还有别的选择吗？”

(资料来源：贾杰. 活得明白[M]. 北京：北京大学出版社，2015:36)

三、职业生涯决策5W法

在职业生涯决策中，我们既可以把简单问题复杂化，也可以把复杂的问题简单化。任何人都会希望自己的决策科学、合理、有价值，让自己的未来更有意义。在为自己做职业生涯规划的设计时，可以考虑一些简便易行的方法。本节要介绍的 5W 法，其实就是用 5 个问题进行归零思考。这种方法依托的是归零式的思维模式，从问自己是谁开始，逐步思考自己内心的真实想法。如果能够很好地回答以下几个问题，就会得到最后的答案。

- Who are you？你是谁？
- What do you want？你想做什么？
- What can you do？你能做什么？
- What support you？环境支持你做什么？
- What can you be in the end？你的最终生涯目标是什么？

这几个问题分别从自我、兴趣、技能、环境、目标等方面引导个体进行思考，涵盖了目标、定位、条件、距离、计划等诸多因素，只要在这几个特别关键的方面进行认真思考和精心设计，无论是自身因素，还是社会条件，都让其达到最大限度的相关性，对实施过程加以控制，并能够在现实生活中知晓趋利避害，就能使职业生涯的规划更加具有现实意义。我们在实际操作时，可以先取出五张白纸、一支铅笔和一块橡皮。在每张纸的最上边分别写上上述的 5 个问题，然后静下心来，排除干扰，按照顺序，独立地仔细思考每一个问题。

在思考和回答以上 5 个问题时，要注意转换角色，以第一人称的方式来回答，分别是：

1. 我是谁

这是自我认知的第一个方面，也是对自己的基本特质的综合认识。回答这一问题时，必须对自己进行比较深刻的反思，对自己进行 360 度全方位的分析，把自己所有的优点和缺点逐一罗列出来，从而形成一个比较清晰的、全面的自我认识。面对自己的内心想法，真实地写出每一个能够想到的答案，并按各自的重要性进行排序，最重要的放在最上面。

2. 我想做什么

这是自我认知的第二个方面，主要是探索自己的职业兴趣。回答这个问题时，我们要对自己的职业兴趣探索清楚，知道自己的兴趣爱好，清楚自己感兴趣的职业方向，了解自己想要选择的职业目标范围。每个人在不同阶段的兴趣和目标并不完全一致，每个人理想的职业目标是不断发展变化的，有时甚至是完全对立的。随着年龄和经历的增长，个人的兴趣和目标会逐渐固定下来，并最终形成自己的终生理想。回答时可以把思绪回溯到孩童时代，从人生初次萌生的第一个想干什么的念头开始，然后随着年龄的增长，回忆自己真心向往过、想干的事，并一一地记录下来，写完后再想想有无遗漏，确实没有遗漏后再进行排序。

3. 我能做什么

这是自我认知的第三个方面，主要任务是探索自己所拥有的技能和潜能，可以看作职业胜任力的一部分。回答这个问题时，要认真思考自己现在已经拥有的实际技能和有可能锻炼提升的技能。个人职业生涯的最终定位还是要以自己的能力为根本基础，清楚自己能够胜任的职业有哪些方面，清楚职业生涯发展空间的大小也取决于自己的潜力，因此要对自己的能力和潜力进行全面总结。对于自身潜力的了解应该从以下几方面着手：个人兴趣、毅力、判断力与决断力，以及知识结构是否全面、能否及时更新等。自我练习时要把确实已证明的能力和自认为还可以开发出来的潜能都一一列出来，认为没有遗漏后进行排序。

4. 环境支持或允许我做什么

这是关于职业环境认知的探索，主要任务是对外部环境进行全面探索，了解社会环境有可能提供什么样的职业岗位。环境对于职业选择的重要影响有两方面：一是客观方面，如经济发展、人事政策、企业制度、职业空间等；二是主观方面，如家庭支持、朋友关系、同事关系、领导态度、亲戚关系等。对于涉世未深的大学生来说，后者的人为因素更为明显，事实也证明人脉资源越丰富的大学生找工作越容易，同时职业发展也很容易受家人、朋友等人的影响。回答时应注意分析：由本单位(学校)、本市、本省、本国和其他国家的情况，自小向大逐项了解，凡是有可能借助的环境，都应在考虑的范畴之内。在这些环境中，认真想想自己有可能获得哪些支持和允许，想清楚后一一写下来，再以重要性排列顺序。

5. 我的最终生涯目标是什么

这是对个人职业价值观的探索，主要是澄清自己的职业定位，知道自己最终想要的是什么。其实明晰了前面 4 个问题，就能从各方面找到对自己有利的和不利的条件，这个问题自然也就有了清楚明了的方向，从而发现不利条件最少的、自己想做而又有希望实现的最终生涯目标。回答这个问题时，可以把前四张纸一字排开，然后认真比较第一至第四张纸上的答案，将内容相同或相近的答案用一条横线连起来，你会得到几条连线，而不与其他连线相交的，又处于最上面的线，就是你最应该去做的事情，你的职业生涯就应该以此为方向。你可以在此方向上以三年为周期，提出近期、中期与远期的目标，然后在近期的目标中提出今年的目标，再根据目标倒推的方法，将今年的目标分解为每季度目标、每月目标、每周目标、每天目标。然后按照既定目标，朝着自己的方向努力前进。

【案例 7-7】

莉莉的 5W

莉莉是商务英语专业的大四学生，临近毕业了，莉莉还没有确定自己的职业目标。就目前而言，外语专业还算热门专业，找一份还算不错的工作并不是太难，但是由于自己的性格比较外向，莉莉并不喜欢单调的办公楼白领生活，而是特别喜欢导游这一职业。

Who are you？你是谁？商务英语专业的大四毕业生，优秀学生干部，英语通过了 CET6 考试，专业学习成绩优异，辅修了旅游管理、旅游英语、导游概论等课程，考取了导游证。家庭经济状况一般化，父母工作稳定，身体健康，短时间内不需要他人照顾，自己身体健康，且个性活泼，喜欢热闹，有一定的组织协调能力。

What do you want？你想做什么？很希望成为一名优秀的导游，自己也比较喜欢这类职业；可以成为宾馆、饭店等旅游相关单位的管理人员；也可以考虑出国读书，学成回国以后再从事翻译相关的工作。

What can you do？你能做什么？曾在宾馆做过前台接待，并因为英语口语良好，受邀请担任过随团导游兼翻译，有一定的成就感；当过学生干部，团队合作意识强，多次参与学校组织的有一定影响的大型活动。

What support you? 环境支持你做什么？家长希望自己去国外继续读书；学校老师推荐去某化妆品牌公司担任外方客户维护；有个同学自己开了一家小型公司，希望自己能够加盟合作，但是自己并不了解这个公司的具体业务，也不知道公司有多大的发展前途；在暑期找到了一份兼职导游的工作，自己希望能成为专职导游。

What can you be in the end? 你的最终生涯目标是什么？最后的可能性有四种：

(1) 到国外继续学习深造，学成归来后做自己喜欢的翻译工作，但是考虑到家境一般，要举债读书，心里很不舒服，压力也比较大，想等自己有能力后再去深造。

(2) 到品牌化妆品公司担任外方客户维护，收入应该是相当不错，但是从大行业的角度来看，化妆品行业竞争激烈，起伏较大，自己的兴趣也不是太大。

(3) 去同学的公司做管理，一是害怕自己的专业知识可能用不上，天长日久将会荒废学业；二是担心自己对相关行业不熟悉，承担风险较大；三是来自家庭的阻力，父母不支持。

(4) 如愿从兼职导游转为专职导游。既可以带团出游，还可以利用业余时间继续读书学习，把外语知识和专业导游的知识有机结合起来。

单纯从职业发展来看，这四个选择都有其合理性，但如果从个体而言，第四个选择显然更符合莉莉本人的职业价值观点。从心理学角度来看，选择导游这份职业能够满足莉莉乐于与人打交道的个性特点，在工作中也更容易投入，做出一定的成绩后会有很大的成就感。从职业前景来看，导游这个职业在社会上需求量很大。从职业兴趣来看，这个职业也比较符合莉莉的职业兴趣倾向。从能力角度来看，当导游能发挥她的组织能力和交往能力。当然带队出游可能会影响她继续深造，但如果她能确定自己的最终目标并且努力去弥补，那么莉莉最终实现自己的职业理想也就为时不远了。

(资料来源：陈敏. 大学生职业生涯发展与管理[M]. 上海：复旦大学出版社，2008:116-117)

四、职业生涯决策的生涯幻游法

这其实是个体验活动，这种体验可以帮助你去了解你希望自己成为什么样的人，找到向往的生活和努力的方向。请其他人为你轻缓地阅读引导词，阅读时必须非常缓慢和放松，最好同时播放轻柔的背景音乐，在标注“(停顿)”的地方要有停顿。这有点像催眠游戏，但是你需要做的仅仅是根据引导词进行幻想，不用说话，在心里默默记下自己的幻游经历。

以下是引导词：

好，现在请你尽可能放松，在你的位子上坐好，调整姿势到自己感觉最舒服的状态。

现在请闭上眼睛，尽可能地放松自己(停顿)。

调整你的呼吸：吸气(停顿)、呼气(停顿)，吸气(停顿)、呼气(停顿)。

好，保持这样平稳的呼吸。

接下来，放松身体每一部分肌肉，放松(停顿)、放松(停顿)、放松(停顿)。

想象现在你已经乘坐上时空穿梭机，目的地是十年后的某一天。

想象你正好清晨刚刚醒来(停顿)。

(1) 是睡到自然醒还是被闹钟吵醒的？现在是几点钟？你在哪儿？

(2) 观察下四周是什么样子的？(停顿)你看到了什么？闻到了什么？听到了什么？

(3) 起床后的第一件事情做什么？(停顿)

(4) 洗漱完，你考虑要穿什么衣服去上班，想象你正站在镜子前面装扮自己，你最后决定穿什么衣服？(停顿)

(5) 当你想到今天的工作时你的感觉怎样？是平静、激动、厌倦还是害怕？(停顿)

(6) 你现在正在吃早饭？有人和你一起吃吗？还是你一个人吃？(停顿)

(7) 现在你准备去上班，出门后回头看看你住的房子，它是什么样子的？(停顿)

好，现在出发。

(1) 你用什么交通工具去单位？有人和你一起吗？如果有的话，是谁呢？当你走时请注意周围的一切。(停顿)单位离家有多远？(停顿)

(2) 到达单位了，想象一下单位是什么样子的？它在哪里？看起来怎么样？(停顿)

(3) 现在你走进工作的地方。那儿都有些什么人？多少人跟你一起工作？他们在做什么？单位的人都是怎么称呼你的？(停顿)你的办公室是什么样子的？

(4) 接下来你要做什么？(停顿)想象下你一上午都做了些什么工作？(停顿)你是用你的思想在工作还是做一些简单的事务性工作？(停顿)你跟别人一起工作，还是独自工作？(停顿)是在户外还是室内工作？(停顿)

现在上午的工作结束了，你该吃午饭了。你去哪里吃饭？跟谁一起吃饭？你们谈些什么？(停顿)现在回到工作中来。下午的工作与上午的工作有什么不同吗？(停顿)

你一天的工作结束了，这一天让你感觉到满足还是沮丧？为什么？(停顿)今天你还想去别的地方吗？(停顿)在这一天当中，你还想做的是什么？(停顿)

现在，你回家了，有人欢迎你吗？(停顿)回家的感觉怎样？(停顿)你如何与家人分享这一天所做的事？(停顿)

你准备去睡觉了。回想这一天，你感觉如何？(停顿)你希望明天也是如此吗？(停顿)你对这种生活感觉究竟如何？(停顿)

过一会儿，我将要求你回到现在。好了，你回来了……看看周围的一切，欢迎你旅游归来。喜欢你幻游的生活吗？喜欢的话可以分享你的经历。

如果你不想分享幻游生活，可以花些时间思考下列问题：

※ 我十年后从事的工作的描述

1. 工作是____________________。
2. 工作的内容是________________。
3. 工作的场所在________________。
4. 工作场所周围的环境是________________。
5. 工作场所周边的人群有________________。

※ 我十年后的生活形态的描述

1. 婚姻状况　□已婚　□未婚　□其他________________。

2. 家中成员有子女______人。

3. 和父母同居一房　□是　□否　□其他______。

4. 居住的场所在______________________________。

5. 居住场所周围的环境是______________________。

6. 居住场所周围的人群有______________________。

※请说明下列问题

1. 我在进行幻游时，印象最深刻的画面是________________________。

2. 我在进行幻游后，对比与现在环境最大的不同点是________________。

3. 我在进行幻游后，最深的感受是________________________________。

※我在进行幻游后，我觉得未来的生涯发展会是怎样的？

1. 我认为我未来会从事______________________职业。

2. 我认为我的未来会与幻游过程相关吗？　□是　□不是　□其他__________。

五、职业生涯决策中的寄信未来法

假如你现在遇到了决策问题，深入分析了大量的信息，但是自己又有许多困惑，无法顺利做出选择，请写一封信给未来的自己(如十年后的自己)。

写信的时候，说明自己目前处于什么样的情境，遇到了什么决策问题，都有什么样的备选方案，并且把自己目前的困惑详细列出来，向未来的自己发出求救信息，因为十年后的自己已经成了一位智者，可以帮助自己厘清思路，可以指导自己做出理性决策。

未来的自己已经成长为一名智者，收到求救信后，根据自己的生活阅历，回信给当下现实中的自己，在回信中深入分析有关信息，然后给出指导性的建议，以便为当下的自己指点迷津、消除疑惑。

延伸阅读 7-1
职业生涯决策中要考虑的因素

在这一来一回的两封信件中，我们可以发现自己的决策风格类型，也可以帮助自己做出合理分析和思考，协助自己做出理性决策。

讨论与思考

1. 当面临职业决策等重大选择的时候，你通常都是如何进行选择的？你在多次选择事件中的共同点是什么？你如何总结自己的决策风格？

2. 决策过程中每个人都有可能存在一些非理性信念，你有没有受到它们的困扰？你是如何突破困境，把它们转化为积极心理对话的？

3. 对于本章中的生涯平衡单和四步决策法，你在生活中是如何运用的？请举例说明。

第八章 职业定位、目标设立与行动计划

一个完整的职业规划由职业定位、目标设定和通道设计三个要素构成。职业定位居于核心的地位，职业定位过程就是真实的自我与外部环境互相影响，互相整合的过程。本章重点讲述职业规划能力的提升、职业价值系统定位以及战略规划的制定。通过本章的学习，读者应了解和掌握以下内容：

(1) 了解职业定位的理论和方法。

(2) 掌握简单的职业定位方法。

(3) 学会运用生涯发展的理论和工具模型，为自己的生涯发展设立近期、中期和长期目标，并制订行动计划。

案例导入

小华考上大学后，感到非常迷茫，在中学时以考上大学为目标，上了大学后，他失去努力的目标，不知今后如何去做。他只是保持着高中养成的学习习惯，每天在宿舍、食堂、教室之间奔波，让自己处于忙碌中，感觉才好一些。他时常自问：今后我将如何发展？走向哪里？

小洁是大三的学生，平平常常的几年大学生活后，看到周围的同学，有的准备公务员考试，有的准备研究生考试，有的在企业实习，好像都有目标，而自己却定不下方向，感到焦虑。

小齐是大四学生，历史专业，对历史有较浓厚的兴趣，从学习和科研能力来看，自己也认为没有问题，可是最近有人说历史专业不好找工作，只有历史教师一个选择路径。小齐感到自己偏内向，害怕难以胜任。不时向老师请教：我真的适合干这一行吗？

(资料来源：作者教学案例)

以上的问题可以归为：如何职业定位，如何选择职业目标，如何制订行动计划等。俗话说得好“工欲善其事，必先利其器”，理论与实践紧密结合，就是我们解决问题的方法。

第一节　提升职业规划能力，准确定位

职业定位就是运用科学的理论和工具，达到主观定位和客观定位的统一。我们运用的理论和工具就像武林中人的“十八般兵器”一样，只有不断地运用，才能逐步达到“游刃有余”的境界，在解决个人生涯问题的同时，提升职业规划能力，正所谓“利于现在，受益终身”。

一、定位的理论和方法

“定位”一词已成为重要的、使用广泛而频繁的战略术语之一。对于一个企业来说，定位属于核心的战略问题；对一个城市而言，定位是其城市发展和城市竞争战略的首要问题。在职业规划的三个构成要素中，职业定位是核心，这是方向性的问题，具有战略意义。它决定一个人相当长一个时期乃至一生的职业生涯发展方向。做好职业定位后，职业目标的设定及职业通道的设计则会比较容易。

(一) 定位的含义

按照《新华词典》的解释，定位指：确定方位；确定或指出的地方；确定场所或界限；用三角测量方法确定位置。定位理论，由美国著名营销专家艾·里斯(Al Ries)与杰克·特劳特(Jack Trout)于20世纪70年代提出。里斯和特劳特认为，定位要从一个产品开始。产品可能是一种商品、一项服务、一个机构，甚至是一个人。但是，定位不是你对产品要做的事。定位是你对预期客户要做的事。换句话说，你要在预期客户的头脑里给产品定位，确保产品在预期客户头脑里占据一个真正有价值的地位。定位理论以“打造品牌”为中心，以“竞争导向”和“消费者心智”为基本点。借用电影《一代宗师》里面论功夫的台词，什么是定位？“一横一竖”而已。“一横”代表从理论上学到的定位，“一竖”代表从实践中悟到的定位。我们学习定位、应用定位，就是让自己的生涯发展得更好，从而在实践中不断提升自己的能力。正所谓“纸上得来终觉浅，绝知此事要躬行”。定位理论最早应用在营销领域。影响顾客的是产品的品牌形象，因此企业要确定产品的目标市场是什么，简而言之，就是客户群。那么，职业生涯的定位也可以运用定位理论来寻找自己的客户群，即职业群。

(二) 职业定位的含义

职业定位，就是清晰地明确一个人在职业上的发展方向，它是人在整个生涯发展历程中的战略性问题，也是根本性问题。具体而言，从长远上看是找准一个人的职业类别，就阶段性而言是明确所处阶段对应的行业和职能，即在职场中自己应该处于什么样的位置。

洪向阳在其所著的《十天谋定好前途——职业规划实操手册》一书中指出，职业定位也叫生涯定位、职业方向定位，指通过综合考察影响职业适合性及职业选择的各种因素，确定与个体相适宜的职业及发展方向的过程。也就是确定最适合自己发展的独特的职业领域。

(三) 职业定位由三个系统协同决定

一个人的最佳职业定位及职业规划由三个系统来协同决定，即商业价值系统、职业机会系统和职业取向系统，如图 8-1 所示。职业取向系统是从自己的主观意愿出发，主要满足自己的幸福感。商业价值系统和职业机会系统主要从客观环境的要求出发，认清外部环境对自己的要求，主动适应环境，努力打造符合要求的职业生涯。

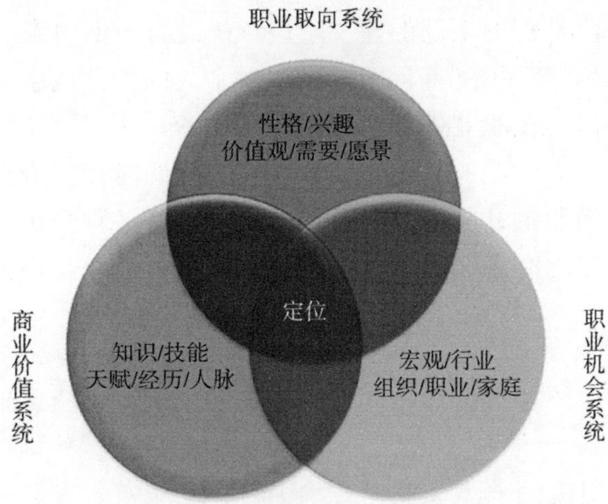

图 8-1　向阳职业规划模型图

(1) 商业价值系统包括能力、学历、知识、技能、经历、天赋以及资源等内容。在该系统中，我们可以做最擅长的、最喜欢的、自己认为最有价值的事。商业价值系统是面向现实社会的，考虑的是个体相对于职业世界的客观价值，即个体能提供什么。

(2) 职业取向系统具体通过性格、兴趣、价值观、需要和愿景五个要素表达。事实上，性格、兴趣、价值观、需要和愿景每一种要素都表达了人在职业甚至是生活方式上的倾向。生涯的本质是以个人为中心的，所以在考虑职业定位和职业规划时，要优先考虑一个人最本性的取向，探索、了解最真实的自己。职业取向系统是人的潜意识的外在表现，表现的是人的本性倾向。它基于快乐原则，是职业规划的第一系统。在人们没有太多外在限制的情况下，优先考虑职业取向系统会让我们最大限度地获得职业上的满意。它直接引导着人们取向的职业方向。

(3) 职业机会系统由一系列外部环境因素构成，是不以人的主观因素影响的客观因素构成，主要由宏观环境、行业环境、组织环境、职业资源及家庭环境五要素构成。

如何寻找到自己的职业定位呢？洪向阳指出，职业生涯定位的过程就是将真实的自我与外部环境系统整合的过程。这个过程对一些人来说比较自然，但对大多数社会大众而言，则是个比较复杂的问题。我们通过一系列的分析与归纳，得出三个系统对应的职业领域的最大交集，就是我们的职业定位，即最佳的职业方向。

二、几种简单定位方法介绍

(一) 彩虹图定位法

20～30 岁之间的人们，居于舒伯的生涯彩虹图上探索期(15～24 岁)和建立期(25～44 岁)的中间位置，在这个阶段子女的角色维度最低，父母不需要赡养；学生的角色会逐渐降低。这个阶段主要的精力放在学会做人，承担更多的社会责任；学会把更多的精力投入在为未来的职业做准备；学会休闲，平衡工作、学习、家庭、个人等多方面的关系。大学生求学和职业生涯初期阶段是舒伯生涯的建立阶段，在人的一生中属于关键阶段。30～40 岁之间的人们，学生的角色达到了高峰，因为工作对个人的能力要求达到新的高度。在这个时期，需要平衡很多角色，在职业中逐渐成为中坚力量，所以这个阶段的平衡和掌控能力很重要。以上的解读带给大学生的启示是：珍惜在大学的时光，为未来的职业做准备；提高生涯准备度，不要因为参加社团而耽误学习，学会平衡各种角色。同样生涯彩虹定位法告诉我们，每个生命阶段均有不同的角色，都有每个角色赋予我们的精彩。

(二) 职业锚定位法

本书第五章第二节介绍了埃德加·H. 施恩的职业锚理论，施恩根据研究成果提出以下八种职业锚类型：

(1) 技术/职能型：对应的典型职业为技术主管、职能专才等。

(2) 管理型：对应的典型职业为总经理、总裁等公司高管。

(3) 自主/独立型：对应的典型职业为咨询师、教师或研究开发人员。

(4) 安全/稳定型：对应的典型职业为银行职员、公务员。

(5) 创造/创业型：对应的典型职业为企业家、创业家。

(6) 服务/奉献型：对应的典型职业为护士、社会工作者。

(7) 挑战型：对应的典型职业为特种兵、高级管理顾问。

(8) 生活型：在各种职业中均有一定的比例存在。

通过学习职业锚理论，我们了解到，对能力、动机和价值观的自我认知即为“职业锚”。“职业锚”代表着“真实的自己”。施恩认为，一个人的“职业锚”包括自己认识到的才干和能力、自己认识到的自我动机和需要、自己认识到的自己的态度和价值观。我们可以通过职业锚类型进行职业定位。

(三) 向阳职业规划模型定位法

洪向阳提出的“向阳职业规划模型”对三大系统 15 项要素进行整合，进行分析，从而可以寻找到最佳的职业定位。

通过整合职业取向系统的性格、兴趣、价值观、需要、愿景五大要素，寻找一致性，看诸要素是否都指向相同或者相关职业区域。通过商业价值系统的知识、技能、天赋、经历、人脉各要素的分析，寻找职场的竞争优势，并尽可能整合到一个领域。通过职业机会系统的分析，寻找环境带来的机会。

通过三个系统的分析和归纳，然后根据自己的探索取向寻找出适合的职业群或者职业领域；三个系统结果的交集，就是寻找的最佳职业方向。

(四) 认知信息加工理论定位法

从信息加工金字塔模型可以看出，最基本的是要有认识真实的自我和外部环境的知识信息，还有信息加工的技能，还要有将自己当成客体来看的元认知。在前几章，我们已经探索了自我知识，主要是价值观、能力、兴趣、性格等；职业知识主要探索了外部大环境、家庭环境、学校环境及专业，进而探讨了行业和企业环境。在充分掌握信息的基础上进入第二层决策技能领域，通过 CASVE 循环，学会了沟通、分析、综合、评估、行动进行理性决策的方法。最高层的执行加工领域，负责发号施令，提供精确的指令。在元认知领域有三种重要的技能：自我对话，自我觉察，控制和监督。

(1) 自我对话。在职业生涯规划中，我们可以借鉴“换框”思维，有意识将消极负向的自我对话改变为积极正向的自我对话。

若想成为一个有效解决生涯问题的人，就必须对自己做出积极的评价，比如“我能做出好的决策”；或者强化积极的行为，比如在一个生涯决策做出后说“你真棒”。

我们可以做一个游戏，用“我”“你”“他”三个人称分别来评价自己或评价自己的一个生涯决策行为。通过这样的游戏活动我们发现，大家普遍对“你”的角度来评价自己的行为感到驾轻就熟。为什么会出现这种情况？通过反思我们可以发现，我们平时太在意别人对自己的评价，我们对自己的评价往往是消极的，而很少有积极的评价。

【课堂活动 8-1】

换框练习

“换框法”的关键，在于找出给自己帮助的意义，转变消极为积极。我们经常会有三类消极的非理性信念：①“应该如此”，这类信念看问题过于绝对化，我们可以通过换框练习改变心态，比如“我要获得所有人的赞扬”，换框为“我获得多数人的肯定就可以了”。②“没有办法”，这类信念容易让人丧失信心，比如“因为我的专业不好，所以找不到工作”，可以换框为“虽然专业没有直接对应的职业，但是可以运用学到的知识和技能去寻找工作”。③“托付心态”，容易依靠别人，比如“人应该依赖一个比自己更强的人”，可以换框为“一个人不能依赖别人，而要依靠自己的主动努力”。真正的敌人是自己，是自己阻碍了我们内心进取的信念，在心理学中，这种信念称为“非理性信念”。

下面是心理学家艾利斯总结的 11 条“非理性信念”，试着进行换框练习。

(1) 一个人绝对需要生活中每一位对他重要的人的喜欢与赞扬。

(2) 一个人应该在各方面，至少在一个方面有才能、有成就，才有价值。

(3) 有些人是卑劣的、邪恶的，他们应该受到严厉的谴责与惩罚。

(4) 事不如意是可怕的灾难。

(5) 人的不愉快是外界因素造成的，人不能控制自己的痛苦与困惑。

(6) 对可能(或不定)发生的危险和可怕的事物，应该牢牢记在心头。

(7) 对于困难与责任，逃避比面对要容易得多。

(8) 人应该依赖别人，而且依赖一个比自己更强的人。

(9) 过去的经历是影响现在行为的决定因素，而且这种影响是永远不可改变的。

(10) 一个人应该关心别人的困难与情绪困扰，并为此感到不安和难过。

(11) 每个问题都有正确而完美的解决方法，如找不到这种办法，则是莫大的不幸。

通过换框练习可以改善以上问题，同时遇到其他非理性信念时能及时改变，并转换为积极的思考模式。

(2) 自我觉察。下面举一个简单的例子来阐述，在我们学开车的初期，属于无意识、无能力阶段，不得要领，手足无措。在练习一段时间后，进入有意识、无能力阶段，如何掌握方向、如何挂挡、如何加油，虽然掌握理论知识，但实践操作仍然不熟练。经过努力练习，达到有意识、有能力阶段，学会开车了，但是感觉很累。这说明什么问题？这说明随着开车能力的提高，我们能够把更多的精力投入到开车的其他方面，比如周围的车况、前方情况的预判、轮胎的气压、汽车的响声、天气情况。同样，在生涯决策过程中、在从事信息加工任务时，由低层次的能力，经过练习，逐步达到高层次的思维，能意识到自己的感受，还能意识到他人和社会的需要，做出于己、于他人都有利的选择。“意识到自己就是任务执行者”，意味着成为一个有效的生涯问题解决者。

(3) 控制和监督。控制是指有效的问题解决者能够掌控自己整个过程，包括情感、情绪的把控，知道在知识领域阶段何时停下来收集信息，拥有在 CASVE 循环阶段解决问题的能力。监督指个体判断什么时候任务完成，什么时候转入到下一个环节。在执行过程中积极的控制和监督功能可以将我们导入成功的解决问题的轨道。

我们可以利用信息加工金字塔，分析是否在某个层次有欠缺。比如缺少自我知识，就可以加强自我探索。缺乏职业知识，就可以采取多种方法去搜集职业信息。运用 CASVE 循环，可以分析处于决策阶段的每一个环节，是否出现卡位、跳步骤或死循环现象，然后有针对性地解决问题。元认知既是解决生涯问题的过程，也是发展元认知能力的过程。如果出现元认知能力不足，可以试着把自己当成客体，跳出自我世界看自己，就会视野更加开阔。

三、职业价值系统定位

1. 在就业市场上寻找定位

艾·里斯与杰克·特劳特指出，定位是一种逆向思维，定位不是从自身开始，而是从潜在顾客的心智开始。不要问你自己有什么，要问行业需要什么，将自己的职业选择与客户的需求结合起来，所以说，在开始定位时，选择尽量多的范围，不要一开始就局限在个别目标上，采取定方向、定区域，运用理论工具，然后逐步筛选，平衡与取舍，逐渐聚焦在具体的目标上。

2. 树立自己的品牌

树立自己的品牌是必要的，因为品牌能够很好地说明你是谁，你的优势。品牌就是你的又一个名字，体现了你的价值，以及你能为所在的企业带来的效益。所以，如何打造自己的核心能力，从而形成自己的核心竞争力，是我们在大学中应该重视和积极培养的能力素质，努力使自己与众不同。花些时间思考这些生涯战略问题，努力打造自己的品牌，使自己在寻找职业时，对企业有更多的吸引力。汤姆·彼得斯(Tom Peters)在《你就是品牌》中指出："不管年龄、职位或者身处什么行业，我们都必须知道品牌的重要性，我们都是自己的公司，我是自己有限公司的 CEO。"换句话说，自己定义自己的人生，确定符合自己的定位。

经过前面章节介绍的自我探索，我们已经找出形成品牌的基本内容和品质，如教育背景与程度、支持系统、核心能力、兴趣、性格、特殊技能和社会责任感等。以上这些是已具备的素质，我们还要主动提高以下的积累：获得与职业有联系的职业经验，留下有价值的成绩。我们要主动积累成就事件和实践成果，增加受教育培训的机会，比如说师范类的学生，利用在校期间积极参加教师职业技能大赛、参加服务农村务工子弟的志愿者服务活动、参加社区义工工作，等等。在服务社会的同时，增加阅历和与人沟通的经验，提高教学技能，努力成为所在领域的专家，将想法转化为实际的行动。现在科学技术突飞猛进，我们应努力更新自己的知识体系。一个企业在招聘员工的时候，主要看他们的可迁移能力和管理能力，但在从事相关工作或和别人竞争时，还要看专业能力。正所谓"三百六十行，行行出状元"。还要主动推销自己，就是不断挑战自我，让自己变得更加优秀，敢于展示自己的品牌。推销自己不意味着不谦虚，要积极地参加招聘会，投简历去推荐自己。主动结识行业中的人士，学习有成就者的经验。不断地扩展自己的业务联系，对今后的发展有着重要作用。

3. 确定目标市场

认知信息加工金字塔的最底层由个人知识和职业知识两个部分组成。在个人知识部分，搜集大量的个人信息来分析，无疑是艰苦的，但是这种努力是值得付出的。以价值观、兴趣、技能、性格等因素寻找适合自己的职业定位。通过前面几章的阐述，我们获得了自己的霍兰德代码和性格对应的职业群。我们通过分析自己的优势或者劣势，同时能力倾向和技能的培养，寻找到了核心竞争力。我们要学会将价值观、兴趣、技能、性格等因素联系起来，综合分析，利用各种理论工具进行分析和加工，从多角度、深层次探索，得到对自己的真实和全面的了解，在自己可以控制的范围内，寻找自己适合的职业群。

第二节 战略规划的制定

战略规划通常是确定企业未来的发展方向及发展途径。当一个企业遇到重大发展方面的挫折时，应分析是否其战略规划出现问题。企业战略规划就是未来的路线图。同样，你的职业生涯规划，就是你的个人战略规划。

一、追寻自己的人生方向

维克多·弗兰克尔在《活出生命的意义》一书中指出，生而没有意义的人是痛苦的，没有目标、没有目的，无须继续忍受，他很快就会迷失。我们要停止追问生命的意义所在，每时每刻提醒自己接受生命的检视，我们的回应不仅体现在言语和冥想中，还要贯穿我们的行为举止。生命的终极意义是担起责任，找寻难题的答案，并且完成生命为每个人设定的任务。个人现实和理想之间存在一定的距离，存在张力，既有向前进的动力，又有向后拉的阻力，这是规律中的必然，但同时会带来暂时的痛苦和迷茫。人人都有潜能，而能激发出来的只有极少数。20 世纪 90 年代初期，美国著名自行车运动员兰斯·阿姆斯特朗已经成为国内顶尖选手，但是在 1996 年他诊断出患有癌症，并已扩散到脑部和肺部。医生诊断康复的可能性几乎为零。然而，自 1999 年起，他连续七年获得环法自行车大赛总冠军，因为他找到了战胜病魔的武器，寻找到了人生的意义。改变是自上而下的，使命感是我们的火种、我们的动力。只有我们真正认识到人生的意义，承担人生的使命，勇做自己人生的船长，才会树立坚定的价值观，不再抱怨风浪，不再抱怨苦难。因为没有人生方向，即便长时间工作也依旧懒散。追寻人生的目标，会加速带来专注、目标感、激情和恒心。萧伯纳指出，生命中真正的喜悦，源自当你为一个自己认为至高无上的目标，献上无限心力的时候。它是一种自然的、发自内心的强大力量。管理学大师德鲁克曾经举过一个 80 岁音乐家的例子，他说这位音乐家带给他的震撼是，年过八十仍然要重塑人生，创作出一生中最好的音乐。因为音乐家要成就他的终极目标，并让人们认可他。追寻自己的人生方向，并朝着目标前进，往往能发挥人们无限的潜力。

二、寻找目标

在生涯战略中目标和行动是两个关键词，紧紧围绕目标落实行动，通过行动实现目标，为今后的生涯设定目标、明晰大体的发展方向。通过专业的定向，我们研究了大致的就业方向和能从事的有关职业，我们可以尝试制订行动计划。掌握制定目标和措施落实的方法，并综合以上方法制订行动计划，在此基础上完成自己的生涯规划。

延伸阅读 8-1
人生就像是一个不能回到起点的旅程

其实，这不是巧合，而是隐藏在故事里的内在逻辑，都有一张大同小异的相似面孔。我们的人生有其中的逻辑，我们今后就是去探索、发现，然后坚定地去实现。有人说“人生如戏，戏如人生”，有时真实的人生比戏剧、电影及小说更加精彩，更加动人心魄。就让我们为理想奋斗，活出一个无愧于新时代的酣畅淋漓的人生。

【课堂活动 8-2】

精彩的人生中，我是哪一种

【活动目标】

放飞你的思想，可以涉及古今中外，回忆你所读、所看过的小说文学、电影电视等历史和现代名人故事，写下五种感动你的人生或者职业。

【活动要求】

在每个人生或职业后面注明感动你的原因，找出关键词和共同点，并思考现实世界中体现以上特点的职业是什么。

三、选定方向

首先我们来看一个故事。

新生活是从选定方向开始

非洲撒哈拉大沙漠中有一个叫作比塞尔的村庄，它地处一块绿洲旁边，被誉为沙漠中的一颗明珠，如今每年都有数以万计的旅游者来到这儿观光游览。可当初若不是肯·莱文从这里走了出去，并把它介绍给世人，恐怕这里至今还不为人们所知。

因为在此之前，这儿的人没有一个走出过大漠。据说不是他们不愿离开这块贫瘠的土地，而是尝试过很多次都没有走出去。所以，人们就认为，这儿根本就走不出去，也就没有人再去尝试了。

英国皇家学院院士肯·莱文来到这里的时候，听到别人这么说，当然不相信，因为自己既然走得进来，就一定可以走出去。他用手语向这儿的人询问原因，结果每个人的回答都一样：从这儿无论向哪个方向走，最后肯定还是转回原来出发的那个地方。

为了证实这种说法，肯·莱文做了一次试验，从比塞尔村向北走，结果3天就走了出去。但是，比塞尔人为什么就祖祖辈辈走不出来呢？肯·莱文非常纳闷，最后他雇了一个比塞尔人，让他带路，看看到底是为什么。他们带了足够半个月吃喝的水和干粮，牵了两峰骆驼，就上路了。肯·莱文这回没有带指南针等现代设备，只是拄了一根木棍跟在那个比塞尔人的后面。

10天过去了，他们走了大约800英里的路程。在第11天的早晨，他们果然又回到了比塞尔。这一次肯·莱文才终于明白：比塞尔人之所以走不出大漠，是因为他们根本就不认识北极星！

在一望无际的沙漠里，一个人如果只凭着感觉往前走，只能走出许多大小不一的圆圈，最后的足迹十有八九是一个跑道的形状。由于比塞尔位于浩瀚的沙漠中间，方圆上千公里没有一点参照物，如果不认识北极星又没有指南针，想走出沙漠，确实是不可能的。

肯·莱文在离开比塞尔时，带走了一位叫阿古特尔的青年，就是上次他雇用的那个比塞尔人。他告诉这个青年，只要你白天休息，夜晚朝着北面那颗最亮的星星走，就能走出沙漠。阿古特尔照着去做，3 天之后果然来到了大漠的边缘。阿古特尔因此成为比塞尔的开拓者，他的铜像被竖在小城的中央，铜像的底座上刻着一行字："新生活是从选定方向开始的。"

(资料来源：卡洛琳·李. 剑桥家训[M]. 南京：江苏文艺出版社，2008)

从上述的例子中，我们可以看到确立目标的重要性。在现实中具有明确人生目标的人不多，就像敢于探索的非洲青年阿古特尔一样，有时属于少数。但是，在人生的旅途中，我们每一个人都是航行中的船舶，如果有目标，虽然航行的轨迹是曲折的，但最终会达到理想的彼岸；如果没有目标，就像惊涛骇浪中的孤舟一样，四处漂泊，终生担心被各种风浪打碎。在职业生涯中及时确立方向，选准人生目标，需要大量的艰苦的实践和探索。苦尽甘来，这更体现出人生目标的珍贵。选择人生目标，就是选择生活方式。不妨我们也多问自己些问题吧。比如问自己：我想要什么？我想帮助的人是谁？我要成为什么人？我想做什么？我要拥有什么？

【课堂活动 8-3】

填写目标活动表

我已经得到哪些(价值观、技能、兴趣)：________________

我的定位在哪里(结合个人的兴趣、技能、需要等，运用学到的工具进行定位)：

____

我要去哪里：________________

环境允许或支持我干什么：________________

我采取哪些具体行动：________________

有关的时间节点是什么：________________

我的终极目标是什么：________________

我的长期目标：________________

我的中期目标：________________

我的近期目标：________________

我如何评估已经达到的目标：________________

我应该找哪些人来谈论自己的职业目标，能够支持我的人有哪些：________

【课堂活动 8-4】

生涯榜样的力量

你欣赏的理想的榜样是什么样的？他(她)是________________

____

如果一时想不出自己的榜样，可以采取以下的转换。

你最不能接受的生活是：不能________________________________

而要________________________________

你最不能接受的工作是：不能________________________________

而要________________________________

你最不能接受的人是：不能________________________________

而要________________________________

用五个词概括他们的特点：________________________________

你自己具有哪些相同的特点：________________________________

哪些是你想今后发展的品质：________________________________

四、生涯人物访谈

我们可以在自己喜欢的职业中寻找榜样去学习，开始的时候去模仿、学习，最终成为自己想成为的人。生涯人物访谈，是一种非常有效的沟通方式。

(一) 生涯人物访谈准备

我们了解到职业信息的获取有多种途径，比如获取静态、动态资料，参与真实或模拟情境，如生涯人物访谈法。生涯人物访谈的优势就是可以发现在该行业或企业工作的真实情况。为了保证访谈的效果，应该做好准备。

1. 访谈对象。选择 3 名在某个领域工作 5 年以上的骨干或主管等有较好发展的人物。因为这些人物有可能成为你未来的榜样。

2. 访谈方式。由于科技发展所带来通信的便利，访谈双方可以相隔千里，使用视频的方式进行访谈，效果比电话访谈好，而当面访谈的效果最好。

3. 访谈时间。为了保证访谈效果，节约受访者的宝贵时间，可以在访谈开始做个简单的自我介绍，以有利于相互深入的了解。访谈时间通常在 30 分钟为宜，所以要设计合理的访谈提纲。

(二) 生涯人物访谈提纲

(1) 您(访谈对象)的姓名、单位、行业、职务等基本信息。

(2) 您是如何找到这份工作的？

(3) 就您的工作而言，您最喜欢什么？最不喜欢什么？

(4) 本职业需要什么样的人？

(5) 本职业需要的知识、技能等是什么？

(6) 需要什么样的教育和培训呢？需要具有哪些资质或者证书？

(7) 在行业内，先从什么样的工作岗位做起？

(8) 您的工作职责是什么？

(9) 在工作方面，您每天都做些什么？

(10) 您工作环境如何？工作强度大吗？作息时间是否规律？

(11) 工作以来主要成就是什么？在哪些方面感到有成就感？

(12) 在这个职位上，如果想获得成功最重要的能力是什么？

(13) 目前距离单位要求还有差距的能力有哪些？如何去改善？

(14) 您认为什么样的个人品质、性格对做好这份工作来讲是重要的？

(15) 行业内，单位对刚进入该领域工作的员工一般会提供哪些培训？

(16) 工作和行动的自由度如何？

(17) 学校中的哪些课程对这个行业比较有帮助？

(18) 在您的工作领域里初级职位和高级别职位的薪酬水平如何？

(19) 您所在领域的职业生涯发展的通道是什么？能提供什么建议吗？

(20) 您如何看待本职业未来的发展前景？

(21) 将来本职业发展的不利因素有哪些？

(22) 这个行业是否有季节性或地理位置的限制？

(23) 有哪些渠道能帮助我深入了解这个领域？

(24) 您的熟人中有谁能够成为我下次采访的对象吗？

(25) 根据您对我的教育背景、经历和工作能力的了解，您能给我提供什么建议吗？能够让我对职业有更深入的了解。

延伸阅读 8-2
一名历史教师的访谈

第三节　制定自己的个人战略规划

当看清自己的职业目标，就可以集中主要力量去实现目标。利用好有限的人力资源和财力资源，对实现有困难的目标可以调动自己的正能量、自制力、意志力去战胜一个个挑战；可以根据事情的轻重缓急，安排工作和生活方式；有目标可以避免我们彷徨若失和无谓地消磨时光，把握现在，过有意义的生活。

我们在寻找职业目标时会遇到障碍，这些障碍不仅考验我们的意志，同时也带来不同一般的感受和克服困难后的喜悦。

一、生涯障碍解析

(1) 不适合自己的职业生涯目标。如果我们不探索自己的内心寻求，不按照价值观去追寻目标，对目标中的任务索然无趣，不具备实现目标所要求的能力，设想一下，即使实现了这个目标又有何意义？米开朗基罗创作出名作《大卫》后，有人问他创作的秘诀，他说：“其实人人心中都有一个大卫，只是我把多余的地方去掉了。”价值观是我们人生之船的罗盘，只有遵循心中的价值观，才能把握人生之船的航向。

(2) 忽略当下的学涯和职业生涯目标。目标再远大、美好，与当下的努力是密不可分的。然而，有些目标短浅的人，往往“这山看着那山高”，或者看不上现在的专业和工作。即便以后不从事现在的专业学习和工作，当下也要努力学习和工作，因为它所带来的好处是多方面的。把握当下，尽快采取行动是重要的。

(3) 不考虑生活方式的职业生涯目标。有人把职业看成人生的全部，全部身心都投入到工作中去，享受工作带来的成就和喜悦，所以在选择职业目标时，并不考虑对自身的生活方式会带来怎样的影响。然而，在人的一生各个阶段中，工作与家庭成员及其业余时间的生活是密切相关的，寻求一个平衡点，予以重视是很必要的。

(4) 模糊的职业生涯目标。职业生涯目标应该是具体明确的。有人说：“我要做自己感兴趣的工作。”如果能具体指出你最喜欢哪些活动(例如喜欢与客户交流、喜欢频繁地出差、喜欢心无旁骛地干统计数据工作等)，可能更有意义。要判断一个目标是否足够具体，最有效的方法就是看它能否提供充分的信息来有效地指导你的行动。

(5) 只考虑目标而不顾其他。《80 天环游世界》的主人公霍格，在时间非常紧张的情况下，度过了一个有趣的旅程，在旅途中注意收集不利的信息，及时调整自己的行动计划，克服了重重阻碍，同时享受了旅途带来的喜悦。有这样一个故事，有三个建筑工人参与修建一座宏伟的建筑，有记者问他们：你们在干什么？工人甲回答：我在干一件受累的活，太痛苦了。工人乙回答：我很喜欢砌墙的工作，可以展示我高超的技艺。工人丙回答：我在建造伟大的建筑，我喜欢这份能实现我远大理想的事业，享受实现带来的巅峰体验。这个故事告诉我们：做自己认为有意义的事情，能够体会到工作的快乐，进而实现人生价值。在我们工作过程中，不妨停下来重新审视一下目标实现能否给自己带来快乐、满意、成就感，同时也问问自己它们是否给自己的生活造成了负面的影响。

(6) 面对挑战，选择躲避。霍格选择 80 天环游世界，在当时看来是不切合实际的做法，甚至是一时的冲动，随着行程的延伸，可以看到霍格是在深思熟虑的基础上做出这一风险决定的。富有挑战的目标和根本无法实现的目标之间仅有一条界线之隔。对内需要深入了解自己已有的才干，培养自己的能力，迎接旅途中的挑战。对外部世界要有充分分析。霍格对行程中使用的各种交通工具进行了认真的准备，培养了技能，能开火车、轮船，精于搏击，擅长使用各种武器，行前研究地图选择路线。喜欢阅读报纸，对各地的路况了如指掌，对交通工具轮船、火车的时间表烂熟于心。霍格是一个成熟稳重的绅士，面对危险的事情有强大的心理素质。

(7) 没有调整的职业生涯目标。职业生涯是变化发展的，如果突然遇到机缘，要果断地抓住机会。比如说你一直对某种运动项目感兴趣，在业余时间不断练习，并遍访名师、名教练指导。假如某天国家队教练突然邀请你参加奥运会，去争夺世界冠军，这个机会你要抓紧抓住，不要让它从指间溜走。技术进步和产业结构的变化又催生了很多新的职业生涯机会，这就要求人们不断修正自己的职业目标，保持终身学习的态度。

【课堂活动 8-5】

你认为好的生涯目标是什么

你认为好的生涯目标是什么？“活少，钱多，离家近，有培训机会，老板对我像亲人，有假期带薪游玩，等等”，是好的生涯目标吗？你的依据是什么？你的生涯目标是什么？为什么？请大家讨论一下。

二、追求理想的人生

康德在《实践与理性批判》中，将价值动力诠释为“灵魂的驱动力”。许多中学生将考上理想的大学作为目标，进入大学后，感觉一下子失去了目标，因此失去了内在的驱动力。亚里士多德说过，人是一种寻找目标的动物，他生活的意义仅仅在于是否正在寻找和追求自己的目标。一个人的梦想往往是其遥远的目标。理想就是经过努力，可以实现的梦想。理想与现实有距离，正因为距离才能产生实现理想的动力，也正因为理想和现实的差距，才能产生张力，促使自己克服阻碍，实现自我。正如当代诗人流沙河吟诵的诗句：理想使你微笑地观察着生活；理想使你倔强地反抗着命运；理想使你忘记鬓发早白；理想使你头白仍然天真。在人生目标中，职业目标处于核心地位，贯穿人生的重要历程。然而人生赋予我们多重角色，我们要学会平衡这些角色。

三、设定生涯目标

设立生涯目标可以依据 SMART 原则，即目标应是“具体的、可衡量的、可实现的、有意义的、有时间限定的”。

(1) S(specific，具体的，明确的)：制定的目标必须明确，有指示清晰、易于确定的标准。例如，我要在大四上学期达到英语六级优秀水平。

(2) M(measurable，可衡量的)：目标应具备可衡量标准，通过确定标准来评判目标是否实现。例如，为了达到英语六级优秀水平，每天早上听英语听力一个小时。

(3) A(attainable，可实现的但有挑战性)：目标应符合实际情况，是个人可以通过努力实现的。过高的目标会给人带来巨大压力。例如，一个没有任何足球基础的大三男生，计划一年后，参加世界杯足球决赛，这基本上难以实现。争取在一个月内将求职简历递交到国内一家大公司，努力争取面试机会，就可以实现到，同时具有一定的挑战性。

(4) R(relevant，有意义的)：即实现目标后能够带来成就感，带来价值体验，相反如果没有达到目标就会有所损失。例如，没有按照计划在一个月内完成生涯规划书，就会取消旅游。

(5) T(time-bound，有时间限定的)：确认投入多少时间和在什么时间内完成，以近期、中期、远期设立目标，有计划、分步骤地完成工作任务，避免所有工作积攒到最后关头，突击完成，这是大学生应该重点关注的问题。

四、确定自己的生涯发展战略

下面介绍一个分析自己的工具，即 SWOT 分析法。SWOT 分析法最早是由哈佛商学院的 K. J. 安德鲁斯教授于 1971 年在其《公司战略概念》一书中提出的，是英文单词

strengths(优势)、weaknesses(劣势)、opportunities(机会)、threats(威胁)的缩写。SWOT 分析法通常是企业战略制定的重要决策工具。安德鲁斯把面临竞争的企业所处的环境分为内部环境和外部环境，其中内部环境分析包括企业的优势分析和劣势分析，而外部环境分析则包括企业面临的机会分析和威胁分析。SWOT 分析法常被个体作为生涯规划决策分析方法使用，用以分析个体的技能、喜好和职业，分析个人的优势和弱势在哪里，评估出自己所感兴趣的不同职业，分析外部环境的机会和威胁所在。在 SWOT 分析模型中，我们可以清楚地看到自己的竞争力和发展机会，从而制定出恰当的生涯目标，同时还能清晰地认识到自己的不足和外在的威胁，从而为自己的决策提供依据。

个体在进行 SWOT 分析时，常使用关键提问法，即连续不断地向自己提问，从答案中进一步了解自己，逐步确定外在环境的机会和威胁：我最有希望的前景在哪里？我专业领域中最先进的知识技术是什么？我是否尽力朝它靠近？采取什么措施最接近目标？什么样的培训能够让我增加更多的就业机会？硕士能否增加我的竞争优势？新技术应用和市场的变化、政府的重大政策、人们生活方式的变化是否会给我带来机会？

我们可以通过表 8-1 所示的 SWOT 矩阵分析表对自身的优劣势、机会、威胁进行分析。

表 8-1 SWOT 矩阵分析表

	优势(strengths)	劣势(weaknesses)
机会(opportunities)	S-O 战略	W-O 战略
威胁(threats)	S-T 战略	W-T 战略

SWOT 的 4 个象限确定了对应的战略，提供了不同的视野，可以帮助我们明确目标。

- S-O 象限：采用 S-O 战略，该象限的主要目标是利用核心优势，积极寻求最佳机遇。
- S-T 象限：采用 S-T 战略，该象限的主要目标是利用优势，主动消除和减少所面临的威胁。
- W-O 象限：采用 W-O 战略，该象限的主要目标是通过抓住机会，利用机会来遏止劣势(或让优势更突出)。你可以据此制订一个长期改进计划。
- W-T 象限：采用 W-T 战略，该象限的主要目标是减轻或避免由劣势产生的威胁。你可以通过劣势消除逐步转化为优势，或者提前降低威胁的可能性和后果的严重性。

五、目标的分解与行动措施的制定

42.195 千米，你敢挑战吗？

1984 年，在东京马拉松国际邀请赛以及两年后意大利国际马拉松邀请赛上，名不见经传的日本选手山田本一出人意料地获得了世界冠军，引起众多的猜测。马拉松是一项极为考验耐力和体力的运动，山田本一取胜的秘诀到底是什么？

十年后，这个谜底被揭开了，山田本一在他的自传中叙述：“每次比赛之前，我都要乘车把比赛线路仔细观察一遍，并把沿途比较醒目的标志画下来，比如第一个标志是银行，第二个标志是一棵大树，第三个标志是一座红房子，这样一直画到比赛的终点。比赛开始后，我就用百米冲刺的速度向第一个目标冲去，等到达第一个目标，我又用同样的速度向第二个目标冲去。四十几千米的赛程，就被我分解成这么几个小目标轻松地跑完了。但是在刚开始跑马拉松的时候，我并不明白这个道理，我把目标定在四十几千米远的终点线上的那面旗帜上，结果跑到几十千米的时候就疲惫不堪。我被前面那段遥远的路程给吓到了。”

根据这个真实的事例，我们可以得到许多的启示。正如亚伦·勒凯斯指出，“计划就是先将未来摆放在面前，然后现在就为它做些事情。”以终为始，现在做的事情，就是朝着目标努力，不断地接近它。

列宁说过，要向大的目标走去，就得从小的目标开始。设立目标的时候，你也必须考虑什么时候实现这些目标。如果不对目标设立实现期限，那么你的计划就没有价值。你所设立的目标应该是：

- 短期的(1 年内要完成)。
- 中期的(2～5 年内要完成)。
- 长期的(6～10 年内要完成)。

举例来说，如果一名大三的学生设想 5 年后成为一名大律师事务所的专业律师。那么，将这个目标倒推，四年后一定要和一家大律师事务所签合约，两年后获得律师的初级职位，一年后争取拿到实习资格。这样，半年后就应该寻求实习机会。因此，这个学期就要开始联系实习，写出简历，寻找相关的机会，搜集相关的信息。

实现大目标，要有具体的行动计划来实现子目标。行动计划必须非常具体，包括把目标变成行动的具体时间。对短期目标来说，你的行动应该是可以马上开始。长期规划要有方向，中期计划要考虑生活的因素，做到平衡自己的各方面，做到不因学习或工作过度影响生活。近期的计划应为非常具体的行动计划。

讨论与思考

1. 生涯访谈演练。寻找你不熟悉的三个人组成小组，每人分别扮演来访者、受访者、观察者，按照本章生涯人物访谈的要求进行演练，每人演练 30 分钟访谈，然后反馈 5 分钟，观察者做好记录。受访者要提前对自己扮演的职业角色按照访谈提纲做好准备。

2. 学会运用 SMART 方法，制定一个短期的个人职业生涯规划，包括三个步骤：①选择目标(可以是学习的、锻炼身体的)。②设立目标(给每个目标设立子目标，注意可衡量)。③制订行动计划(行动必须立即开始)。

3. 运用所学的职业定位理论和模型，按照职业定位、目标设定和通道设计(行动计划)的步骤，形成自己的分析报告。对照之前自己对该职业的认识进行比较，找出主观认识与现实之间的偏差，确定自己是否适合这一行业、职业和工作环境，是否具备所需能力、知识与品质。

第九章 专业认知与职业规划

本章深入探究新时代下高校人才培养中专业认知与职业生涯规划的深层次互促机制，帮助学生更加清晰地了解国家的基本国情、发展态势和综合国力，贯彻落实人才强国战略。融合专业教育、生涯教育与职业规划体系，基于行业背景、社会需求、专业典范，理解专业认知在职业生涯规划中的重要范畴意义；根据不同性质专业实例分析，探究专业认知与职业生涯相互关系；剖析专业与专业对应的职业群、职业素质要求、相关专业转型的问题，引导学生制定以专业为基础导向的个人职业规划。通过本章的学习，读者应了解和掌握以下内容：

(1) 了解高校人才培养模式下专业认知与职业生涯的内在关系。

(2) 了解专业就业和非专业就业所需具备和考虑的方面，以及如何发现并匹配专业对应的职业群。

(3) 掌握如何根据自己的专业和专业认知定制以专业为基础的个人职业生涯规划。

案例导入

你有过这样的困惑吗

转专业通知下发后，多名大一学生称对自己的专业不满意，纷纷提出转专业要求，在申请转专业者中，很多人是按照第一志愿录取。有的学生是刚从录取的专业转出，立刻又向校方要求转回原来的专业，理由是“没有考虑清楚就办了转专业手续，转出后又有些后悔，觉得还是原来的专业好”。

张毅所学的专业是行政管理，马上面临毕业找工作了，他不知道这个专业是否有前途，不知道应从何做起。自己应该从事专业相关方面的理论研究工作，还是从事其他相关的职业？这些招聘信息应该到哪里找？是到北京、上海、广州这样的一线城市工作好，还是到二线、三线城市工作好呢？

李波是历史与文化产业学院历史学专业大二学生，由于高考发挥失常，没能进入理想的大学和专业，目前就读专业为调剂，李波对专业谈不上喜欢，过去一年多的学习成绩一般，个别课程勉强及格，所以也不符合学校转专业的相关要求。他表示上了大学发现目标没了，他不想像有些学长学姐说的毕业的时候都不知道自己要找一个什么样的工作。

李静文是水利与环境学院水文与水资源工程专业二年级学生，她很喜欢这个专业，但不知道毕业后除了做中学老师，党政机关、水利管理和研究之外，还有什么工作可以选择。而且这些相关职业的具体情况如何，需要什么技能和资格证书，她也不是很清楚，希望老师能够告诉她。

王琼是市场营销专业大四的学生，为让自己大学毕业后找工作心理更加自信，两年时间考取了各类职业资格证 9 个。他考的第一个证书是助理人力资源管理师，之后，他又相继考取了 Photoshop 软件证书、心理咨询师资格证书、会计从业资格证书、物流营销师资格证书、银行从业风险管理资格证等 8 个职业资格证书，培训加报名费用近 5000 元。他现在即将毕业，不知道这些证书在他的求职过程中有没有用，哪些证书对自己专业来说所占权重更大？

(资料来源：作者教学案例)

你是否也遇到过类似的问题呢？随着国家对高等教育和高校学生就业的重视，专业知识学习与就业之间的密切关系显得尤为重要。本章主要介绍专业认知与职业规划的相关知识，增强个人能力，融入国家发展，助力高校大学生成功就业。

高校学生培养专业认知意识，能够提高对自己生涯规划的更好认知。就业与专业有着内在密不可分的关系，通过了解专业、专业与专业对应的职业群，可以在就业道路上更加游刃有余。

第一节　理论概述

专业和专业认知是本章节学习的基础，只有全面了解专业和专业认知的概念定义，才能更好地将专业认知与职业群、职业素养要求、专业培养规划联系起来，以制定合理的生涯规划。

一、专业

专业指高等学校(含研究生培养单位)和中等专业学校根据社会分工或生产部门的分工需要而在一个系里划分的学业门类。专业也是指人类社会科学技术进步、生活生产实践中，用来描述职业生涯某一阶段、某一人群为谋生而长时期从事的具体业务作业规范。

从广义角度看，专业具有不同于其他职业的一些特定的劳动特点。因此，任何一种职业都是一种专业，都有其他职业无法替代的某种特质。狭义的专业，主要指某些特定的社会职业。这些职业的从业人员从事的是比较高级、复杂、专门化程度较高的脑力劳动，因而也是必须经过专门教育训练获得专门知识和能力才能胜任的劳动。一般人所理解的专业，大多就是指这类特定的职业。所谓特指的专业，即高等学校中的专业，它是依据确定的培养目标设置于高等学校(及相应的教育机构)的基本教育单位或教育基本组织形式。专业化是现代高等教育的重要特色，专业是高等学校开展教育和学科建设的依据。

高等学校(及相应的教育机构)的专业是社会分工、学科知识和教育结构三位一体的组织形态，其中，社会分工是专业存在的基础，学科知识是专业的内核，教育结构是专业的表现形式。三者缺一不可，共同构成高校人才培养的基本单位。

(一) 专业构成要素

专业的构成要素主要包括专业培养目标、课程体系和专业人员。培养目标是指专业活动的意义表达。课程体系是社会职业需要与学科知识体系相结合的产物，是专业活动的内容和结构。课程体系的合理设置与否、质量高低、实施效果好坏，直接影响人才培养目标的实现状况。专业人员主要包括教育者和受教育者，没有“人”的介入，专业活动不可能完成。专业的目标是为社会培养各级各类专门人才。专业设置是人才培养规格的标志，主要以学科为主进行划分。专业从根本上受社会需求发展变化的制约。

(二) 专业能力内容

专业能力包括两个方面：一方面是专业知识，另一方面是专业操作技能。专业知识是基础，它是专业能力发展的重要推动器，而且专业能力形成和提高的重要渠道之一就是理解和掌握有关专业知识。专业操作技能是在专业知识基础之上而形成的能力，是指步入职场之后表现的任职资格能力，它是将理论联系实际而衍伸出来的实在性的操作。

专业能力的培养，是需要共性培养的过程。较好的专业能力的培养，需要培养良好的学习态度和学习方法，需要进行基本专业知识的学习，需要培养思维方式与能力，需要培养动手操作的实践能力，需要培养发现、分析、研究、解决问题的能力。

【案例 9-1】

王小蒙像许多大学生一样，在高考填报志愿选择专业的时候是懵懵懂懂的，不知道该选什么专业。父母让她选啥就选啥，根本不了解自己真正喜欢什么，后来，她听从了父母的意见，选了“女孩比较适合”的外语专业。她对自己所学的专业谈不上非常喜欢，但也不是特别讨厌。她很在意别人的看法，如她所学的专业是否有前途、其他专业怎样好，等等。每当这时候，她都会陷入迷茫与困惑，疑惑所学专业究竟是否适合自己，不知道什么样的职业才是自己最喜欢的。

张亮则为他的兴趣太多而苦恼。他的兴趣十分广泛：从小到大，他学过武术、绘画、唱歌，打乒乓球，收集过邮票，研究过昆虫……在某些方面还得过奖。可就是没长性，过不了多久就放弃了。面对职业选择时，他想知道到底什么是自己真正的兴趣。

刘凡，当一名播音员是他的梦想，可父母认为他学电脑做精英才有前途。他目前在某大学的计算机专业读大二，原来有说有笑的他，现在却整天郁郁寡欢。无论自己怎么努力，都没法喜欢数学、计算机这些理论性很强的课程，因此学起来有些吃力。想换专业又很难实现，对自己也有些失去信心了。

(资料来源：济南大学生涯工作室 2018 年部分来访学生真实案例)

上述三位学生的经历在当今的大学生中并不少见，有的人觉得自己的兴趣十分模糊，有的人兴趣又过于广泛，还有的人兴趣明确却因为种种原因进入了一个与兴趣不相符合的专业。他们都对此感到苦恼，想要知道怎样才能将自己的兴趣与未来的职业结合起来。更重要的是，怎样正确地认识自己，了解自己的兴趣，并将它与自己的专业和职业结合，这是当代大学生普遍面临的问题。

大学生应该选择与他们的价值观、兴趣和技能相关的领域作为自己的专业，因为这样可以取得最佳学业成就(如分数)。一般来说，较好的成绩能使自己将来有更多的选择机会。除了完成专业学位的要求外，还可以通过做其他事情来提高自己的就业能力：通过实习、假期工作来增加工作经验，选择辅修的学习领域来平衡自己的专业，制作高质量的“个人简历”，与已经在你感兴趣的领域中工作的人建立网络联系，进行生涯访谈等。进入大学后，要主动学习专业知识，主动了解专业性质、专业能力要求、专业学习价值和专业前景。

有的学生对专业学习持怀疑态度，不喜欢这个专业怎么办？退学，重考？最终没有退学，那么就这么度过自己的大学？我们有以下三个选项可供参考：一是不知道自己喜欢什么，走一步说一步，混到毕业再说；二是知道自己喜欢的是什么，通过辅修双学位课程，或利用课余时间自学喜欢的专业知识；三是尽管不喜欢，但大学时光是自己的，把专业学习作为挑战，锻炼能力素质走过去。有时候，我们不给自己压力，强迫自己去学习、去行动，便发现不了自己有多优秀。所以，希望大家可以从选项二和选项三中发现自己的优秀，获得令自己无悔的人生。

二、专业认知

专业认知能力是指对专业的系统了解、接受、整合的能力。美国著名的教育心理学家布鲁纳认为：“学习任何一门学科的最终目的是构建学生良好的认知结构。”学生对所学专业的认知情况在很大程度上会影响其对专业的学习兴趣和创新能力的提高。培养学生专业认知能力，能够促使学生有目的、有计划、有组织、有系统地监控和调节自己的学习，培养学习的兴趣和积极性。专业认知能力同时又是一种能够提高学生社会适应性的主动策略，是学生专业学习的归宿。

专业认知教育必须与大学生的动态专业认知过程相适应,结合学生的需求设置合适的课程。各高校院系要对大学四年的有关教学环节进行一系列的改革和创新，适应学生从低级向高级发展的动态专业认知过程，从而有效提高学生的学习兴趣，指明学习方向，培养学生的专业意识和专业素养。例如：济南大学水利与环境学院通过对本学院水利、环境和地科三个专业的有关教学环节(入学教育、专业导论课程、学科讲座、课程设计、毕业实习和毕业设计等)进行了一系列的改革和实践，提高了学生对专业正确和全面的认知，更好地适应了理工科专业认知过程从低级向高级发展的动态阶段。

(一) 通识教育

通识教育是英文 general education 的译名，也有人把它译为“普通教育”“一般教育”

“通才教育”等。自19世纪初美国博德学院(Bowdoin College)的帕卡德(A. S. Parkard)教授第一次将它与大学教育联系起来后，有越来越多的人热衷于对它进行研究和讨论。通识教育是高等教育的组成部分，是所有大学生都应该接受的非专业性教育；通识教育旨在培养积极参与社会生活、有社会责任感、全面发展的社会的人和国家公民；通识教育是“非专业、非职业性的教育”；通识教育是对所有大学生的教育；通识教育是一种大学理念，即整个大学的办学思想；通识教育与自由教育同义，通识教育的实质就是对自由与人文传统的继承。总之，通识教育是一种广泛的、非专业性的、非功利性的基础知识、技能和态度的教育。

通识教育的性质决定了通识教育存在的合理性。而现今教育制度对通识教育的漠视及其所导致的一系列社会问题，越发表明了通识教育的必要性所在。通识教育重在“育”而非“教”，因为通识教育没有专业的硬性划分，它提供的选择是多样化的。而学生们通过多样化的选择，得到了自由的、顺其自然的成长。可以说，通识教育是一种人文教育，它超越功利性与实用性。之所以要以“大学问家、大思想家”为榜样，是因为他们身上有着独立人格与独立思考的可贵品质，而这正是通识教育的终极追求。教育不是车间里的生产流水线，制造出来的都是同一个模式、同一样的思维，而是开发、挖掘出不同个体身上的潜质与精神气质。通识教育是要“孕育”出真正的“人”，而非“产品”。

(二) 专业教育

专业教育是要求执业人员具有从业必备的专业学习背景，所在学校及所学专业的办学条件、课程设计、教学过程、教育质量都要达到一定的标准，才能培养出所谓接受过专业教育的人才，这里面存在专业评估和专业认证的问题。

专业教育传授专业知识和专业技能，是为学生将来的职业生涯做准备的教育。它一方面服务于学生成长成才的需求，帮助学生剖析“迷茫”长生的原因，授之以渔，教会学生通过科学的方法走出谜团；另一方面，引导学生满足国家对人才的需求，将价值塑造、知识传授和能力培养三者融为一体，点亮学生迷雾中的灯塔。

专业教育同样是当代社会所必需的。尽管过分专业化的教育也有弊端，尽管有人批评专业教育体现了职业主义、文凭主义和金钱主义的思想，带有严重的科学主义与工具主义的色彩，认为专业教育下的大学生比以前更加追求物质享受、缺乏理想主义，但是专业教育具有通识教育不具备的功能和意义，要承认专业教育的合理性与必需性。

受教育者作为一个现代社会的大学生，有掌握某种特定的谋生技能的需要，专业工作是任何一个现代高级人才的全部事业和生活中的主要部分。如果一个大学生不经过一定的专业训练，他就很难立足于社会。专业教育给了学生在一个不确定的职业世界里的生存能力，带来了经济的独立，而经济的独立正是理性、自由、心智探险的必备条件。因此，以做事为价值取向、注重实际、强调技能的专业教育，是大学生进入社会后维系生存的谋生之道，其重要性是不言而喻的。从我国现实实践看，实用性专业和院校成为报考热点，具有一技之长的学生比纯粹搞理论、学术研究的学生更受社会欢迎，也足以引起大学教育的反思。

因此，无论从社会还是个人的角度考察，专业教育都应该是高等教育工作的重点内容。

离开专业教育，人们将无法独立、自足地立足于社会，更谈不到个人的全面发展。离开以做事为价值取向的专业教育，以做人为价值取向的通识教育只能是坐而论道，是空洞的迂腐之论，也不可能为人们和社会所接受。

(三) 通识教育与专业教育的关系

通识教育和专业教育不是对立的，只是在学识的范围与程度上有一定的差异，二者是相对而言的。通识教育并不是完全没有专业教育，而专业教育也并不是完全没有通识教育，可谓“通”中有“专”，“专”中有“通”，两者相互融合、相互补充，是相辅相成的关系。因此，通识教育和专业教育相互促进，必须携手并进。

完整的大学教育离不开通识教育和专业教育，总的来说教育是做人与做事的统一。教育是一项极为复杂的工程，但无论教育多么复杂，内容如何包罗万象，总不外乎科学教育和人文教育两大类。实践证明，通识教育与专业教育结合，做人与做事的统一是大学教育的两大目标。通识教育与专业教育结合的优势如下。

(1) 有利于发挥大学的主体性，推动社会的健康发展。专业化的高等教育以目的合理性作为其合理性依据，不可避免地使大学丧失了其作为社会批评与社会分析的特殊职能，从而不能有效地促进社会健康发展。一般来讲，一个关注社会觉悟和科学智慧的社会，大学教育在其中一定承担着社会批评和社会分析的特殊职能。它能使社会始终具有自我批评的意识，从而对其遗产、成就和新发现不断进行检查和评鉴。大学为社会成员提供了获得知识、从事创造以及进行判断的能力，这对于不断改善社会制度以及为文化注入创造活力来说都具有非常重要的作用。高等教育的社会批评和导向作用是促进社会发展的基本动力之一。如果大学教育不能作为真正的、独立而不受影响的促进社会进步的力量，不能作为对社会进行批判性分析的工具，社会健康发展的动力势必会被大大削弱。而大学教育的这一功能必须根植于通识教育所奠定的文化基础。

(2) 有利于培养素养全面、具有创新能力的高级专门人才。过分专业化的教育使得学生的素质被束缚在某一狭窄的知识或技术领域内，进而在个人发展上受到困扰，困扰主要来自三方面：知识专业化困扰，学生的知识只限于狭窄的专业领域，在处理各种现实的复杂问题时经常为相关学科知识所困扰；能力困扰，每个专业都有经过前人的努力而形成的学术规范、专业文化，学生在分享专业理论、方法论、技术的同时，也造成了专业化的训练方式和教学过程造成人的天赋能力的片面发展，但社会的发展要求人具有多方面的能力；情趣专业化困扰，情趣专业化首先表现为把专业的学习和工作当作生活的全部内容，个性、情感、爱好上的单一将抑制人的活力和创造性的发挥。以上诸多困扰的存在，使得社会培养出更多“单向度的人”，进而影响社会的发展。现代社会要求人们具有基本的文化、道德、情感、体力素质，也要具有一定的专业特长，否则将无法独立、自足地立足于社会。只有通专结合，才最有利于学生的身心发展，才能最大限度地接近教育的最终目的——人的全面发展。

第二节　专业与职业生涯

专业和专业认知对高校大学生制定好职业规划起着至关重要的作用，专业是基础，专业认知是后天习得的习惯性和本能认知。若想规划好自己的大学生涯，对专业和专业认知的了解必不可少。

一、专业分类

(一) 学科分类

《普通高等学校本科专业目录(2022 年)》是高等教育工作的基本指导性文件之一。它规定专业划分、名称及所属门类，是设置和调整专业、实施人才培养、安排招生、授予学位、指导就业、进行教育统计和人才需求预测等工作的重要依据，分设哲学、经济学、法学、教育学、文学、历史学、理学、工学、农学、医学、管理学、艺术学 12 个学科门类；分为基本专业(506 种)和特设专业(286 种)，并确定了 65 种专业为国家控制布点专业。

学科门下设一级学科，共有 110 个一级学科(不含军事学)，一级学科下设二级学科，共有 375 个二级学科。哲学门类下设专业类 1 个，4 种专业；经济学门类下设专业类 4 个，26 种专业；法学门类下设专业类 6 个，52 种专业；教育学门类下设专业类 2 个，29 种专业；文学门类下设专业类 3 个，124 种专业；历史学门类下设专业类 1 个，9 种专业；理学门类下设专业类 12 个，50 种专业；工学门类下设专业类 32 个，265 种专业；农学门类下设专业类 7 个，47 种专业；医学门类下设专业类 11 个，62 种专业；管理学门类下设专业类 9 个，68 种专业；艺术学门类下设专业类 5 个，56 种专业。

(二) 行业环境分析

行业是指从事相同性质经济活动的所有单位集合。行业的整体发展状况会直接影响到个体的职业发展，大家进行职业生涯规划有必要对自己的目标行业进行全方位的解读，更好地了解职业世界。行业环境分析主要包括以下内容。

(1) 行业的内涵与外延。可以参考《中华人民共和国职业分类大典》的权威解释，了解整个行业的概况，并且熟悉行业内的细分领域有哪些，进而探索行业的全貌。

(2) 行业的现状及发展趋势。可以通过国家各级行业主管部门或者社会研究机构每年撰写的各种行业分析报告，了解行业现状和发展趋势；可以通过网络、图书或者听讲座等形式，了解该行业的发展优势和劣势，以及在国民经济发展中的地位，探索其未来的发展趋势。

(3) 行业规范、标准以及人才需求状况。行业的规范、标准代表了行业的人才准入门槛以及从业人员基本守则，分析并掌握了该行业的规范和标准，也为进入该行业铺平了道路。分析行业人才发展前景、人才培养目标、人才晋升路径、行业的人力资源需求状况及趋势，了解从事该行业需要具备的通用素质和从业资格，了解得越详细，个人的职业定位也就越清晰，职业规划也就越具有针对性。

(4) 行业的社会发展地位与社会声望。分析目前该行业的社会发展地位和整体社会声望情况，也是进行职业选择与规划的参考依据。对行业的评价向来都是仁者见仁、智者见智的，行业的社会声望也褒贬不一，我们应该端正自己的认识，不应随波逐流、人云亦云。

(5) 行业知名企业名录和行业代表人物。了解国内外最著名的业内公司，行业知名企业一般是该行业的缩影，代表了该行业的最高发展水平，因此了解行业的标杆企业是了解该行业的最好方法。了解行业的代表人物是了解行业的一个较好的手段。通过调研行业代表人物的先进事迹、成长经历，或者了解一般职员、部门职业的一天，可以加深对该行业的认识与了解。相反，了解行业反面典型的失败经历，也能够从侧面知道行业存在的风险和弊端，增强对行业的全面、真实、客观的认识。

【课堂活动 9-1】

基于自己的专业，选择感兴趣的一个行业，利用网络、调查、访谈等方法对行业环境进行分析。

二、专业与职业生涯的关系

许多学生对专业认知概念模糊，对专业课程也缺乏整体认知，进而导致职业规划意识弱，规划能力低，学习消极被动。其主要原因是不知道所选择的专业是什么、学什么、怎么学、做什么(就业规划)。

专业认知不足和职业规划导向不明确，是导致大学生专业学习信心不足，出现“学习适应困难”“学习动力不足”“学习适应不良”等问题的根本原因。清晰的专业认知和良好的职业规划能增强学生专业学习信心，明确专业学习目标，感知未来就业岗位，激发专业学习动力，掌握专业学习方法，科学规划自身发展。

实际上大学生选择专业，接受专业教育，不仅是学习专业知识、培养实践动手能力，更重要的是品德养成、思维方式的训练，以及由宏观到微观、由总体再到局部的宏阔思维能力的培养，良好的专业认知效果能达到这一目标。与此同时，在专业认知清晰的前提下，有针对性地进行专业认知基础上的职业规划，能让学生更清晰明确目标，找到达到最终目标过程中所必须解决困难的方法，少走弯路，最终实现更大、更快速的跨越式发展。

专业认知与职业规划相辅相成，互为基础、互为促进，如果二者能够有机结合，必将达到事半功倍的效果。因此，将专业认知与职业规划合二为一，设置成专业导论课，有助于大学生了解所学专业，培养专业兴趣，掌握专业课程的学习方法，规划自己的学业。

专业与职业生涯之间有着密切的联系，也存在着显著的区别。如果说，职业理想和就业目标是目的地，那么专业选择就是路线的主要内容。我们知道不同的职业需要不同的知识、技能及素质条件，而不同的知识和技能则是专业的主要内容。从经济和效率的角度来看，我们所选择的专业应该是职业目标所需要的知识和技能。然而从专业与职业的相关性来讲，它们并不都是一一对应的关系，而是呈现出一对一、一对多、多对多等非常复杂的相关关系。比如数控机床专业所对应的职业最适合的是数控机床的操作与维护，最后发展成为高级技师。同时又有些专业其职业方向比较宽泛，比如经济学专业的学生可以从事企业管理、经济学研究、新闻记者、营销策划、经济分析、高校教师等多种职业，而对于某一职业比如新闻记者，它可以接收经济学、新闻、中文、哲学、历史等许多专业的学生。因此我们在职业规划的时候，首先要研究和分析专业与职业的相关性。这里我们具体来讨论这三种情况的专业选择，如图 9-1、图 9-2、图 9-3 所示。

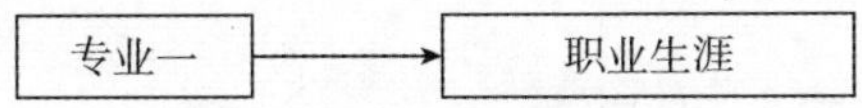

图 9-1 “一对一”模式

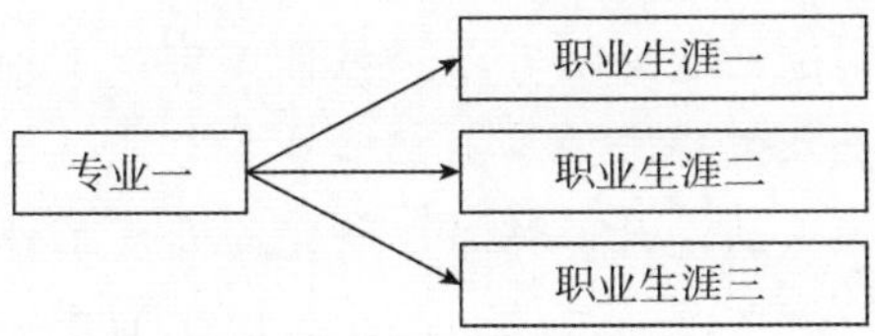

图 9-2 “一对多”模式

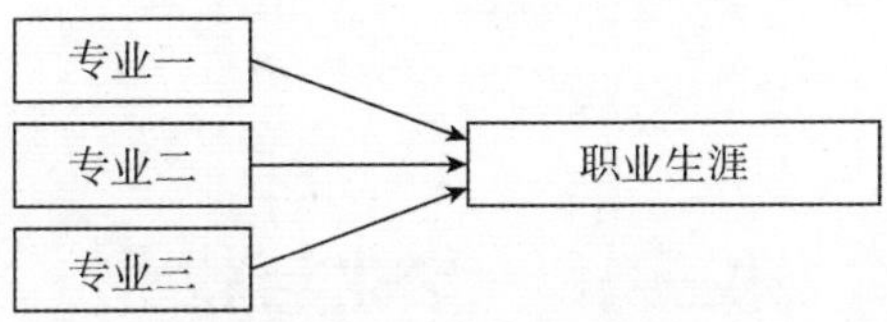

图 9-3 “多对一”模式

(1) 一对一：这种情况最为简单。一个专业方向对应一个职业目标，这类专业一般都存在于中职类学校或高职学院中，培养目标单一明确。此类职业的技术含量比较高，也比较单一，它属于学业规划中比较主动的一种态势。先定目标，后选路线，在各种路线中选择求学成本最低的一条，这类专业和职业一般都适合于专业技术人员。

(2) 一对多：这类专业一般存在于普通高校中，人们常说的“宽口径、厚基础”就是指这类专业，它们所对应的职业目标有多个。从职业的人格特征来看，许多专业都对应了两种以上甚至六种人格类型的职业。比如经济学专业，从职业人格来看，它可以对应研究型人格职业如经济学研究，也可以对应管理型人格职业如企业管理者或新闻记者，还可以对应艺术型人格职业如营销策划、事务型人格职业比如企业信息管理，等等。

(3) 多对一：就是多种专业都可以发展到某一种职业的情形。这类职业一般属于管理型人格的职业，如新闻记者、政府公务员、营销主管、企业管理等。这种类型适合于先确定职业目标后确定专业方向的情形。

一般而言，所学专业是择业的基础，专业提供的是某一学科领域的基础知识和技能，但职业是根据个人的兴趣、爱好、价值观、知识与综合能力、择业机会等因素决定的，“专业对口”的想法已逐渐过时。在当前的经济背景与就业压力下，“英才网联”就业研究中心特别推出“2010 年大学生就业心态调查”活动，调查显示，在就业压力之下，大多数毕业生首先解决的是生存问题，先就业后择业的比例占到 61%，在现实状况下，选择专业对口，喜欢的工作不容易，只能通过工作后慢慢寻找自己满意的工作岗位。从长远的发展趋势来看，随着高等教育的普及以及劳动力市场的快速变化，职业的变化会越来越频繁，未来职业与专业的关系会越来越远，知识的持续更新和终身学习将成为一种生活方式和社会发展的必然。

【课堂活动 9-2】

猜猜看——拓展专业认知思考

请同学们用头脑风暴列举出与自己专业相关的尽可能多的职业，并将所有联想到的职业都记录在纸上。

讨论：你从这个活动中得到了什么启发？

通过这个活动，同学们可以了解到一个专业涉及许多的人和职业，比如从科技研发到市场销售，从营销管理到产品制造，这说明专业和技能是可以变通转化的。因此，同一个专业可以从事很多的职业，比如土木工程专业毕业的学生，可以从事房屋建筑、地下结构、隧道桥梁、机场港口等土木工程领域的设计、施工、研究与开发工作，也可以从事相关行业的管理、咨询、监理、教育等与人打交道的工作。因此，同学们应全面认知自己的专业、了解和自己专业相关的职业有哪些。学习专业的目的只是帮助人更好地发展自己，绝不是限制人的发展。

第三节　专业与就业

就业是民生之本。现在很多大学毕业生，与其说是“就业困难”，不如说是“就业迷茫”，不知道自己应该从事什么样的工作。这是因为很多学生在初入大学时持有“大一大二先放松，大三大四再努力不迟”的心态，对自己未来的发展缺少科学的规划，混混沌沌在大学虚度几年，这往往成为他们面对就业压力时感到手足无措的一个重要原因。“机会垂青于有准备的头脑”，充分的准备是获得机会的前提和基础，大学生的职业准备也是一个连贯的过程，与四年的学习生活同步，贯穿于整个大学期间。因此，大学生了解自己所学的专业，培养对所学专业的兴趣，掌握扎实的专业知识和技能，有计划、分步骤地进行专业与职业发展规划，才能使自己的职业生涯赢在起跑线上。

一、专业与专业对应的职业群

专业是根据学科分类或者生产部门的分工把学业分成的门类。专业是依据社会经济发展、产业结构的变化及市场对人才的需求而设置的，是个人职业生涯发展的起点，也是个人实现职业理想的基础。

事实上，高等学校和大中专院校所设置的专业对应的并非一个固定的职业，而是一组职业，甚至是一组职业群。比如目前热门的计算机专业，学生毕业后既可以从事编程、网络维护等技术工作(职业兴趣为 RA 或 RI)，也可以从事技术支持(职业兴趣为 RS)、网络编辑(职业兴趣为 RI)、互联网企业管理(职业兴趣为 RE)等职业。再比如，机械工程专业的学生，根据不同的职业兴趣倾向及能力结构，毕业后既适合担任机械工程方面的设计工程师(职业兴趣为 RA 或 RI)、技术支持工程师(职业兴趣为 RS 或 SR)，也适合担任机械工程企业的销售人员(职业兴趣为 RE 或 ER)。具体从事哪种职业，一方面取决于自己的职业兴趣，另一方面取决于他们所具备的职业素质与能力。

在校期间进行专业学习，是为将来从事某一职业做准备的。每一个专业既可以对应一个职业，也可以对应一个职业群或几个相关的职业群，甚至对应一个或几个相关的行业。

专业与职业既有区别又有联系，专业为职业服务，职业对专业具有引领的作用。每一个专业都为若干相近的职业群提供必要的基础知识和基本技能。

在校学习期间，我们应该全面、正确地看待所学专业与职业群的对应关系，了解所学专业对应的职业群及其所需要的专业知识和技能，形成切实的职业理想和目标，加强专业学习和训练，做好步入社会的准备。

所学专业与从事的职业之间主要存在五种关系，如表 9-1 所示。

表 9-1　专业与职业的五种关系

关系	基本解释	特点	建议
专业包容职业	在专业领域内发展职业。一生的职业发展基本上限制在专业领域内	个人选择的职业与所修的专业高度一致	学精专业
专业为核心	以专业为核心发展职业。一生的职业以专业为核心，有较大的扩展	个人选择的职业与所修的专业一致，但职业发展明显超越专业领域	学好专业；选修与职业发展一致的课程
专业与职业部分重合	以专业为基础发展职业。一生的职业发展是在专业的基础上，有重点地沿某个方向	个人选择的职业与所修的专业部分一致。重点掌握某些专业技能的同时，注重其他专业技能的学习	学好专业；辅修其他喜欢的专业
专业与职业相关性低	一生的职业发展与专业基本无关或在专业边缘发展职业	个人选择的职业与所修的专业基本不一致	保证专业合格；辅修其他合适的专业，可做专业调整
专业与职业分离	一生的职业发展与专业完全无关	个人选择的职业与所修的专业很不符合	尽量调整专业；或辅修其他专业

在校大学生可以根据自己的职业目标(理想)，判断其与自己专业的关系，合理安排大学四年的学习内容(学业)，做好职业生涯规划，避免或少走弯路，使自己能够尽快走上职业发展道路。

二、职业素质要求

职业是指人们从事的有收入的、相对稳定的、专门类别的工作；是对人们的经济状况、文化水平、生活方式、行为模式与思想情操的综合反映；它是一个人的权利和义务，也是一个人社会地位的一般性表征。职业是人的社会角色的一个极为重要的方面。职业往往成为一个人最基本的符号与最主要的特征，反映了一个人的社会身份、社会地位与自身的文化、能力、素质水平等。

(一) 职业要求概述

职业要求是指特定职业对任职者的胜任特征的基本要求，主要包括对任职者所应具备的知识、能力、教育背景及工作经验、个性特征等进行分析，以获得职业规范的过程。职业要求的作用就是要回答这样一个问题“要想做好这项工作，任职者应该具备什么样的特征”。职业要求展示出什么样的人适合从事某项职业，它有利于有意从事此项职业的从业者及早着手进行培训或职业准备。

职业要求的意义在于使求职者、用人单位、科研工作者及职业指导工作者等不同人员更好地了解和认识相关的职业，有利于任职者进行职业生涯规划，有利于做到人与职的匹配。无论是个人还是组织，如果对职业要求和个人没有足够了解，就难以制定有效的职业生涯规划。职业要求还要有利于人员的招募与筛选，它通过对从业人员素质标准的规范，帮助招聘人员寻找并发现真正适合从事某项职业并能为组织做贡献的候选人，从而最大限度地提高人力资源的使用效率，降低人力资源的成本。

(二) 职业素质概述

各种新老职业对从业者职业素质的要求越来越高。培养和提高自己的职业素质，对职业院校学生职业生涯的成功有着重要的意义。

职业素质是指劳动者在具备一定的生理和心理条件的基础上，通过接受教育、劳动实践、自我修养等途径形成和发展起来的，在职业活动中发挥重要作用的内在基本品质。不同的职业对从业者所具备的专业知识和专业技能有着特定的要求。职业素质具有稳定性、整体性、发展性等特点。职业素质是一个有机的整体，一般来说，职业素质由思想政治素质、职业道德素质、科学文化素质、专业技能素质和身心素质五方面构成。

(1) 思想政治素质，是人们在政治上的信念或信仰，包括世界观、价值观。思想政治素质是职业素质的灵魂，它对其他素质起着统率作用，决定着其他素质的性质和方向。

(2) 职业道德素质，是劳动者在职业活动中通过教育和修养而形成的职业道德方面的状况和水平。它包括劳动者在职业活动中表现出来的职业态度、职业行为规范和职业道德修养等。

(3) 科学文化素质，是人们对自然、社会、文化知识等的认识和掌握的程度，具体包括科学精神、求知欲望和创新意识。

(4) 专业技能素质，是人们从事某种职业时，在专业知识和专业技能方面所表现出来的状况与水平，主要包括扎实的专业知识和熟练的专业技能两个方面。

(5) 身心素质包括身体素质和心理素质。身体素质是指人体各器官的机能状态。心理素质是指人的个性、心理品质的状态和水平，主要包括性格、能力、情感和意志品质等。

科技进步和信息技术的广泛应用加快了经济发展，加剧了市场竞争，使社会生活日趋多元化，也对从业者的知识技能提出了更高要求，“一专多能”已成为当前从业者综合职业素质的重要标志。

要提高职业素质，需加强职业道德修养，培养自己的敬业意识、责任意识和诚信意识；树立生命意识、发展意识和终身学习意识；要不断提高自身的专业技能，强化动手能力，以适应岗位的要求。同时要积极参加社会实践，在做中学、学中做，把做和学结合起来，提高自己在实践中运用专业知识的能力和综合素质。

(三) 把握职业优势

职业生涯设计中应把握关键因素——根据自己的长处决定终身职业。经过自我认知的探索和思考后，我们将对自己的兴趣、性格、价值观及能力等方面的长短处有所认识，扬长避短，按自身优势来进行职业生涯定位。

在职业生涯设计中，根据自身长处选择职业并“顺势而为”地将自己的优势发挥得淋漓尽致，就会事半功倍，如鱼得水。才干是一个人所具备的贯穿始终且能产生效益的感觉和行为模式，它是先天和早期形成的，一旦定型很难改变，无法培训。

职业生涯规划的前提是知道自身优势是什么，并将自己的生活、工作和事业发展都建立在这个优势之上，这样才能成功。一个人拥有优势的种类和数量并不重要，最重要的是知道自己的优势是什么。

成功者一般都了解自己的优势所在。但在现实生活中，一般人很难把握自己的优势是哪种类型。我们应该学会认知自我，了解自身的兴趣、性格、价值观和能力，并探索和发现自身的优势，学会用优势点亮未来成功之路。

(四) 非专业就业分析

对于大学生而言，首先关注的是自己所学专业与未来从事职业的关系。在明确自己的职业兴趣后，我们还需要了解自己毕业后希望从事的职业及用人单位对新员工的素质能力要求。不太喜欢本专业的学生，可根据自己希望从事的职业的任职要求来对照找到自己的差距，以此判断自己能否在未来几年通过努力满足那些要求。

不喜欢自己专业的学生可通过主动学习、全面探索自己的个性特征，解决自己的专业困惑。明白自我认知和职业探索不是一劳永逸的，有可能延展至踏上工作岗位。

了解自己所希望从事职业的发展轨迹后，学生可以明确自己未来的发展，同时也能够清楚自己未来职业发展的各个阶段，既不会在刚入职时就好高骛远，也不会因为暂时的停滞不前而感到沮丧或郁闷，而且可以在一定范围内调整自己的职业发展方向。

第四节　专业教育评估

为适应时代飞速发展，作为培养人才的高等学府必须紧跟时代发展方向甚至引领时代发展趋势。高校是人才培养、科学研究、社会服务、文化传承的重要基地，专业教育评估就显得尤为重要。2004 年 8 月，教育部高等教育教学评估中心正式成立。建立五年一轮的评估制度及成立评估中心，标志着中国高等教育的教学评估工作开始走向规范化、科学化、制度化和专业化的发展阶段。

一、学生专业认知

(一) 专业兴趣引导

专业兴趣引导是以自己的最佳专业才能、最优性格、最大兴趣等条件为依据，对所处的社会环境和组织环境进行分析，制定自己在一种事业发展上的规划。专业兴趣路径大致包括以下几方面。

(1) 改变思维方式。思维方式决定一个人的眼界与视野高低，具有积极、乐观的思维方式的人无疑会更受欢迎，对自身也是一种勉励。

积极、乐观的思维方式是形成良好的价值观的基础。价值观是指人们在处理普遍性价值问题上，所持的立场、观点和态度的总和。作为一个当代的大学生，我们要明白我们所存在的价值，这就是大学生的核心价值观。大学生的价值观是人们在实践中形成的相对价值和价值关系的总观点、总看法，是人的价值理想、价值信念、价值标准和价值取向的总体系。核心价值观是这一总体系中最根本、最稳定的部分，是一个人、一个集团乃至一个国家和民族最重要的精神支柱。因此，当代大学生的核心价值观应包含以下几方面：爱国、理想、责任、创新。其中爱国是精髓，理想是主题，责任是要求，创新是核心。

(2) 挖掘潜在兴趣。兴趣是做任何事情的基本前提，是完成一件事的根本驱动，但真正发掘自己的兴趣所在并不是一件容易的事情。因此，要在实践和交流中发现自己的兴趣。在发现真正的兴趣之前，可能需要不断地自我否定和纠正，这必然是一个痛苦的过程。只有经历了这段痛苦，才能发现兴趣的根本所在，才能做到对自己的时间和未来负责。

(3) 转变学习方式。知识的积累是一个漫长的过程，如果没有兴趣的支撑是难以坚持下去的，这需要学生抛弃以前被动学习的方式，尝试主动、积极地吸收真正感兴趣的知识。

(4) 保持信息敏感。在飞速发展的互联网时代，要学会从海量的数据里筛选出有效信息，并吸收成为知识，进而提高自己的知识储备，这将伴随每个社会人的一辈子学习过程。在大学时期，学生应锻炼好这项能力，工作以后将受益匪浅。

(5) 认识专业确定方向。专业是高等学校教育教学中的支柱和根基，从大学开始学生慢慢由原来的通识教育学习转变为专业化学习轨道，这就要求大学生提前了解自己相关专业和工作去向，全面、深入、动态地了解本专业，并结合自身性格、兴趣等特点确定专业方向。尽管专业的限制越来越不明显，但仍有必要为自己确定一个值得长期坚持学习的方向。具体发展方向的确定，需要结合自己的性格和能力。

(6) 人际网络。“千里马常有，而伯乐不常有”，这句话强调了伯乐的重要性。一个发达的人际关系网络就能扮演伯乐的角色，为你的学习和工作提供方便。在具备一定的专业知识之后，应该走出校园，有针对性地拓展人际关系网络，结交朋友。对于在校大学生而言，这里最重要的就是主动、积极、自信。

除了现实中的人际关系之外，还有最重要的渠道——互联网。微博、专业论坛等，都能够帮助我们推广自己，这是另一种低成本且有效寻找暑期实践的方式。

(二) 专业意识建立机制

1. 合理知识结构的构建

调查发现大学生在就业时表现出的职业能力不足，主要反映在知识结构不健全、专业知识不扎实、综合技能水平不高(尤其是科研能力、创新能力和解决实际问题的能力)、缺乏一专多能的水平等方面。一个大学毕业生应该具备扎实的基础知识、精深的专业知识和大容量的新知识储备。

(1) 扎实的基础知识。基础知识是知识结构的根基。大学毕业生无论选择何种职业，也不管向哪个专业方向发展，都少不了扎实的基础知识。特别是随着市场经济的运行和经济的高速发展，社会的产业、行业、职业结构调整的速度必然加快，大学毕业生择业、就业已不可能再像以往那样“从一而终”，职业岗位随时变动的状况不可避免，要适应这些变化，就必须拥有扎实的基础知识。

(2) 精深的专业知识。大学毕业生是高校培养出来的从事专业性较强工作的高级专门人才。因此，专业知识应是其知识结构的核心部分。所谓精深，就是指大学生对自己所要从事专业的知识学习要有一定的深度，不仅要有量的要求，更要有质的要求，对概念体系、理论体系、研究动态等都要有深入的了解，同时对与其专业相关的知识也要有所了解和熟悉，善于将其所擅长的领域与其他相关知识领域紧密联系起来。

(3) 大容量的新知识储备。现代各类职业都要求从业者的知识程度高、内容新、实用性强。程度高是指知识量大、知识面宽；内容新是指从业者的知识结构中应以反映当今科学技术发展状况的新知识、新信息为主；实用性强是指从业者的知识在生产、工作中有很强的实用价值。掌握了计算机、外语、书法、绘画、驾驶、公共关系等知识和技能的大学生，更能被用人单位所重视。专业知识和技能是职场制胜的关键。

2. 就业所需要的能力准备

(1) 适应社会的能力。适应社会，首先需要调整自己的观念，勇敢地面对世界、接纳世界。大学毕业生走出校门接触社会之前大多有大展宏图的豪迈情怀，有在五彩纷呈的社会生活中创造一番业绩的宏大抱负。但当他们在真正的生活激流中奋勇前行时，可能会发现他们想象中的社会与眼前真正接触的社会相去甚远，可能会发现生活中的消极现象完全超乎他们想象，有些人由此会产生不安或不满情绪，并想到去改写自己的理想坐标。其实深究原因，我们不难发现导致这一情况的真正原因来自于毕业生自身，因为他们对真正的社会生活只做了简单或片面的理解和估计。

(2) 表达能力。表达能力包括口头表达能力、文字表达能力、数字表达能力、图示表达能力等形式。其中，数字表达能力、图示表达能力属专业范围内的基本技能，这里我们主要强调口头表达能力和文字表达能力。

(3) 动手能力。能够熟练地使用计算机查询资料、处理文件等，例如：使用 Word 写作，使用 Excel 制表并打印等操作能力。

(4) 人际交往能力。培养人际交往能力应注意以下几点：大胆参与，诚实守信，平等互利。

(5) 组织管理能力。近几年我们已经看到这样的现象：大学毕业生中的学生党员和学生干部总是用人单位的首选对象，其重要原因就是他们看重毕业生的组织管理能力。组织管理能力的提高应注意培养自身抓住机遇和勇于实践的能力。

(6) 开拓创新能力。开拓创新能力象征着一种综合能力，它是各种智力因素和能力品质在新的层面上融为一体、相互作用、有机结合所形成的一种综合能力。开拓创新能力的提高应注重积累知识、培养想象力、培养发散性思维能力。

(三) 专业认知开展方案

每个人都渴望成功，但并非都能如愿。历史的车轮滚滚向前，我们每个人作为时代的产物，更重要的是顺势而为。国家的需要往往就是风的方向，把个人梦融入中国梦，在热爱的领域追风向前。了解自身优劣势、有坚定的奋斗目标，并按照情况的变化及时调整自己的计划，才有可能实现成功的愿望。这需要进行职业生涯的自我规划，职业生涯规划的步骤分为以下几步。

(1) 自我评估。自我评估包括对自己的兴趣、特长、性格的了解，也包括对自己的学识、技能、智商、情商的测试，以及对自己思维方式、思维方法、道德水准的评价等。自我评估的目的是认识自己、了解自己，从而对自己所适合的职业和职业生涯目标做出合理的抉择。

(2) 职业生涯机会的评估。职业生涯机会的评估主要是评估周边各种环境因素对自己职业生涯发展的影响。在制定个人的职业生涯规划时，要充分了解所处环境的特点、掌握职业环境的发展变化情况、明确自己在这个环境中的地位以及环境对自己提出的要求和创造的条件等。只有对环境因素进行充分的了解和把握，才能做到在复杂的环境中趋利避害，使职业生涯规划具有实际意义。环境因素评估主要包括组织环境、政治环境、社会环境、经济环境。

(3) 确定职业发展目标。俗话说：志不立，天下无可成之事。立志是人生的起跑点，反映着一个人的理想、胸怀、情趣和价值观。在对自己和环境做出准确评估后，我们可以确定适合自己、有实现可能的职业发展目标。在确定职业发展的目标时，要注意自己性格、兴趣、特长与选定职业是否适合，更重要的是考察自己所处的内外环境与职业目标是否相适应，不能妄自菲薄，也不能好高骛远。合理、可行的职业生涯目标的确立，决定了职业发展中的行为和结果，是制定职业生涯规划的关键。

(4) 路线发展。职业目标确定后，应确定具体发展路线，如是走技术路线，还是管理路线，抑或是走技术管理路线，还是先走技术路线再走管理路线等。由于发展路线不同，对职业发展的要求也不同。因此，在职业生涯规划中，必须对发展路线做出抉择，以便及时调整自己的学习、工作，以使各种行动措施沿着预定的方向前进。

(5) 制订职业生涯行动计划与措施。在确定职业生涯的终极目标并选定职业发展的路线后，行动便成为关键的环节。这里所指的行动是指落实目标的具体措施，主要包括工作、培训、教育、轮岗等方面的措施。对应自己行动计划可将职业目标进行分解，即分解为短期目标、中期目标和长期目标，其中短期目标可分为日目标、周目标、月目标、年目标，中期目标时长一般为3～5年，长期目标时长为5～10年。分解后的目标有利于跟踪检查，同时可以根据环境变化制订和调整短期行动计划，并针对具体计划目标采取有效措施。职业生涯中的措施主要指为达成既定目标，在提高工作效率、学习知识、掌握技能、开发潜能等方面选用的方法。行动计划要对应相应的措施，层层分解、具体落实，细致的计划与措施便于进行定时检查和及时调整。

(6) 评估与回馈。影响职业生涯规划的因素有很多，有的变化因素是可以预测的，而有的变化因素难以预测。在此状态下，要使职业生涯规划行之有效，就必须不断地对职业生涯规划执行情况进行评估。首先，要对年度目标的执行情况进行总结，确定哪些目标已按计划完成，哪些目标未完成。然后，对未完成目标进行分析，找出未完成原因及发展障碍，制定相应解决障碍的对策及方法。最后，依据评估结果对计划进行修订与完善。如果有必要，也可考虑对职业目标和路线进行修正，但一定要谨慎考虑。

二、专业培养规划

中国的大学共有12个学科(不含军事学)，87个大学专业类，792个大学专业。12个学科分别是：哲学、经济学、法学、教育学、文学、历史学、理学、工学、农学、医学、管理学、艺术学。本节选取济南大学特色鲜明的文科(历史专业)、工科(机械专业)两个专业为例，初步探究不同专业的定位策略，便于更好地指导专业认知与职业规划有机结合。

(一) 文科(历史专业)

(1) 培养目标。本专业培养德、智、体、美全面发展，具备人文素质与科学素养，基础扎实、实践能力强、具有创新精神的高素质应用型专门人才。毕业生具有扎实的历史学基础知识和基本技能，拥有现代教育理念，能在中等教育及相关科研部门从事历史学教育与研究，可在党政机关、新闻出版、文博档案等部门从事相关工作。

(2) 培养要求。毕业生应获得以下几方面的知识、能力和素质。

① 系统掌握历史学科的基本理论和基本知识，具备学习和研究历史的基本素养。

② 掌握历史学教育的基本规律，具备从事历史学教育的基本技能。

③ 掌握历史学的基本研究方法，具有从事历史研究的初步能力以及较强的口头表达和文字表达能力。

④ 了解国内外史学界重要的理论前沿和发展动态，具备敏锐的学术眼光和准确、迅速把握学术动态的能力。

⑤ 掌握中外文资料查询、文献检索以及运用现代信息技术，获取相关知识和信息的基本方法，具有初步的科学研究能力。

⑥ 掌握一门外语，能够熟练阅读和翻译本专业外文文献资料。

(二) 工科(机械工程专业)

(1) 培养目标。本专业培养具有良好的人文社会科学和工程技术专业素养，良好的安全、经济和环保意识，社会责任感强、工程职业道德高、国际视野开阔，满足机械工程技术发展和社会需求的高素质应用型技术人才。能熟练应用机械设计、机械制造、机电控制及技术管理等专业知识，胜任机械工程及其相关交叉领域的设计、制造、管理、研发等工作。

预期毕业 5 年左右达到以下培养目标。

① 运用数学、自然科学和机械工程专业理论知识、先进技术和现代工程工具，解决复杂工程问题。

② 从事机械工程领域内的设计、制造、管理、研发等工作，熟悉本行业的技术标准和政策法规，充分考虑工程技术方案对安全、健康、环境、经济和社会可持续发展的影响。

③ 通过口头、书面和图形形式进行交流，有效组织、协调和沟通，在工程项目管埋、跨职能团队工作中担任骨干或领导角色。

④ 持续学习，自我提高，保持技术趋势，拓展国际视野，适应社会发展需求。

⑤ 展现良好的职业道德、人文素养和社会责任感。

(2) 培养要求。毕业生应获得以下几方面的知识、能力和素质。

① 工程知识：能够将数学、自然科学、工程基础和专业知识用于解决机械工程领域所涉及的设计、制造、控制及生产运行等复杂问题。

② 问题分析：掌握现代文献检索及资料查询技术，能够应用数学、自然科学和机械工程科学的基本原理，对复杂机械工程问题进行识别、表达、建模和分析求解，并获得有效结论。

③ 设计/开发解决方案：具备对机械工程领域新产品、新工艺、新技术和新设备进行研究、开发和设计的初步能力，具有一定的创新意识，掌握基本的创新方法，并能够在解决方案中充分考虑社会、健康、安全、法律、文化以及环境等因素。

④ 研究：能够针对特定的复杂机械工程问题，基于科学原理并采用科学方法，设计实验方案、开展实验研究、进行数据处理、并通过信息综合得到合理有效的结论。

⑤ 使用现代工具：能够针对机械工程领域中的设计开发、仿真分析及性能测试等特定需求，开发、选择与使用恰当的技术、资源、现代工程工具和信息技术工具，对复杂机械工程问题进行预测与模拟，并能够理解其使用范围。

⑥ 工程与社会：了解与本专业相关的社会、健康、安全、法律以及文化方面的知识，能够基于工程相关背景知识，合理分析评价专业工程实践和复杂机械工程问题解决方案对

上述因素的影响，并理解应承担的责任。

⑦ 项目管理：理解并掌握机械工程领域产品开发、工艺装备及生产运行维护等方面的管理原理及经济决策方法，并能在多学科环境中加以应用。

⑧ 环境和可持续发展：能够理解和评价针对复杂工程问题的专业工程实践对环境、社会可持续发展的影响。

⑨ 职业规范：爱国守法，具有人文社会科学、专业技术素养和社会责任感，能够在工程实践中理解并遵守工程职业道德和规范，并履行相应的责任。

⑩ 个人和团队：具有一定的人际交往能力和组织管理能力，能够在多学科背景下的团队中承担个体、团队成员以及负责人的角色。

⑪ 沟通：能够就复杂机械工程问题与业界同行及社会公众进行有效沟通和交流，包括撰写报告和设计文稿、陈述发言、清晰表达或回应指令。并具备一定的国际视野，能够在跨文化背景下进行沟通和交流。

第五节　学业生涯规划与职业选择评估

事实证明，一个人无论是由于主动或盲目而选择了某一专业，他都无法保证该专业一定是自己将来要从事的职业。尤其在就业形势较为严峻、就业市场竞争较为激烈的情况下，虽然通过某一个专业的学习，具备了某一方面(工种)的知识和技能，也拿到了毕业证书和技能等级证书，但并不代表马上就可以找到理想的对口工作。所谓学以致用，狭义上是指“专业对口”，广义上则是指毕业生无论将来从事何种类型的职业，其工作性质都与所学专业有密切的联系，可以是本专业范围内的工作，也可以是相近专业的工作。

人生如大海航行，我们要用一生的精力渡到彼岸。生活就像海洋，充满着蓝天碧水，又夹杂着狂风暴雨，如何让人生的船努力地驶近梦想的彼岸，那我们必须靠自己。为人生导航，做自己人生的船长。只有进行职业生涯规划，你才能成为自己人生之船的掌舵人。人生需要规划，人生应该规划，人生可以规划。

经过十几年的苦读，终于走入大学校园，等待着你的将是怎样的一番风景？即将结识的都会是些什么样的人？大学四年将怎样去安排度过？新同学，你准备好了吗？本节将为你介绍进入大学后如何运用正确的学习方法来学习专业知识，如何进行四年的学业生涯规划，以及如何对四年后的职业选择进行初步评估。

一、学业生涯规划

大学生应学会对自己的大学学业生涯进行设计，结合个人职业发展目标，提前做出决策。对刚入学的大学生来说，把握好在大学的学习生活，对学业进行规划，使知识、能力、素质、精神等方面得到全面提升，这与职业规划一样重要。通过大学学习，人的知识、能力、素质所达到的高度，从根本上决定着职业起点的高低，整个职业生涯所取得的成就也与此密切相关。

(一) 学业生涯规划的含义

生涯规划是个人对影响自我开发的主观与客观因素进行辩证分析，从而确定未来的职业及事业发展的近期目标、中期目标和长远目标，并对实现目标做出科学的预测与安排的过程。

学业生涯规划是针对学生而言，在认识自我、了解社会的基础上，从自身实际和社会需求出发，确定职业发展的方向，制定在校学习的阶段目标和总体目标，拟定实现目标的步骤和具体实施方法的过程。

(二) 学业生涯的特点

(1) 独特性。每个人的生涯发展都是独一无二的，学业生涯也是如此。学业生涯是学生依据自己的人生理想，为了自我实现而逐渐展开的一种独特的学习历程。不同的学生有不同的学业生涯，也许某些学生的学业生涯有某些相似之处，但是大部分都是不一样的。

(2) 发展性。人是生涯的主动塑造者，学业生涯是一个动态的发展历程，学生在校学习的不同阶段会有不同的要求，这些要求会不断地变化与发展，学生也会因此而不断地成长。

(3) 综合性。学业生涯以学生角色的发展为主轴，也包括其他与学习有关的角色，如公民、子女、父母等涵盖人生整体发展的各个层面的各种角色。

(三) 学业生涯设计的原则

(1) 可行性原则。学业生涯规划是针对学生的实际做出的，所谓可行性，就是指制定出的学业生涯规划应该切实可行，具有现实性、可能性和可操作性，每个阶段的目标以及达到目标的方法应力求科学、合理，是能够经过努力实现的。

(2) 可调节原则。学业生涯规划具有发展性的特点，不是孤立的、静止的，应该能够根据社会需求的发展变化与学生个体主观条件的变化随时修正。例如，阶段性目标可以根据进展的程度，酌情提高目标或降低目标。

(3) 最优化原则。应力求做到身心和谐，使个人的性格、兴趣、知识和能力等与目标和谐统一，实现优化组合。

(4) 共性与个性相结合原则。学业生涯规划既要反映学生发展的共性问题，又要满足学生各种需求，充分尊重学生的个性发展，有效地培养和发展学生的兴趣、爱好、特长，最大限度地满足学生各具特色的成长需求，使学生的先天禀赋和个性潜能得到充分发掘。

(四) 学业生涯设计三要素

(1) 了解就读专业。入学之初，一定要仔细了解本专业的教学计划以及相关课程的大纲，理解清楚本专业的定位和人才培养目标。

(2) 明确大学学习知识的阶段性。四年的大学生活其实很短，要把时间、精力放到基础知识、基础能力和基础素质上，为终身学习奠定基础。基础知识包括语文、英语、计算机、互联网和专业课等知识，基础能力包括交流沟通能力、学习能力、思考分析能力、动手能力，基础素质包括信仰信念、习惯、心理素质、身体素质、阳光视野和人文修养等方面。

(3) 确定具体学业规划内容。学业规划可以分宏观和微观两个方面，宏观规划是指对大学生活的整体规划。例如：英语、计算机考试、教师资格证书等，要取得哪些资格证及证书，参加哪些培训、认证等。除了确保通过专业规定的课程外，业余需要阅读什么、假期如何实习、参加什么样的社团、发展哪些方面的兴趣和爱好等，这些会使大学的学习生活目的性更加明确。

微观规划是学习过程的日常规划，确定自己每天要做的事。例如：参加社团活动、进行体育锻炼等，这会使日常学习变得充实丰富。日常规划，可以作为学习过程的控制机制，没有这样的机制，大学生很容易被环境诱惑，导致宏观规划不能实现，进而导致毕业后求职困难。

学习本质上是人神经系统的信息处理事件，学习的规划是对这一事件的控制和管理，学习规划本身就涉及对自身条件、专业内容和环境的分析，以及自制力的培养。在大学缺乏学习规划辅导的情况下，需要学生自觉、自省、自制。

(五) 学业生涯设计的阶段

(1) 第一阶段(大学一年级)：适应新环境，正确评估自己，打下宽泛而坚实的知识基础。

在这个阶段中，可将上半学期作为适应期，在下半学期打好坚实的基础。新生入学后，由于学习方法环境等与以前相比发生了很大的变化，需要一段时间来适应，所以，在这一阶段应在充分认识自己和所处环境的基础上明确四年的学习目标。学校在这个阶段要对学生进行目标教育和专业思想教育，为学生讲解大学教育的性质、培养目标、培养手段、专业发展的方向以及社会对大学学生的需求情况等，使学生初步了解他们的需要、专业的需要与用人单位的需要。同时，应帮助学生认识自己，确立学习目标。学生在这个阶段要尽快熟悉环境，结交朋友，认识教师，积极参加各种社团活动，建立新的人际关系；要尽快实现学习观念和学习方法的转变，摆脱中学形成的对家长、教师的依赖心理，培养自主学习为主，教师指导与自主学习相结合的观念，培养以创造性学习为主导，接受性学习与创造性学习相结合的学习方式。

在一年级下学期，学生应注重基础知识和人文知识的学习，打下宽泛而坚实的知识基础，并培养自学能力。学校在这个时期应开设思维教育课程、文化教育课程和技术教育课程，学生应主动学习计算机、英语等基本技能知识，并注重人文素质的培养，使自己具有更高的思想境界、道德情操和更强的社会责任心。

(2) 第二阶段(大学二年级)：努力拼搏，认真学习专业知识，培养实践技能，锻炼社会交往等能力。

高校学生在大学二年级这个阶段，应注重专业知识的学习，培养自己的专业技能，同时应根据大学的特点，加强实践技能的锻炼。可以在业余时间寻找兼职工作的机会，尽可能结合具体实践活动加强自身综合素质。在实践中更有利于融入社会，发现自己的优势与劣势，分析成功的原因，保持优势；找出失败的原因，不断改进，弥补劣势。在这个阶段，大学生应注重培养自己的创新能力、组织管理与社会活动能力、沟通能力及团队协作精神，尽可能全方位展示自己的才能。基础知识在这个阶段应继续向深度和广度两个方向努力拓展，并应注意随时了解本专业科学技术的前沿状况。

(3) 第三阶段(大学三年级)：准备考研，多参与实习、实践，培养就业能力。

为了适应社会快速发展，使得书本所学知识达到学以致用，一方面，想继续深造的同学开始着手准备研究生考试，前提需要具有扎实的专业知识和基本功，有明确的深造方向和科研院所，有坚强的备战考试的毅力，有强大的内心支撑。另一方面，大学生需要到企业实习，这个时期主要培养的是就业的能力和技能，通过实习从宏观层面了解单位的工作方式、运作模式、工作流程，从微观层面明确个人的岗位职责与规范。实习是一次接触社会的好机会，可以提前适应毕业后走上社会时角色的转变，了解学校对学生与单位对员工要求的区别。

(4) 第四阶段(大学四年级)：大学前三年成果累积，进一步夯实强化专业知识向实习实践方面转化。

在大四阶段，对考研学生来说，是最关键的冲刺阶段，只有继续保持良好的精神风貌和扎实学习的劲头，才能对考取心仪的研究生院校事半功倍；对要走上社会工作的学生来说，这个阶段不失为一种奠定基础、乘胜追击的最佳时间，因为此时课程相对较少，学生们有更多的时间可以慢慢消化吸收大学期间的专业知识，学业导师也会更多地关注学生毕业就业情况，提供更多的工作岗位。因此，本阶段对每一位学生的下一步发展都至关重要。

【课堂活动 9-3】

填一填——规划从原点开始

大学期间，正是我们奋斗拼搏的大好时期，因此要有正确的理想和信念。正所谓“长风破浪会有时，直挂云帆济沧海。”学习是自己的事不是别人的事，学习也是现在的事不是将来的事。作为新时代的大学生，要为自己的理想和信念以及未来而奋斗，为了更好地利用大学时光，能够做到为未来做出正确的人生选择，能够学到更多的对未来生活有用的知识，请大家完成《大学生涯规划书》(见附录 C)。

二、职业选择评估

随着改革的深化，市场经济体制的完善及市场体系化建设，社会为大学生提供了广阔的就业天地。因此，大学生应该充分做好就业的准备工作，才能适应社会的发展和现代化建设的需要。怎样做好就业的准备工作，如何找到适合自己本专业发展需求的工作，这是今天每个大学生必须认真思考的问题。职业选择正确与否，直接关系到人生事业的成功与失败。这就要求我们在就业前进行职业评估规划，评估步骤具体如下。

(1) 确定志向。志向是事业成功的基本前提，没有志向，事业的成功也就无从谈起。

俗话说：“志不立，天下无可成之事。”志向是人生的起跑线，反映着一个人的理想、胸怀、情趣和价值观，是一个人奋斗的最终目标。在制定生涯规划时，首先要确立志向，这是制定职业生涯规划的关键，也是你的职业生涯中最重要的一点。

(2) 自我评估。自我评估的目的是认识自己、了解自己。因为只有认识自己、了解自己，才能对自己的职业做出正确的选择，才能选择适合自己发展的职业生涯路线，才能对自己的职业生涯目标做出最佳选择。

(3) 职业生涯机会的评估。职业生涯机会的评估，主要是评估各种环境因素对自己职业生涯发展的影响，每一个人都处在一定的环境之中，离开了这个环境，便无法生存与成长。

(4) 职业的选择。职业选择正确与否，直接关系到人生事业的成功与失败。如何才能选择正确的职业呢？至少应考虑以下几点：性格与职业的匹配，兴趣与职业的匹配，特长与职业的匹配，内外环境与职业相适应。

(5) 职业生涯路线的选择。在职业确定后，向哪个方向发展，此时要做出选择，是向行政管理路线发展，还是向专业技术路线发展，抑或是先走技术路线，再转向行政管理路线……由于发展路线不同，对职业发展的要求也不相同。

(6) 设定职业生涯目标。职业生涯目标的设定，是职业生涯规划的核心。一个人事业的成败，很大程度上取决于有无正确适当的目标。没有目标如同驶入大海的孤舟，四野茫茫，没有方向，不知道自己走向何方。只有树立了目标，才能明确奋斗方向，目标犹如海洋中的灯塔，引导我们避开险礁暗石，走向成功。

目标的设定，是在继职业选择、职业生涯路线选择后，对人生目标做出的抉择。其抉择是以自己的最佳才能、最优性格、最大兴趣、最有利的环境等信息为依据。通常目标分短期长期目标和人生目标。短期目标一般为1～2年，短期目标又分日目标、周目标、月目标、年目标。中期目标一般为3～5年。长期目标一般为5～10年。

(7) 制订行动计划与措施。在确定职业生涯目标后，行动便成了关键的环节。没有达成目标的行动，目标就难以实现，也就谈不上事业的成功。例如，在工作方面为达成目标，你计划采取什么措施提高工作效率。在业务素质方面，你计划学习哪些知识，掌握哪些技能，提高业务能力。在潜能开发方面，你计划采取什么措施开发潜能等，这些都要有具体的计划与明确的措施，且这些计划应该具体，以便于定时检查。

(8) 评估与回馈。影响职业生涯规划的因素是在不断变化的，因此，就须不断地对职业生涯规划进行评估与修订等。

延伸阅读 9-1
四载跬步千里，
三顾初心终果

【课堂活动 9-4】

试一试——职业选择评估

对照上文所提到的职业评估规划步骤，结合自己专业，选择一份理想职业，罗列该职业的职业技能要求，制定一份简单的职业规划。内容包括：

1. 你未来的职业岗位具体是什么？

2. 你未来的就业区域在哪里？

3. 你实现目标需要完成哪些专业技能？如何完成这些技能？

讨论与思考

1. 大学生如何确定自己的生涯目标？请结合自己的实际谈谈自己的生涯目标。

2. 现在就着手收集一下你前面所列出的备选职业清单中的各个职业信息，并对所收集的信息进行整理，合理规划在大学期间应如何结合专业为自己未来的职业发展做准备。

3. 利用假期进行一次职业体验。根据你所学专业知识选择一份工作，并将所了解的职业信息和所观察、思考的问题及体验活动记录下来。

第十章 求职策略

本章从大学生就业步骤“全程”出发，阐述就业信息具体获取渠道、求职简历、面试技巧及礼仪，帮助大家把握寻找好工作的航向。通过本章的学习，读者应了解和掌握以下内容：

(1) 如何收集、筛选就业的相关信息。

(2) 掌握简历制作及投递的常用方法。

(3) 了解面试形式，掌握面试技巧。

案例导入

你有过这样的困惑吗

即将毕业，李科开始忙于找工作，对未来充满了希望。他通过参加校内专场招聘会和浏览就业网站物色了几家公司。但是，制作简历让他感觉很没有底气，他属于零社会经验，怎么能写出一份高质量的简历呢？

沈玉的大学专业是工商管理，他已经在网上投了几百份简历，但通知他面试的公司只有几家，而他心仪的单位也一直没有联系他，他感觉很苦恼。他的基本条件都符合所投公司的招聘要求，有同学已经成功进入其中的两家公司，沈玉投递简历后却没有讯息。沈玉不仅疑惑：他们是怎么找到成功的敲门砖的？为什么自己进不了面试呢？

毛磊属于求职投递中签不错的大学生，投递简历后获得了数十次面试的机会，但参加面试后却屡遭挫败，通过千辛万苦获得了复试的资格，却在最后的面试环节遭到淘汰，这让毛磊疑惑不已：实力与仪表双全的我，为什么没有 offer 来敲门？

(资料来源：作者教学案例)

第一节 就业信息准备

党的二十大报告指出，“就业是最基本的民生，强化就业优先政策，健全就业促进机制，促进高质量充分就业”。求职信息是求职择业的基础和必备条件，及时获取有效的就业信息是求职的第一步。在之前的章节中，我们探讨了职业信息的概念、特性、内容及获取方式，在深入了解某个职业之前，我们首先需要高效地管理各种繁杂的就业信息。然而，当今社会信息爆炸，网络上、报纸杂志上，甚至社区公告牌、出租车显示屏上，各种招聘信息闪烁，但大多却对求职学生没有太大帮助。对于求职学生来说，就业矛盾的重点是找到适合的工作，而不仅仅是找到工作。下面我们首先来探讨一下，从哪些渠道能够精准有效地获得有价值的就业信息。

(1) 毕业生供需见面会：各省市毕业生就业主管部门和高校每年都会为毕业生举办供需见面会，各高校从 9 月份开始，也陆陆续续为用人单位分批、分期召开校园招聘会。招聘会规模大小不一，从几十家到上百家乃至上千家都有，具有时间集中、信息量大、专业对口、针对性强、双方了解更直接的特点，是毕业生了解信息、成功择业的难得机会，对在校大学生是一条有效的求职渠道。

(2) 省市就业机构：作为专业性就业指导机构的各省市毕业生就业指导服务机构，负责汇集国家政府机关、企事业单位就业信息，并向高校、社会公布，此类信息用人信息量大，内容全面，涉及范围广，一般通过网络、媒体、人才市场等形式发布就业信息，这是大学生获取就业信息的重要渠道。

(3) 学校就业指导中心：高校毕业生就业办公室或就业指导中心与上级主管部门、中央有关部委和各省市的毕业生就业主管部门、各级就业指导机构以及用人单位有着密切的联系，对于国家有关就业政策规定、地方的有关政策、各地举办“双选”活动的信息、有关用人单位简介材料及需求信息等，一般都能及时掌握。同时，许多高校也非常注重通过“走出去”和“请进来”的形式主动收集就业信息，并及时发布给毕业生，提供的就业信息数量既大又全，真实性和可靠性也强，是大学生获取就业信息最直接的渠道。

(4) 人才交流服务中心：其通过信息员和调研员收集各种求职、就业信息，并对信息分门别类，按照聘用单位、行业等标准储存在计算机档案中，方便求职查询。目前国内有三大人才市场：教育系统的毕业生就业市场、人事部门的人才市场以及劳动部门的劳动力市场。除此之外，还有一些私营中介举办的不同规模和层次的招聘会与宣讲会。

(5) 大众传媒：大众传媒具有求职信息广泛、获取信息快捷便利、受众面广的优势。广播、电视等媒体上经常会介绍各地人才市场举办情况、各种就业主管机构政策、法规等就业信息；报纸、杂志等媒体上经常会介绍一些企事业单位的详细情况及其需求信息等，有些甚至开辟了毕业生就业专栏；互联网各类人才网站、政府就业网站、企业网站等不仅有大量职业信息，还有大量就业政策、行业发展、市场分析信息，其时效性强、更新快，符合在校毕业生需求。常见的求职招聘类网站有：应届生求职网、中华英才网、智联招聘、前程无忧网、英才网联等。

(6) 实习兼职单位：毕业生的参观、实习、毕业设计等社会实践活动，是毕业生和用人单位相互了解的一个绝好的机会。兼职单位或者志愿者服务单位的工作时间灵活，而且可以帮助他们了解行业特定工作的第一手信息。毕业生在参加此类活动时，可以借机了解单位的用人信息，此种获取就业信息的方法专业对口，相互间了解较深。

(7) 人脉关系：师长和校友是高校毕业生获取就业信息的重要渠道，由于他们对相关专业的单位比较熟悉，对毕业生的了解也更多，他们提供的信息往往更具准确性，推荐可信度更强，成功率也较高；而家人亲戚与社会方方面面有着广泛的联系，由于家长、亲友与毕业生的特殊亲情关系，在帮助毕业生了解就业信息或推荐就业时会积极主动、不遗余力；间接关系的人脉如共同参加运动项目俱乐部的会员，因为有着共同的兴趣爱好，容易建立信任关系，也容易帮毕业生找到兴趣结合的工作信息。

(8) 专业协会和行业组织：专业协会和行业组织会为其会员提供招聘信息以及一系列职业信息，毕业生通过行业信息大全，可以更多了解业内一些知名度不高的公司，掌握更多就业机会。

(9) 群发求职邮件：对于自己感兴趣但不确定其是否招聘的公司，群发求职邮件是较好的自荐方式。

据调查统计，人们找到合适工作的常见方式有四种，其中非常规的求职方式是找工作时使用率最高的一种，占到了总数的63%。图10-1所示的饼图展示了四种方式对成功获得工作的贡献率以及各种方式通常的做法，我们从中可以知道在自己找工作过程中应该如何努力。

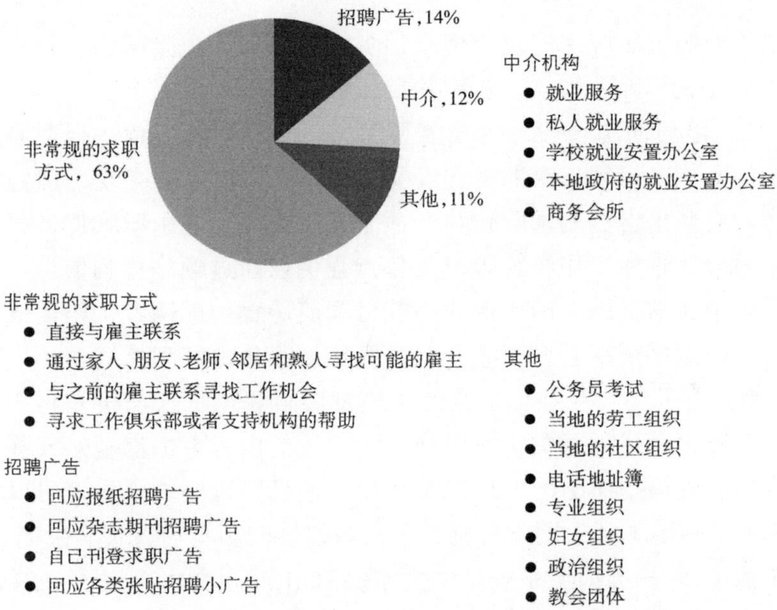

图10-1　找到合适工作的常见方式

就业信息数量大、范围广、时效快，信息发布时间越新，价值越高。然而，一些非法机构发布欺骗性招聘信息，通过收取报名费、中介费等骗取学生钱财，这些虚假信息还会直接误导就业方向，造成不必要的损失和麻烦。因此，毕业生需要结合自己的实际情况对信息进行甄别筛选，去伪存真，抛粗取细。在找寻信息的过程中，努力做到求真、求深、求准、求适，方可实现人职匹配，起到事半功倍的效果。

第二节　简历制作

走在大街上，我们通常能看到一些商品的大广告牌。通过这些广告牌，我们可以对上面的商品有最直接的了解。好的广告牌会让我们对商品、品牌等都留下深刻、生动的印象，即使当时不会购买其产品，一旦需要也会考虑购买。简历就是类似的个人广告，是求职者的广告名片，既是个人的如实展示又是自我推销的工具，也是证明其是适合这份工作的最佳人选，从而获得面试的机会。求职简历是否合格甚至优秀，取决于招聘者(雇主)，大多企业是让人力资源(HR)负责简历的筛选工作。网传 HR 筛一份简历最多 30 秒钟，现在很多 HR 会通过筛选器来筛选简历，比如设置字段学历、性别、工作经验等因素，几秒钟就能够筛选几百封简历。那怎样制作一份秒过的简历呢？

一、简历分类

目前传统纸质简历仍然应用广泛，但个性多媒体简历如视频简历、信息图表简历、博客和网站式简历也深受年轻人喜欢，常用简历一般有以下三类。

(1) 纸质简历。纸质简历一般分为功能型简历、时序型简历和综合型简历。功能型简历以所申请职位的职能来组织自身的工作经验、技能以及教育背景等，其特点是忽略时间，强调技能与能力，展现出自己的求职优势，适于有工作经验的求职人群。时序型简历是根据时间顺序列举教育背景和工作经验等，其特点强调以渐进顺序排列信息，能清晰列举教育背景，这是大学生最常采用的简历形式。综合型简历集中前两者优势，既突出求职者市场价值，同时按时间顺序列举教育背景及工作经历，强化时序型格式。

(2) 电子简历。电子化与社会化工具的迅速发展给我们带来了很多新的呈递简历的方式，用可视化信息图表替代部分文字可以使简历表达的内容更加直观，并提升简历的专业性；多种数据穿插的表格型简历，使信息扁平化，信息图风格的履历表可以清楚展现出大量数据；博客等主页简历更利于网上传播，个性多媒体简历有着方便、快捷、高效等特点。

(3) 可扫描简历。可扫描简历是一个纯文本(ASCII)或超文本标记语言(HTML)文档，它使用关键字来给雇主提供这份工作的候选者的职业经验、受教育情况和工作能力等信息。许多雇主应用简历扫描软件和申请者自动跟踪系统，简历搜寻系统可以阅览简历、评定等级、存储数据库、储存简历图像信息、生成后备人才库。当雇主决定要招人时，雇主可以使用数据挖掘技术在为候选者建立的数据库中进行搜索。可扫描简历更多识别的是名词，而较少识别传统简历中的实义动词，应尽可能用名词来描述自己的能力。

二、简历七“要”七“忌”

(一) 简历必备信息

(1) 个人信息：如姓名、电话、邮箱、学校等。

(2) 目标职位：明确表达职位名称，清晰到让雇主看到你对工作的期待。

(3) 教育背景：逆时顺序列出就读大学、学位、时间和专业，建议填写最近连续两次教育经历，如果参加过和求职意向相关技能的培训也应该写上，无关的培训经历不用写。

(4) 实践实习经历：这是核心部分，描述自己取得的成绩和具体职位，一定注意与目标职位的相关性，时间必须是倒叙的，建议按时间或者重要程度列出 5 个重要项目；实践实习的经历如果在网上有宣传报道，也可以附上链接，多方面展示你的才华。

(5) 奖励证书或者个人作品列举：把获得的各项奖励或自己的作品按照重要程度逐一填到简历中。

(6) 其他兴趣与活动：如果你的爱好和团队成员相同，无形也会加分。

(二) 简历七“要”

如何做一份简历提高你拿到录用通知(offer)的概率呢？首先要做到以下七“要”。

(1) 一定要“简”：这个简是简洁不是简单，不是简略，简明扼要，一般建议一页 A4 纸即可。

(2) 一定要“实”：事实说话，实事求是，避免空洞。

(3) 一定要“聚”：内容聚焦一个目标，抓住重点紧紧不放，不让不相干内容削弱主题。

(4) 一定要“特”：要针对自己，有特色，展现亮点，大学生可写获得过的奖学金、竞赛奖励、实习经历、实践活动以及成绩等，找到自己最独特而且可以反映自己匹配应聘职位的良好素质的一面。

(5) 一定要“具”：内容具体，避免形容词及副词的堆砌。比如很多人写“有较强的沟通能力、很强的团队协作能力，有丰富的管理经验”，如何让数据和论据支撑论点更具说服力，如何用事实和经历来佐证“沟通能力强、团队协作好、经验丰富”是非常重要且必要的。

(6) 一定要“配”：知道重点，还要盘点匹配度，量化匹配。

(7) 一定要“准”：定位准确，要按照岗位要求做定位，履历内容紧贴定位。如果应聘的是技术型工作，那么就要把重点放在你的专业成绩、实操能力和团队精神上；如果是应聘销售类工作，重点则在于沟通能力、人际交往能力和抗压能力上。

(三) 简历七“忌”

此外，还要注意简历七“忌”。

(1) 忌雷同：切忌把别人的简历直接套用，只是修改部分内容，千人一面的简历会让招聘人员无法看出你的特色，往往会被直接淘汰。

(2) 忌明显错误：比如时间错误、拼写错误和联系方式错误，工作经历栏中有断档或有重叠，这些都会让招聘者疑窦丛生，对其求职态度心存疑虑，甚至直接将其淘汰。

(3) 忌太多私人或繁杂的信息：比如罗列几十门课程名称等，如果这些信息与应聘岗位毫不相关，招聘者无法一眼找到他真正需要的东西，那结局会是直接淘汰。

(4) 忌多余的资料：切忌附加多余的或者虚构的证书复印件、推荐信等，因为面试阶段会要求出示证书原件。

(5) 忌盲目：不要一份简历走遍天下，应根据每个职位要求来制作简历，有不同的内容侧重。

(6) 忌负面信息：切忌简历中出现负面信息，如抱怨等。

(7) 忌不切实际的薪水要求：很多用人单位都有多劳多得的规定，薪资报酬是根据员工的工作能力发放的，应聘求职只是第一步，切忌盲目自大地提出薪资要求。

三、简历投递

简历投递主要有在招聘会上现场投递简历和网络投递简历两种形式，招聘会投递比较快速简单，下面介绍网络投递简历。投递简历之前，应聘者要用招聘者的思路考虑：当打开求职邮件后，希望看到什么？最先关注的信息是什么？看完正文，是否还对其他附件感兴趣？投递简历时应注意以下事项。

(1) 明确投递职位：申请职位要准确，网上的职位信息十分庞杂，应聘者应清楚了解企业的招聘信息及背景，根据本书前面章节对自己的探索，利用职位搜索器等工具过滤、筛选出自己的目标行业、目标职位，判断自己是否有能力胜任该岗位，提高简历投递的成功率。

(2) 邮件技巧：①邮件名称很重要。第一类标题 “求职”或“简历”，第二类标题“姓名应聘×××岗位”，第三类标题“×年岗位经验诚心求职×××部门×××岗位姓名 139××××××”，标题孰优孰劣，一目了然，第一类标题可能会被直接过滤，简历标题要明确到位。②邮件问候语很重要。先写几句问候语，比如“尊敬的人事经理：我很欣赏贵公司的××……下面是我的简历，请查收！”有礼貌的话语同样会给你的第一印象加分。③简历的签名档和结束语也很重要。建议设定一个签名档，包含姓名、专业、学校、住址、联系方式等信息，这会给招聘者专业的感觉，无形中获得较高的印象分。结束语建议写：“静候佳音，祝您心情愉快。落款×××，联系方式，日期”。④有关附件命名同样要规范。将所有的材料形成一个 Word 文档，然后规范命名，比如“××大学××专业×××”“应聘×××岗位×××”等，便于应聘者将简历存档，而不需要重新命名。

(3) 投递渠道：若招聘网站提供“申请该职位”按钮选项，应聘者应在门户招聘网站中建立最新匹配简历，然后点击“申请该职位”，通过该网站发送简历，这样做的好处是，招聘者能及时收到你的简历，而不会当作垃圾邮件删除，而且对应聘职位一目了然。

在发送简历时要用私人邮箱发送，选择稳定性、可靠性高的邮箱，避免因邮箱服务器问题，出现邮件的漏收、延收等情况。在邮箱命名上，尽量要显得专业、成熟并且职业化，一般可以采用英文名+中文姓氏、中文拼音+数字(注册日期、生日等数字)等各种形式均可，最好对方通过邮箱名称就能知道发件人是谁。

(4) 投递时间：据统计，大多公司周一开会居多，人事看简历的心情会比较浮躁，所以对简历的质量要求很高。周二到周四是简历到达的合适时间，周三到达最佳。周五由于人事要做总结或者外出，且临近周末心情较散，所以周五接收的简历当天基本不看，通常积压到下周一才会看，经过周六周日两天邮件的累积，简历可能已经排到邮件列表的最后。且非工作日投出的简历很可能被归类为垃圾邮件，招聘者将其作为垃圾邮件直接删除。

【实践与应用】

简历初稿

个人简历

姓　　名：刘　晗　　　　性　　别：女

政治面貌：中共党员　　　民　　族：汉族

出生年月：1998 年 8 月　　身份证号：371************235

联系电话：152*****417　　邮箱：152*****417@139.com

毕业院校：济南大学　　　学历：本科

照片

专业及所修课程：汉语国际教育、现代汉语、古代汉语、古代文学、现当代文学、跨文化交际、中华才艺、中国文化概论、大学英语、英语听说、中学生心理教育与辅导、教师专业发展基础、教师心理健康等

求职意向：小学语文教师、中学语文教师、高中语文教师、中学政治老师、对外汉语教师、行政管理、教育主管、销售、课程咨询师、教育机构人事专员、职业规划师、心理咨询师

<u>教育背景</u>:

2016.09—2020.06　济南大学国际教育交流学院　汉语国际教育专业

<u>实践经历</u>:

2017.07　“孝行天下 向上向善”暑期“三下乡”社会实践队员，负责问卷调查、报告书写

2018.07　“汉风韩韵 华采共赏”暑期“三下乡”社会实践队长，负责联系老师、统筹安排，汉语授课 10 天

2018.12　2018 年国际教育交流学院师范类学生从业技能大赛选手，获得本次比赛第一名(1/87)

2019.02　山东省临沂市××××中学实习两周语文老师，授课初三语文 16 节

2019.03—2019.04　济南市××教育带课实习两周语文老师，负责初三中考语文“一对一”辅导，教授三年级班课

<u>在校表现</u>:

2016.09—2017.06　校志愿者联合会干事、院青年志愿者协会干事。响应全员志愿，带动班级同学进行志愿服务；积极参与校院级青年志愿者活动，组织并参与“外语课堂”“留学生陶艺课堂”“志愿服务一条街”等特色志愿活动，荣获校优秀青年志愿者称号。

2017.06—2018.06　院青年志愿者协会理事。负责院青年志愿者协会与校志愿者联合会的志愿活动衔接工作，组织并参与社区课堂辅导，成功拓展 1 处志

愿服务实践基地，荣获 2017 年市中区优秀志愿者、社区优秀志愿者和校优秀青年志愿者称号。

2017.10—2020.06 班长，连续两年期末成绩通过率百分之百，无挂科现象，班内保持零违纪、无旷课、无旷宿。我班积极开展“创建班级情境，激励学习动机”“凝心聚力，拉近你我距离”“我为济大添光彩”“以爱为名，感恩母亲”“青春在歌唱，生命在欢腾”等班级集体活动，连续三年荣获校优秀学生干部称号。

能力素质:

国家英语四级 CET-4

全国计算机等级考试二级证书

高中语文教师资格证

普通话二甲

获奖情况:

2016、2017、2018 学年　一等奖学金、优秀学生、优秀学生干部

2017 学年　国家励志奖学金、校第一届“模拟课堂”优秀教案奖、校级“优秀青年志愿者”、济南市中区泉景社区“青春同行”优秀青年志愿者

2017.09—2018.09　校级优秀学生、校级优秀学生干部、校级二等奖学金、校级优秀团员

校级 2016—2017 学年“青春榜样·济大繁星”之至善之星

济南市市中区 2017 年度优秀志愿者

校级寒假社会实践报告二等奖

校 2017 年大学生研究训练计划项目(SRT)结题

校级“优秀青年志愿者”

校级网站《青年济大》发表新闻 7 篇

学院第六届学生会“联谊大使”

2018.09—2019.09　校级优秀学生、校级优秀学生干部、校级优秀团员

校级一等奖学金、国家励志奖学金

校级“三下乡”社会实践优秀学生

校级暑假社会实践报告评比一等奖

校级“青春榜样·济大繁星”之博学之星

学院师范类学生从业技能大赛一等奖

校大学生研究训练计划项目(SRT)结题两项

山东省暑期“三下乡”社会实践活动“优秀学生”

2018 年度省级优秀学生

济南大学“微课大赛”系列活动一等奖

学院“职业规划大赛”作品一等奖

校级 2019 年寒假社会实践报告二等奖

个人评价：
——具有较强集体荣誉感和团队协作精神
——上进心和自学能力强
——性格开朗，积极乐观，抗压能力强
点评及修改建议：

(1) 既然这是一份简历文档，那么标题“个人简历”不必再书面显示，显得多余累赘，尽量不要让 HR 看到“多此一举”的信息。

(2) 篇幅要“简”，一页 A4 纸即可，繁长的面面俱到的简历反而会给 HR 留下烦琐不利索的印象。

(3) 内容要“简”，个人信息忌冗杂，身份证号不必填写，学历和毕业院校可以在教育经历中体现；“性别”“联系电话”“邮箱”等字样可以去掉，因为这些信息一眼就能看出，不需要提示；所修课程列举主要课程即可。

(4) 目标要明确。聚焦一个目标，定位准确，让 HR 一眼看到求职意向。避免一张简历走天下，定位应准确，根据不同岗位制定相应的简历。

(5) 背景要凸显求职关联性，在教育经历中凸显所修专业属于师范类专业的优势。

(6) 实践经历用事实经历来支撑论点，说服力强，可以采用“工作内容+工作效果+能力体现”的形式进行展示，用客观结果和成绩来佐证。

(7) 获奖情况罗列过分烦琐，应盘点匹配度，量化匹配岗位；奖项所体现的能力应与岗位所需能力紧密贴合，奖学金和部分奖项应根据其含金量安排顺序。

修改后：
刘晗
中国山东省济南市南辛庄西路 336 号济南大学
+86-0531-8276****　　　186*****890
Liu*****12@139.com
应聘职位　济南初中语文老师
教育背景
2016 年 9 月—现在　济南大学　国际教育交流学院　汉语国际教育专业　师范本科
实践活动
2019 年 2 月—现在　　临沂市木兰中学　语文教师　临沂
临沂市木兰中学是山东省重点中学，升学率达 92%
授课初三语文，协助班主任管理班级事务
锻炼了讲课水平和班级管理水平
2019 年 4 月—现在　　国际教育交流学院职业生涯发展协会　会长
生涯协会是全院学生团体辅导、生涯教育等活动的组织者，也是联系学生和学院的纽带
组织开展学习动力、考研不焦虑团体辅导、教师技能“朋辈”面对面、职业生涯规划大赛活动

明确了职业发展方向，锻炼了教师技能，提高了领导能力和团队合作能力

2017年11月—现在　　　　　**国际教育交流学院汉教1601班　班长**

班级连续成绩通过率100%、四级率92%、技能率95%，获奖人次116次(40人)

获得优秀班集体、优秀团支部，成功组织数次班级集体活动

增强了抗压能力、全局分析和解决能力

2017年6月—2018年6月　**国际教育交流学院青年志愿者协会　会长**

暑期“三下乡”实践团团长，接待韩国高校师生研学，汉语授课10课时，文化体验7次

组织策划并参与济南市市中区泉景社区“四点半”课堂辅导30课时，教授学生78人

训练了吃苦耐劳的精神和团队协作能力，锻炼了自己的毅力和恒心获奖情况

2017、2018、2019学年	国家励志奖学金	(奖励全校5%学生)	2次
	一等奖学金	(奖励全校7%学生)	2次
	二等奖学金	(奖励全校15%学生)	1次
	校优秀学生	(奖励全校5%学生)	3次
	校学生干部	(奖励全校5%学生)	3次
	校优秀青年志愿者	(奖励全校16%学生)	3次
2018学年	省级优秀学生	(奖励全校0.12%学生)	1次
	山东省暑期“三下乡”社会实践优秀学生		
2019学年	山东省模拟求职挑战赛三等奖		
	院师范类学生从业技能大赛一等奖(奖励全院3%学生)		

<u>其他技能</u>

高中语文教师资格证　普通话二级甲等

英语四级　531分　熟练操作Word、PPT、Excel办公软件

<u>个人爱好</u>

看电影　手工制作

(资料来源：作者教学案例)

【课堂活动10-1】

根据自己职业规划定下的求职目标，撰写自己的求职简历。

第三节　面试技巧

面试作为应聘者成功就职的必经之路，无论是对于应试者应聘职位，抑或是公司聘用职员，都起着至关重要的作用。做好面试前的准备工作，掌握面试的形式、基本礼仪和技巧，才能达到事半功倍，增强面试的有效性。

一、面试前准备

面试考查的是应聘职位者的多重技能，是表面与深层相结合，硬性知识储备与活性处事能力相结合的一种独特而灵活的考试形式。在面试前做好功课尤为重要，熟知面试流程及应对策略，才能实现面试与就职双赢。关于面试前所做的准备，大体上可分为五方面。

1. 了解自己，建立良好的第一印象

实际上，我们很多人都不了解自己，尤其是简历里的自己。面试前重温一下简历内容，确保每段经历都能用简短的语言复述，对于每一段经历都应该准备实例和数据证明，这样会给面试官留下深刻印象。求职材料准备齐全，方便在面试时作为证明。

2. 了解背景，做好充分的信息掌握

在接到电话通知面试时，首先要确认：面试时间/地点，公司名称/岗位名称，联系人信息(若面试时间有变或当天可能迟到，需提前打电话道歉说明)，面试官是谁，针对面试岗位，需要额外准备哪些材料等。面试前，应进一步了解企业背景信息，掌握充分的信息：公司地点在哪里，交通是否方便，需提前多久出发，公司类型如何，公司业务如何，主要产品有哪些，公司所在行业有何新动向，等等。

3. 了解职位，明白企业的准确需求

企业的岗位需求分为两个部分：岗位介绍和岗位要求。求职者往往会把注意力放在岗位要求上，但实际上最重要的部分是岗位介绍，一般岗位介绍会包含主要的核心工作内容，求职者可以对照自身分析：哪些工作做过，做得好吗？是否有事实依据？哪些工作没有做过，如果问起这类工作，怎么展现能够迅速上手的能力？还可以进一步思考，公司为什么要设立这个岗位？这个岗位的价值意义何在？需要人来解决什么问题？这岗位招了多久，是不是急切需要人？我是不是能够满足？这些问题的答案，不仅能帮助应聘者迅速地了解企业的需求和痛点，增加面试成功概率，还能帮助应聘者在薪资谈判时占据有利地形。

4. 了解压力，满怀自信地勇往直前

求职是一个双向选择的过程，每次面试都有成功和不成功两种可能，要做好最坏的打算，这样或许会取得意料之外的效果。当然最重要的还是要保持自信心，坚定地相信自己，既然能够有机会面试，说明用人单位认为通过简历材料觉得自己适合他们的工作，所以应该暗示自己一定能行。在这样的关键时刻，从容镇定的人更能够赢得最终的胜利。

5. 了解礼仪，初次见面请笑靥以待

建立良好的第一印象，对面试成功有很大的影响。面试的时间是有限的，甚至有限到仅仅几分钟的时间。在这么短的时间内，能够让考官认可你，最关键的就是要留给下良好的第一印象。一个人的年龄、相貌、身材是不容易改变的，但行为、服饰、言谈举止、表

情等，只要注意细节，留心去努力尝试，便可以改变。

(1) 服饰得体，妆容安全。求职服饰应注意稳重正式，一般来说，套装较为普遍适宜，要整洁干净，注意尺码，要合身，更要与企业的文化紧密相关，并非只有穿标准装才是最好的选择。比如去创意型企业面试，如果西装革履，皮鞋铿亮，严肃而沉重，就会显得格外别扭，适当的休闲装就比较应景；如果去制造类企业面试，这时应该注意着装庄重严肃，穿休闲装就会显得不合时宜。

(2) 务必遵守时间。时间既能显现出一个人的个人素质与处事原则，也能够体现一个人的做事态度，即对本次应聘活动是否有足够的重视。在面试这个起决定性作用的关卡，无论任何情况，首要应该强调的一点就是守时，建议能够提前十分钟到达面试地点。

(3) 动作要自然，语言要得体。要善于倾听，了解面试官对自己的评价是好还是坏；要有耐心，能够听出对方的“言外之意”；要专心，要明白对方讲的每一句话的意思，以免出现答非所问的尴尬境地；要感谢，这既是个人修养及素质的体现，也是对他人的尊重。

需要强调的是，自我介绍不要像背书似的把简历上的内容再说一遍，用舒缓的语气将简历中的重点内容稍加说明即可，如姓名、毕业学校、专业、特长等。可以展现自己独特的个性，将自己跟应聘岗位相关的工作实践经历进行适当提及介绍，从侧面显现自己能够胜任工作的优势，真实而自然地展现自我。

二、面试的形式

面试这种应聘方法广泛存在，其本身也在与时俱进地向各种形式开始拓展，逐渐形成了多种面试类型。不同类型的面试有其各自的利弊，相应地，面试者则可根据面试的特点来随机应变，掌握技巧，从而取得成功。常见的面试可以分为以下几种形式：结构化面试，无领导小组讨论，情景模拟面试，答辩式面试。

1. 结构化面试

结构化面试也称标准化面试，是当前面试应用最多的一种面试方法，它指面试前就面试所涉及的内容、试题评分标准、评分方法、分数使用等一系列问题进行系统的结构化面试方式。因其直观、灵活、深入，具有较高的信度和效度而不断为许多用人单位接纳和使用，公务员录用考试、公开选拔党政领导干部面试和竞争上岗面试等都把它作为一种主要方法。

结构化面试的主要特点是对报考相同职位的应试者，应测试相同的面试题目，使用相同的评价标准。考官根据应试者的应答表现，对其相关能力素质做出相应的评价。

2. 无领导小组讨论

无领导小组讨论是评价中心技术中经常使用的一种测评技术，其采用情景模拟的方式对应试者进行集体的面试，它通过给一组应试者(一般是 5～7 人)一个与工作相关的问题，让应试者进行一定时间(一般是 1 小时左右)的讨论，来检测应试者的组织协调能力、口头表达能力、辩论能力、说服能力、情绪稳定性、处理人际关系的技巧、非言语沟通能力等各个方面的能力和素质是否达到拟任岗位的用人要求，以及自信程度、进取心、责任心和灵活性等个性特点和行为风格是否符合拟任岗位的团体气氛，由此来综合评价应试者的优劣。

无领导小组讨论的过程一般分为三个阶段：第一阶段，应试者了解试题，独立思考，列出发言提纲，一般为5分钟左右。第二阶段，应试者轮流发言阐述自己的观点。第三阶段，应试者交叉辩论，继续阐明自己的观点，或对别人的观点提出不同的意见，并最终得出小组的一致意见。

3. 情景模拟面试

情景模拟面试，是设置一定的模拟情况，要求应试者扮演某一角色并进入角色情境去处理各种事务及各种问题和矛盾。考官通过对应试者在情境中表现出来的行为进行观察和记录，以测评其素质潜能，或看其是否能适应或胜任工作。一般有以下几种方式：①机关通用文件处理的模拟；②工作活动的模拟，如上下级对话形式或者布置工作的测试；③角色扮演法；④现场作业法；⑤模拟会议法。

情景模拟面试中比较典型的是文件筐测验，通常又叫公文处理测验，是评价中心最常用和最核心的技术之一，在国内人才选拔中正被逐渐运用，通常用于管理人员的选拔，考察授权、计划、组织、控制和判断等各项能力素质的测评方式。一般做法是让应试者在限定时间(通常为 1～3 小时)内处理事务记录、函电、报告、声明、请示及有关材料等文件，内容涉及人事、资金、财务、工作程序等方面，测试中一般只给日历、背景介绍、测验提示和纸笔，应试者在没有旁人协助的情况下回复函电，拟写指示，做出决定，以及安排会议。评分除了看书面结果外，还要求应试者对其问题处理方式做出解释，根据其思维过程予以评分。文件筐测验具有考察查内容范围广、效率高的特点，因而非常受欢迎。

4. 答辩式面试

答辩式面试是指根据岗位需要，在面试前确定一些要考生回答的问题，制成题签，应试者入场后通过现场抽签向考官们解答题签上提出的问题。这种面试较易操作，评分确定，评分的客观公正性好掌握，但存在测查面窄，缺乏针对性和灵活性的缺点，易流于“笔试口答”的模式，不利于考生发挥其独有的特长。此外，由于不同的应试者抽到不同试题，而试题间很少完全等值，这就意味着报考相同职位的考生可能面对难度不同的试题，而给测评带入不公正因素，可比性会大打折扣。

三、面试后续工作

招聘单位最后确定录用人选需要一定的时间，应聘者要耐心等候消息，不要着急打听结果。如果在主考官许诺的时间到来时还没有收到对方的答复，则可以写信或打电话给招聘单位，询问面试结果。

同时要想办法取得面试官的联系方式，然后认真写封面试感谢信。一定要在面试当天之内或接下来一两天内写好面试感谢信并发送过去，即使申请工作被拒，也应当写信向相关的人表示感谢，与应聘工作相关的每一个人保持亲密联系。

延伸阅读 10-1
秋招求职感悟

延伸阅读 10-2
找准自我定位
选择合适职业

在面试结束后，要注意调整自己的心情，针对简历制作、投递以及面试过程，总结经验，全身心投入第二家单位的面试，不要影响后续的求职工作，“一颗红心，两手准备”。

【课堂活动 10-2】

模拟面试

请企业招聘人员或者学生扮演面试官，其他学生扮演求职者，进行模拟面试。经过仿真的面试问答，使参与者体会到面试的氛围并找到自己面试的弱点，有机会的话还可以通过模拟练习加以提高。学生对模拟面试点评，教师总结。

讨论与思考

1. 请针对自己的意向职业撰写一份简历。
2. 请根据自己的意向职位准备面试，谈一谈应该注意哪些方面。

第十一章
职业生涯管理

职业生涯是一个立体、动态的过程，而职业生涯管理则是需要一辈子去探索和投入的艺术。在生命的不同时期，我们需要对职业生涯进行不断的探索、评估、修正和规划。带着对美好生活的向往和职场生活的期待，大学毕业生即将迈入职场，开始人生中的第一份工作。面对职场，如何结合个人目标和组织目标对自己的职业生涯规划再评估并做出适当修正？如何处理职业期待与现实工作中的差异？如何适应职场生活、找准定位？本章将通过介绍职业生涯管理的相关概念、内容、探索方法等，培养大学生的职业素养，提高大学生职场适应能力，为大学生踏入职场做好必要的准备，帮助其做好职业生涯管理。通过本章的学习，读者应了解和掌握以下内容：

(1) 了解职业生涯管理的概念、意义及发展阶段。

(2) 了解职业生涯管理的过程，并掌握其评估和修正的方法。

(3) 提升个人职业素养，掌握职业规划书的书写技巧。

案例导入

小王是一名大四学生，他个性外向、活泼，能力强，自主性高。大三下学期，他树立了自己的职业目标，同时为自己设定了职业发展路径，他希望能够从营销主管开始，逐步到部门经理、地区经理、大区经理，最终成为一个国际大公司的销售总监。为了达到这个目标，他开始有意识地锻炼自己的信息分析能力、人际沟通能力、问题解决能力等。大学毕业后，他在一家企业找到一个销售的实习岗位，刚开始工作时，他感觉自己又离目标近了一步，工作积极性很高，但是经过一段时间的实习，他发现现实中的工作和他期待中的工作并不相同。他很疑惑，是应该坚定自己的职业目标，继续坚持下去，还是应该重新评估自己的现状，对自己的职业定位进行修正呢？

小李是一名大学毕业生，毕业后顺利地在某公司找到一份工作。工作近一年后，他发现自己对于公司管理人员的岗位很感兴趣，但是自己目前的岗位与管理岗差距较大，而且他不确定自己能否胜任管理岗工作，更重要的是他不知道该如何努力才能达成自己的目标。此时，他很苦恼，他该怎么办呢？

(资料来源：作者教学案例)

第一节　职业生涯管理概述

在职场中，如何提升应对不同职场问题的能力变得越来越重要。大学生职业生涯管理不但对个体意义非凡，同时兼具社会意义，了解职业生涯管理的概念和发展阶段，在职场中将个人目标和组织目标相结合，能够更好地对自己的职业生涯进行管理。

一、职业生涯管理的概念

(一) 职业生涯管理的定义

职业生涯管理包括两个方面：一是组织根据个人和组织发展需要所实施的一系列管理，称为组织管理；二是个人为促进自己的职业生涯发展而实施的一系列管理，称为自我管理。本书所研究的大学生职业生涯管理属于后者。

自我管理是组织管理的基础，是个人职业生涯成功的关键所在。自我职业生涯管理是一个持续的过程，是通过认识自我、探索工作世界搜集到相关信息并以这些信息为基础，确立自己的职业发展目标和人生发展方向，制定并实施为达成此目标而设计的职业生涯规划，同时在行动中不断进行再评估和修正的过程。概括来讲，个人在职业生涯管理过程中需要做到以下四点：

(1) 了解自己。搜集自身的信息，明确自己所具备的各项能力。

(2) 探索外部世界。搜集工作世界的各种职业信息和资源。

(3) 确定目标并实施战略。将个人目标和组织目标相结合，制定可行的职业生涯规划。

(4) 不断评估与调整。在行动中不断再评估，从而对个人的职业生涯进行再调整和管理。

职业生涯管理是一个不断循环的过程，个人需要开发一系列与职业相关的职业能力，深入了解自己的职业环境，通过一些技术和方法不断进行系统的自我分析，调整职业取向定位，避免人职不匹配的现象。

(二) 与相关概念的区别和联系

1. 职业生涯与职业生涯管理

职业生涯是指在人的一生中所有与工作相关的经历。这一概念既包括客观事件，如工作岗位或与工作相关的各种决策，同时又包括与工作相关的主观情绪，如工作中的感受、工作期望等，客观事件和主观情绪在职业生涯中都是必不可少的。需要注意的是，我们对职业生涯的定义对个人的工作角色并没有专业性、稳定性的要求，职业可以根据不同时期、不同情况进行更换，甚至工作领域也可以更改，只要参加与工作相关的活动，我们就是在度过自己的职业生涯。在职业生涯中，个人对客观环境的改变，如找到新工作，或者对主观情绪的调整，如改变自己的工作期待，就是在进行职业生涯管理。在个人的职业生涯中，职业生涯管理是一个持续的、不断循环的过程。

2. 职业生涯规划与职业生涯管理

在前面的章节中，我们提到了职业生涯规划的概念。简单来讲，职业生涯规划就是对自己的职业志向提前进行设计、准备、行动、反馈的过程。在这一过程中，我们需要对个人职业生涯的主客观条件进行分析、评定、总结，需要对自己的兴趣、能力、价值观、性格特点等进行澄清和权衡，同时要结合时代特点和自己的职业倾向，确定最佳的职业奋斗目标，并为实现这一目标做出行之有效的安排。

从不同层面来看，两者的关系是相辅相成的。从时间层面来看，职业生涯管理是一个长期的过程，根据不同时期内外部条件的不同对个人的职业生涯规划进行调整和修正；从广度层面来看，职业生涯管理的内容广泛，涉及面广，如针对个人的教育培训、针对组织的制度完善等均可列入其中，这些内容又可以不断提升个人能力，对个人的职业发展提供帮助。由此可见，职业生涯管理的重点是做好个人的职业生涯规划，并对其做出一个动态的监督、评估、反馈和修正。

3. 职业生涯发展与职业生涯管理

职业生涯发展是指在职业生涯计划的基础之上，个人沿着原来设计的路线进行发展，横向上不断地从一个岗位到另一个岗位，纵向上则是不断上升的趋势，直至实现职业生涯目标的过程。在各个阶段中，职业生涯发展是一个使人不断进步的过程，其本质是使个人得到全面发展，它属于职业生涯规划的范畴，但它强调的是个人职业生涯从低到高发展的过程、一个层级逐渐向上递进的过程，职业生涯发展重视个人的成长空间。职业生涯发展为职业生涯管理提供评估对象和动态管理基础，而职业生涯管理又为职业生涯发展提供理论依据和发展方向。

【课堂活动 11-1】

职业生涯简图

我们知道职业生涯包括客观事件和主观情绪，在图 11-1 中，我们对一个人职业生涯中的关键事件进行了简单概括，请阅读图 11-1 并采访周边朋友、家庭成员或者其他人物，对其职业生涯中的关键事件做出评价，并仿照图 11-1 勾画出这个人物的职业生涯简图。

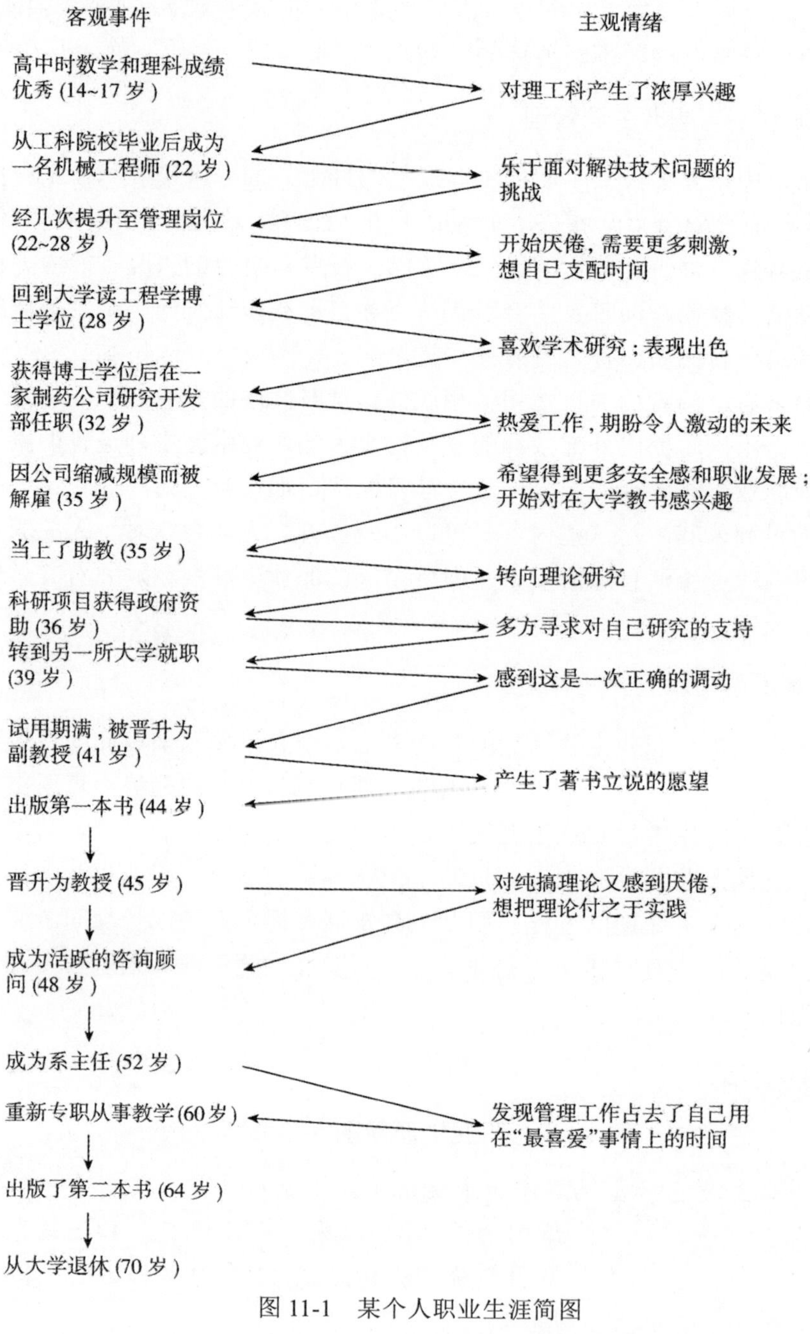

图 11-1　某个人职业生涯简图

（图片来源：格林豪斯，卡拉南，戈德谢克. 职业生涯管理[M]. 王伟，译. 北京：清华大学出版社，2014）

二、职业生涯管理的意义

职业生涯管理可以让我们与时俱进。经济全球化及世界经济的不确定性给我们每个人的职业生涯带来很大影响。智能化时代的到来、国际竞争的越发激烈、科技在企业中的渗透、各国文化的交流等使得许多企业开始进行内部结构的重大变革，职业世界对专业型、创新型人才需求不断增加。由此可见，职业世界稳定的工作、“铁饭碗”在逐渐消失，取而代之的是职业世界对于那些能够与时俱进的、适应未来各种工作变动的职业人的需求量变大。未来职业世界所需要的也正是这些能够在不断变化的工作环境中时刻保持学习状态、适应发展的脚步、不断提升自己的工作能力、能应对职业世界变化的职场人，而这些需要我们随时了解自己、了解职业世界，也就是对自己的职业生涯进行管理。

职业生涯管理可以平衡工作与生活。《论语》中说三十而立，指的就是成家与立业，可见，在中国人的传统观念中，家庭这一概念具有不可替代的地位。在工作世界里，我们也不得不考虑家庭的问题。随着职位的晋升、工作内容的增加，可能会出现个人工作和家庭生活不能兼顾的情况，那么此时是选择职务晋升还是享受家庭生活？不同的年龄阶段，每个人对于家庭和工作的期待可能也会产生变化，尤其现在随着高科技的出现，工作和家庭的界限变得模糊，电脑让我们的工作从办公室转移到餐厅或者书房，平衡工作与生活成了我们管理的一部分重要内容。

职业生涯管理可以保证个体的职业生涯规划更加行之有效。职业生涯管理的重点是做好个人职业生涯规划，但是在最初制定个人的职业生涯规划时，我们往往对自身的认识不够准确，对外部世界的了解不够全面，因而在确定职业目标时可能会比较模糊或者抽象，如果不对其进行一个动态监管，那么我们的职业目标必然会出现偏差甚至会脱离实际。因此，当我们离开学校进入工作世界时，当我们对职业世界有了直观感受，对实际工作有了亲身体验时，那么我们对自己、对职业世界又会产生新的认识。带着这种认识，让我们重新审视自己的职业定位和职业目标，我们会发现只有通过不断地总结经验、反复地评估修正，才能减少最终的职业目标和阶段目标的偏差，而这一过程就是职业生涯管理的过程。

延伸阅读 11-1
无边界的职业生涯

三、职业生涯发展阶段

“吾十有五而志于学，三十而立，四十而不惑，五十而知天命，六十而耳顺，七十而从心所欲，不逾矩。”《论语》中的这段话体现了个体在不同年龄阶段的特点是不一样的，职业生涯同样存在不同的发展阶段。职业生涯管理是一个动态的管理，它贯穿于整个职业生涯发展的全过程，根据不同阶段职业生涯的特点，其任务均是不同的。对于职业生涯发展阶段的划分，不同学者有不同见解，本书第一章第三节介绍了美国学者舒伯对职业生涯发展阶段的划分。舒伯将职业生涯发展阶段划分为以下 5 个阶段。

(1) 成长阶段(0～14 岁)。在这个阶段，个人的自我概念发展日趋成熟。个体对职业开始产生好奇，通过不同方式表达自己的需要，同时个体对社会现实逐步产生注意和兴趣，在对现实世界的不断尝试中进行个人角色的修饰并有意识培养自己的职业能力。成长阶段是一个人生涯的准备阶段，虽然这个阶段看似和职业没有关系，但却是非常重要的阶段。

(2) 探索阶段(15～24 岁)。个体在学校学习、休闲活动、实践工作中不断进行职业探索，职业目标开始聚焦于某些特定的领域。从职业生涯的角度来说，探索阶段是一个人职业发展期间困惑最多的时期，同时也是一个人职业方向选择的重要时期，因为这一时期面临着高考填报志愿和大学毕业就业方向的选择。

(3) 建立阶段(25～44 岁)。这个阶段又分为适应期和稳定期两个阶段。这一时期个人开始尝试选择适合自己的职业领域，对于初次选择的职业领域有些人会顺利度过适应期并稳定下来，有些人则会进行重新选择，或回到探索阶段进行重新规划。这个阶段也是一个人职业发展的黄金时期。

(4) 维持阶段(45～64 岁)。在这一阶段发展个体的任务是维持既有成就与地位，探索适当的发展或者晋升，维持职业发展的成果，为退休做好准备。

(5) 退出阶段(65 岁以上)。由于生理及心理机能日益衰退，个人职业角色的分量逐渐减少，开始考虑逐步退出职业领域，退休并享受自己的晚年生活。

上面已经概述了舒伯按照年龄阶段来进行划分的职业生涯发展的 5 个阶段，但是这一划分方法并非是展望未来职业发展的唯一途径或最佳途径。关于职业生涯发展阶段的划分存在这么一个问题：这些发展阶段真的是像年龄从小到大那样稳定进行的吗？答案当然是否定的，所有的年龄阶段都只是大致的划分，不同的人会有不同的阶段起点和阶段终点。比如，一名本科毕业生可能在二十四岁就有了第一份全职工作，而一个博士可能直到三十二岁才会有第一个职位。我们之所以仍然坚持以年龄来划分阶段，是因为我们认为年龄在个人职业生涯中，是形成职业期待、积攒职业经验、明确职业目标等最主要的原因，在确定职业阶段中也起着关键性的作用。

第二节　职业生涯管理探索

事物都是在变化和发展的，由于自身及外部环境的变化，职业生涯也是在变化的。这就需要我们不断将自己的职业发展实际情况和职业生涯规划进行对比和评估，及时调整不恰当的目标，促进个体的职业生涯发展。在本书前几章的内容中，我们已经学习了如何对自己和外部世界进行深入且准确的探索、如何制定并执行适当的生涯战略等，接下来，我们将着重介绍职业生涯管理的过程、评估与修正。

一、职业生涯管理的过程

职业生涯管理的过程就是做出一系列决策的过程。毕业后你想参加工作还是继续学习深造？你想从事市场营销还是会计方面的职业？毕业后你如愿进入职业世界，你想成为一名管理者还是当一名普通职员？人到中年，面临失业你该何去何从……一系列的问题都需要我们不断思考、积极做出决策，对我们的职业生涯进行有效管理。那么，个人的职业生涯该如何进行管理，如何评判这是有效管理呢？接下来我们以格林豪斯等人提出的职业生涯管理模型为理论基础来进行讨论。

(一) 格林豪斯职业生涯管理模型

格林豪斯职业生涯管理模型为我们提供了一个职业生涯管理的完整过程，他认为完整的职业生涯管理过程应该包含 8 个方面，即职业测评、认识自身和环境、确定目标、战略制定、战略实施、接近目标、获得反馈、职业评价，如图 11-2 所示。

我们来举个例子说明一下这个过程，比如在案例导入中我们提到了小李想要改变自己的工作岗位，但是对于目标又不确定自己是否适合、不知道自己该怎么办，那么通过职业生涯管理模型，小李或许能够得到答案。

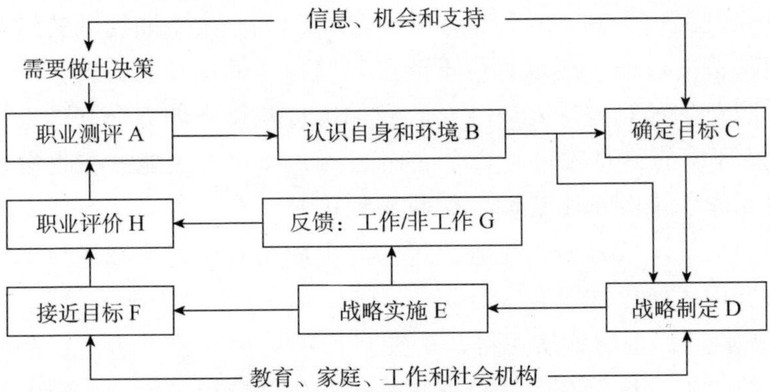

图 11-2　职业生涯管理模型

首先，小李应该进行职业测评。在这一环节中，他需要收集有关自己的相关信息，比如他的兴趣、能力、对工作的期待等。另外，他还需要收集公司的相关信息，比如目前岗位的晋升渠道有哪些，管理人员需要做哪些工作，要想成为管理人员自身需要具备哪些条件。这一环节实际上是小李收集、分析自己及所在环境的有关信息，从这些信息中找到自己的职业目标的过程。测评的具体方式也可以参考本书前几章的内容。

如果在第一环节中，小李能够进行有效测评，那么他应该能够达到第二环节的效果即认识自身和环境，也就是深入了解自己的价值观、兴趣、能力等，同时对于公司的环境更加熟悉、对岗位职责的认识更加清晰，基本可以确定自己的职业目标。对于职业目标，格林豪斯提出了概念性目标和行动目标。概念性目标是一个总体性的概括，它根据个人兴趣、性格、价值观等自身情况来确定，也就是确定自己想干什么。行动目标，顾名思义就是帮助我们实现概念性目标的一个过程，行动目标根据工作环境来确定，也就是知道自己应该干什么。

目标确定以后，接下来就是制定战略、实施战略阶段。有了具体目标，更重要的就是持之以恒的实践和行动。在战略实施过程中，我们会得到大量的反馈，通过这些反馈我们可以对此项工作或者奋斗目标进行评价，也就是进入职业评价环节。职业评价环节又为我们开始的职业测评提供了工具，例如，在实践中小李发现自己并不适合当管理者，那么他可以返回确定目标环节中更改职业目标，或调整自己的战略等。这样一来，整个职业生涯管理形成一个循环的过程。

由此可见，这一模型以个人为导向，个体需要通过收集信息，以便于更好地认识自己和周围的环境，然后确定目标，制订发展计划和战略战术并付诸实施，再获得更多的信息反馈并进行职业生涯评估，最终不断前进，继续其职业生涯管理工作。所有这些构成了一个持续的解决问题、制定决策的循环。

(二) 有效的职业生涯管理

什么是有效的职业生涯管理？有效的职业生涯管理应该有哪些指标？上例中，假设小李通过努力得到管理岗位，那么是否说明了他此次对于职业生涯的管理是有效的呢？或者虽然他每个环节都做得很好，但是因为其他客观原因，仍然没有达成目标，是不是就说明他的职业生涯管理是无效的呢？我们说职业生涯管理是一个不断循环的过程，是一个持续解决问题、制定决策的过程，所以我们不能仅仅以短期的成功与否就作为管理有效性的评判标准。在判断职业生涯管理的有效性时，我们可以从以下四方面来进行评价。

(1) 对个人及环境的信息收集是否全面而准确。如果个人能够在收集信息过程中准确了解自己、了解工作环境，那么说明我们收集的信息是全面的、可行的。对个人以及工作环境有一个清晰的认识，这是做出正确决策的前提和基础，只有知道自己喜欢干什么、能干什么，制定的目标才能更加符合实际。

(2) 确定的职业目标是否切实可行。职业目标的提出为我们确定了奋斗方向，这一方向应该是与个人的兴趣、价值观、社会需求等相一致，应该是由我们个人基于对自己、对社会的了解后而确定的，并非实现他人愿望的。

(3) 实施方案的制定是否准确有效。有了目标，没有具体的行动方案，或者方案不具备可行性则无法实施。要想真正实现目标，需要完整准确的实施方案和持之以恒的坚持实践。靠运气而达成的目标具有偶然性，而在持续的职业生涯管理的过程中仅靠运气是远远不够的。

(4) 匹配及调整的过程是否能循环进行。我们知道职业世界是一个不断变化的世界，我们所掌握的信息也是随时在变化的信息，比如公司内部结构的调整、个人职业期待的变化等，唯一不变的就是变化。这就需要我们随时对人职匹配程度进行评估，同时对职业目标或者职业战略进行调整，用不断更新的决策来解决不断出现的问题。

综上所述，有效的职业生涯管理衡量标准并非最终的“成功”或者“失败”，它不仅要求我们要深刻地了解自己、了解周围环境，更重要的是个人在职业生涯管理过程中能够提高发现问题的洞察力，增加解决问题的决策力。

二、职业生涯管理的评估

职业生涯管理是一项周而复始的连续过程。在格林豪斯等人提出的个人导向的职业生涯管理模型中，很重要的一个环节是对整个职业生涯进行评价并不断调整。影响职业生涯规划的因素有很多，有的变化因素是可以预测的，而有的变化因素难以预测。在此状态下，要使职业生涯规划行之有效，就必须不断地对职业生涯规划执行情况进行评估，通过评估可以更加真实地了解自己接下来的目标或者根据实际情况做出调整。通过以下步骤可以对自己的职业生涯规划进行简单评估。

首先确定评估内容。一般情况下，我们对于个体职业生涯规划的评估主要围绕以下三个问题来展开：生涯目标设定得是否合理，计划及措施的制定是否科学，实际执行起来是否顺利。其次通过不同层面进行评价。从时间层面来看，我们的各项目标是否在计划时间内完成，若能按时完成说明计划较为合理，如果在规定时间内无法完成则说明计划需要修改和完善；从完成程度看计划的合理性，在完成过程中是轻松完成、勉强完成、顺利完成还是无法完成。最后全面收集反馈信息。除了自我评价外，在收集信息时还应考虑家庭、单位、社会等对我们的工作进行评价，从而形成一个评价网络，使得信息更加全面准确。

需要注意的一点是，我们对反馈信息的准确性和可用性要进行分析和甄别，因为收集的信息难免会因为客观原因而存在一定误差，所以在做出结论前一定要对收集到的信息进行准确性和可用性分析，结合多方面的评价，从而保证结论的客观准确。

在发达国家很多企业里都有一种称为PPDF的方法，PPDF英文全称是personal performance development file，即个人职业表现发展档案。在企业中，PPDF的作用简单来讲就是将个人的发展同单位的发展紧密联系在一起，帮助个人了解组织目标并由此确立个人目标，这实际是一种极有效的人力资源开发的方法。

PPDF的主要内容包括个人情况、现在的行为和未来的发展。

(一) 个人情况

(1) 个人简历：包括个人的生日、出生地、部门、职务、现住址等。

(2) 文化教育：初中以上的校名、地点、入学时间、主修专题、课题等。所修课程是否拿到学历，在学校负责过何种社会活动等。

(3) 学历情况：填入所有的学历、取得的时间、考试时间、课题以及分数等。

(4) 曾接受过的培训：曾受过何种与工作有关的培训(如在校、业余还是在职培训)、课题及其形式和开始时间等。

(5) 工作经历：按顺序填写以前工作过的单位名称、工种、工作地点等。

(6) 有成果的工作经历：写上你认为以前有成绩的工作。

(7) 以前的行为管理论述：写你对工作进行的评价，以及关于行为管理的事情。

(8) 评估小结：对档案里所列的情况进行自我评估。

(二) 现在的行为

(1) 现时工作情况：应填写现在的工作岗位、岗位职责等。

(2) 现时行为管理文档：写上现在的行为管理文档记录，可以加一些注释。

(3) 现时目标行为计划：设计一个目标，同时列出和此目标有关的专业、经历等。这个目标是有时限的，要考虑到成本、时间、质量和数量的记录。如有问题，可以立刻同你的上司探讨解决。

(4) 现时目标：如果你有了现时目标，它是什么？

(5) 现时目标设定期限：怎样为每一个目标设定具体的期限？此处写出你和上司关于目标设定期限的谈话的主要内容。

(三) 未来的发展

(1) 职业目标：在今后的 3～5 年里，你准备在单位里晋升到什么位置。

(2) 所需要的能力、知识：为了达到目标，你认为应该拥有哪些新的技术、技巧、能力和经验等。

(3) 发展行动计划：为了获得这些能力、知识等，你准备采用哪些方法和实际行动。其中哪一种是最好、最有效的？谁对执行这些行动负责？什么时间能完成？

(4) 发展行动日志：此处填写发展行动计划的具体活动安排及所选用的培训方法，如听课、自学、所需日期、开始的时间、取得的成果等。这不仅是为了提升自己，也是为了了解工作、了解行为。同时，还要对照自己的行为和经验等，写上你从中学到了什么。

从上面的内容中我们可以看到，在完成 PPDF 手册的同时，我们也基本完成了对职业生涯规划的评估工作，因此这个方法的可操作性非常强。

三、职业生涯管理的修正

职业生涯规划的反馈与修正是指在实现职业生涯目标的过程中，根据实际情况自觉地总结经验和教训，修正对自我的认知和对职业目标的界定。对生涯规划的调整主要包括两方面，即生涯目标的调整和生涯规划措施的调整。通过反馈与修正，我们可以修正对自我的认知，纠正最终职业目标与分阶段职业目标的偏差，保证职业生涯规划行之有效。

(一) 具体修正内容

对职业生涯规划进行修正时，其内容应主要包括阶段性生涯目标的重新选择、生涯发展目标的重新调整、生涯发展路线的重新制定、生涯目标实施方案的重新变更等。在修正的过程中，必须重新进行自我探索和外部环境探索，结合对环境、组织、个人等因素的考虑，回答以下问题：

(1) 我的人生价值是什么？

(2) 我有哪些技能和条件？

(3) 我感兴趣的事情是什么？

(4) 我的人格特质是什么？

(5) 所在的工作领域有我发展的机会吗？

(6) 本工作的哪些方面让我满意？哪些方面具有挑战性？

(7) 对于设定的职业目标，我是否认为适合我自己？

(8) 我的职业是否需要重新选择？

(二) 修正方法及目的

职业生涯管理和调整，实际是对职业生涯规划步骤的再循环，但是这种循环并非简单重复，而是根据现实情况，对原有规划的再创造。通过评估和修正，应该达到以下目的：

(1) 重新剖析自己并找到自己的优势所在，充满信心。

(2) 再评估个人的职业生涯机会，对自己的发展机会有清楚的了解。

(3) 明确自己有待改进的关键之处，且改进计划清晰可行，调整或者更改个人的远期目标或者阶段目标。

(4) 实施计划，根据修正后的规划制定新的自我提升措施，使自己能够取得显著的进步和成就。

总之，生涯规划本身不是一成不变的，它随着人生的发展、环境的变迁不断地变化。在职业生涯规划实施过程中，我们必须对阶段性的结果进行评估，根据评估结果找出与规划之间的差距，分析差距产生的原因及目前存在的问题，并对生涯规划进行有针对性的调整。

【课堂活动 11-2】

职业满意问卷

(1) 你工作时看表吗？

A. 不断地看(1 分)　　B. 不忙的时候看(3 分)

C. 不看(5 分)

(2) 到了星期一早晨：

A. 你愿意回到单位去(5 分)　　B. 你渴望摔伤腿而住进医院(1 分)

C. 开始觉得勉强，过一会儿就想回到单位去上班(3 分)

(3) 一天快结束时，你感觉如何？

A. 疲惫不堪，全身不舒服(3 分)　　B. 为能维持生活而感到高兴(1 分)

C. 有时感到累，但通常很满足(5 分)

(4) 你对自己的工作忧虑吗？

A. 偶尔(5 分)　　B. 从来没有(3 分)

C. 经常(1 分)

(5) 你认为你的工作：

A. 对你来说是大材小用(1 分)　　B. 使你很难胜任(3 分)

C. 从没想过要做这份工作(5 分)

(6) 你对自己的工作：

A. 不讨厌(5 分)　　B. 感兴趣，但有困难(3 分)

C. 厌烦(1 分)

(7) 你用多少时间打电话或做与工作无关的事？

A. 很少一点时间(5 分)　　B. 在个人生活遇到麻烦时用一些时间(3 分)

C. 很多时间(1 分)

(8) 你想换个职业吗？

A. 不太想(5 分)　　B. 不想，但想在本职业中找个好位置(3 分)

C. 想(1 分)

(9) 你觉得:

A. 你总是很有能力(5 分)　　B. 你有时候很有才能(3 分)

C. 你总是没有能力(1 分)

(10) 你认为你自己:

A. 喜欢并尊重同事(5 分)　　B. 不喜欢同事(3 分)

C. 和你的同事比差不多(1 分)

(11) 哪种情况同你最相符？

A. 不想再钻研有关工作的知识(1 分)　　B. 开始工作时很喜欢学习(3 分)

C. 愿再学点有关工作的知识(5 分)

(12) 你具有哪些个性特点？你认为工作需要什么？(每重叠一项计 5 分，不重叠计 2 分)

A. 专心　　B. 幽默　　C. 体力好　　D. 思维敏捷

D. 好创新　　F. 记忆力好　　G. 镇定　　J. 有魅力

(13) 你最赞成以下哪种说法？

A. 工作即赚钱谋生(1 分)

B. 主要为赚钱，如有条件希望能做令人满意的工作(3 分)

C. 工作即生活(5 分)

(14) 工作加班吗？

A. 如果付加班费，就加班(3 分)　　B. 从不加班(1 分)

C. 经常加班，没有加班费也如此(5 分)

(15) 除假日或病假，你是否缺勤？

A.一点也没有(5 分)　　B. 仅仅几天(3 分)

(16) 你对自己的工作:

A. 劲头十足(5 分)　　B. 没有劲头(1 分)

(17) 你认为你的同事们:

A. 喜欢你(5 分)　　B. 不喜欢你(1 分)

(18) 关于工作上的事，你:

A. 只与同事讨论(3 分)　　B. 同家里人和朋友谈(5 分)

C. 尽量少谈或不谈(1 分)

(19) 你经常患小病或说不清的病吗？

A. 难得患一次病(5 分)　　B. 不经常患病(3 分)

C. 经常患病(1 分)

(20) 目前的工作你是怎样选择的？

A. 父母或老师帮忙决定的(3 分)　　B. 你唯一能找到的(1 分)

C. 当时觉得很合适(5 分)

(21) 当家庭与工作矛盾时，哪方取胜？

A. 家庭一方(1 分) B. 工作一方(5 分)

C. 根据具体情况而定(3 分)

(22) 如果少付 1/3 工资，你还愿意做这份工作吗？

A. 愿意(5 分)

B. 内心愿意，但负担不了家庭，只好作罢(3 分)

C. 不愿意(1 分)

(23) 如果你被迫离开工作，你最想念什么？

A. 钱(1 分) B. 工作本身(5 分)

C. 工作单位(3 分)

(24) 你会为了消遣一天而请一天事假吗？

A. 会(1 分) B. 不会(5 分)

C. 如果工作不忙，可能会(3 分)

(25) 你觉得自己在工作中不受赏识吗？

A. 偶尔觉得(3 分) B. 经常觉得(1 分)

C. 很少觉得(5 分)

(26) 你最不喜欢你职业的哪方面？

A. 时间太死板(3 分) B. 乏味(1 分)

C. 不能按自己的想法做(5 分)

(27) 你爱人认为你能把个人生活与工作分开吗？

A. 严格分开(1 分) B. 时常分开，但也有不分开之处(3 分)

C. 完全没分开(5 分)

(28) 你建议自己的孩子将来从事你的职业吗？

A. 是的，如果他有能力并且合适(5 分) B. 警告他不要做(1 分)

C. 随孩子的便(3 分)

(29) 如果你有了一大笔钱，你会怎样？

A. 辞职，再也不干工作了(1 分) B. 找一个自己一直想找的职业(3 分)

C. 继续做现在的工作(5 分)

【测试结果倾向】

30～40 分：极不满意自己的职业。毫无疑问，没有必要再干下去。如果你还年轻，应立即鼓足勇气去寻找令你满意的工作。

41～56 分：不满意自己的职业。有可能你选错了职业，也有可能自己估计太高，因而产生失落感，工作的热情总是调动不起来。

57～99 分：比较满意自己的职业。觉得工作环境挺好，同事也不错，确有被提拔的机会，但你不一定喜欢艰苦的领导职务。

100～124 分：非常满意自己的职业。工作对你十分重要，你对工作有高度的责任感。你是工作中的成功者和愉快者。

125 分以上：你的职业已使你产生了变态心理。工作成了你生活的全部，除此之外，你认为世界上任何事物都不复存在了。要警惕!

(资料来源：宁佳英. 大学生职业生涯规划[M]. 广州：华南理工大学出版社，2009)

第三节　个人能力提升与发展

离开校园我们将奔赴各自的工作岗位，进入职场生涯。作为一名职场新人，我们需要做的不仅是适应环境，更重要的是学会在工作岗位上不断提升，怀抱梦想又脚踏实地，敢想敢为又善作善成，实现自己从校园到职场的华丽转变。

一、走进职场

(一) 学校和职场的对比

与校园生活相比，职场生活有很大不同，比如人际关系、文化环境、生活环境等。初入职场，当务之急是尽快适应职场生活，把握职场规律，为今后的职业生涯发展打下良好基础。

表 11-1 从文化、领导、学习/工作过程三方面为我们展示了大学环境和工作环境的区别，通过表格我们可以看到职场生活和校园生活是截然不同的，这也是为什么我们在第一份工作时会感到困难重重。复杂的人际关系、时间的管理、组织文化的学习等各方面都可能让我们感到不适应。但这些都是不可避免的，也是我们必须经历的，与其抱怨职场世界的不友好，不如现在开始学习如何提高职业能力、适应职场生活。

表 11-1　大学环境与工作环境的区别

工作文化	校园文化
1. 更固定的时间安排。 2. 不能缺勤。 3. 得到的反馈既无规律又很少。 4. 没有暑假，节假休息也很少。 5. 很少有问题的正确答案。 6. 任务模糊、不清晰。 7. 根据团队表现进行评估。 8. 工作循环周期更长，持续数月或数年。 9. 奖励通常以主观性标准和个人判断为基础	1. 弹性的时间安排。 2. 可以请假缺课。 3. 得到的反馈既规律又具体。 4. 充足的假期和自由的节假日。 5. 问题总有正确答案。 6. 教学大纲提供明确的任务。 7. 分数上的个人竞争。 8. 工作循环周期短，每周班级会面 1～3 次，每学期 17 周。 9. 奖励以客观标准和优点为基础

(续表)

你的老板	你的教授
1. 通常对讨论不感兴趣。 2. 分派紧急的工作，交付周期很短。 3. 有时很独断，并不总是公平的。 4. 以结果(利益)为导向	1. 鼓励讨论。 2. 规定完成任务的交付时间。 3. 被期待是公平的。 4. 以知识为导向
工作的过程	**学习的过程**
1. 具体的问题解决和决策制定。 2. 以工作中的临时性事件和具体、真实的生活为基础。 3. 社会化、共享型的学习	1. 抽象性、理论性的原则。 2. 正规的、结构性的和象征性的学习。 3. 个人化的学习

(二) 职业生涯素质提升

在知识不断更新的今天，唯有上下求索才能不断进步，才能紧跟时代的步伐。大学毕业生是高校培养出来的人才，应不断掌握就业技巧，提升就业能力，促进知识的纵深发展，精益求精。

(1) 职场适应能力。社会是复杂多变的，职场环境也是不断更新的。从大学校园走向社会职场，其中的角色转换还有环境的改变都需要一定的适应过程，要让自己从学校到社会顺利过渡，根据社会的发展、根据工作的需要去调整自己的知识结构、能力结构及行为方式，随机应变，尽快适应环境，合理调控自己的状态。

(2) 情绪管理能力。情绪管理能力是指在充分了解自我的基础上，具有调节和控制自我情绪的能力。情绪管理必须建立在自我认知的基础上，要学会认识自己的情绪，掌握自己的情绪，才能适当表达、反省自我，妥善管理自己的情绪。正所谓“职场如战场”，大学生从校园步入社会，更应该学会进行情绪的合理疏导和自我调节，控制情绪，适当宣泄消极情绪，保持情绪稳定，不因个人情绪问题而引起冲突甚至盲目辞职。

(3) 压力管理能力。大学生承载着来自社会、家长的高期望值，导致他们自我定位较高且成才欲望强烈。高等教育大众化使得大学毕业生数量急剧增加，而社会能够提供的岗位增速有限。就业竞争激烈、从业要求提高、专业不对口等问题，无情冲击着大学生的心理承受力。就业过程中可能会出现急功近利、急躁恐慌、悲观等不良心态，大学生要主动自我调适，改变择业时的不良心态。首先客观认识和评价自我，看到自己与理想岗位的差距并不断改进和努力；其次还要树立信心，告诉自己“我能行”，鼓起勇气参与竞争，同时在竞争过程中以平常心对待成败，主动适应社会需求。

(4) 时间管理能力。提高时间管理能力有利于帮助大学生有效地运用时间，不断培养自己的创新意识和创新能力。首先，强化时间价值感，通过学习的形式增强时间价值感，提高时间管理意识，养成良好的时间管理习惯，进而提高时间管理能力；其次，增强时间规划力，设立恰当的时间目标，并在目标确定后形成“计划—行动—检验—调整—重新开始”的微循环，及时调整计划，同时在学习工作中注意分清事物的轻重缓急，合理规划时间；最后，提高做事效率，合理规划时间、运用时间，使时间价值发挥到最大。

(5) 终身学习。学习是一个一生的任务，创新意识和能力来源于不断地学习。终身学习是活到老、学到老，是每个人经营生命的重要途径之一。正如宋朝大思想家朱熹先生所说过："无一事而不学，无一时而不学，无一处而不学。"这体现了终身学习的精髓。进入职场，面对激烈变动的社会环境，步调更新日益迅速，只有不断学习，才能符合时代的要求。

二、实践与应用

职业生涯规划书是对个体职业生涯规划的浓缩和集中体现。通过职业生涯规划书(见表 11-2)，我们可以将自己对未来的规划进行梳理和陈述，记录自己的生涯发展过程，为下一步的职业发展指明方向。职业生涯规划书一般包括引言、自我探索、职业探索、决策与应对、计划与实施、自我监控以及结束语等内容。

表 11-2　《职业生涯规划书》基本内容

引言 一、自我探索 职业兴趣——喜欢干什么 职业能力——能够干什么 职业价值观——最看重什么 个性特征分析——适合干什么 成长经历 自我分析小结 二、职业探索 社会整体就业趋势分析——社会就业环境情况了解 求职行业环境分析——对有求职意向的各行业进行比对分析 职业目标分析——聚焦目标职业领域 三、决策与应对 职业目标确定——确定目标职业 岗位要求及发展前景——深入了解目标职业 备选方案——做好预案 四、计划与实施 时间——划分阶段 确定总目标、分目标 计划内容——制订具体实施计划 实施路径——找到具体实施方法 五、自我监控 监控 评估 调整 六、结束语

(1) 引言部分是对职业生涯的总体认识，对个体职业生涯的整体判断，提出本规划书要研究的问题，引导读者阅读及理解全文。

(2) 第一部分为自我探索，着重讲清楚以下几个问题。

- 我的职业兴趣——我喜欢干什么。
- 我的职业能力——我能够干什么。
- 我的职业价值观——我最看重什么。
- 我的个性特征分析——我适合干什么。
- 我的成长经历及自我分析小结。

(3) 第二部分为职业探索，需要分析以下三方面的问题。

- 社会整体就业趋势分析——了解社会就业环境情况。
- 求职行业环境分析——对有求职意向的各行业进行比对分析。
- 职业目标分析——聚焦目标职业领域。

(4) 第三部分为决策与应对，需要具备以下三方面的内容。

- 即职业目标确定——确定目标职业。
- 岗位要求及发展前景——深入了解目标职业。
- 备选方案——做好预案。

(5) 第四部分是计划与实施，从以下三方面着手。

- 时间——划分阶段并确定总目标和分目标。
- 计划内容——制订具体实施计划。
- 实施路径——找到具体实施方法。

(6) 第五部分自我监控，主要包括监控、评估和调整。

延伸阅读 11-2
职业生涯规划书节选

讨论与思考

1. 有些大学生认为职业生涯规划的唯一目的就是找工作，通常是大四毕业前夕再临时突击，将职业生涯规划等同于就业前的短期培训。你如何看待这种做法？

2. 有人说职业生涯规划一旦制定就不能轻易更改，要想办法完成职业目标，否则制定规划的意义又在哪里呢？你是如何看待这种想法的？

3. 为什么对自己的职业生涯进行监管和评价是一件重要的事情？个人和环境的变化会对自己的职业生涯产生什么影响？

4. 请根据本章学习的内容，结合对自身的分析和职业定位，为自己量身打造一份《职业生涯规划书》。

第十二章
创业探索

依据教育部《普通本科学校创业教育教学基本要求》文件精神，根据学生培养整体安排，以课程教学为基础，讲解创业基本知识和创业意识的唤醒启发，匹配相应的实践环节，鼓励学生参加“创青春”全国大学生创业大赛校赛、省赛、国赛。具备相应资源储备和成熟经验的学生可以组建团队入驻创业学院、校企产业园或孵化园。

通过本章的学习，读者应了解和掌握以下内容：

(1) 了解创业的概念及基本知识，熟悉创业的特征类型，客观地认识自我。

(2) 了解创业者和创业团队，了解创业者需具备的心理素质及能力素质，熟悉创业过程模型，根据个人实际做出初步意愿决策。

(3) 熟悉创业计划书的内容要求，学会撰写与计划书推介展示。

案例导入

你就是那个卖牛仔裤的！

他，人称学习王者小聪，青岛人，毕业于济南大学文学院。

因为创业，他留在了济南；也因为创业，他跑遍了济南。小聪的创业公司起步于大三，但是创业的真实想法源于大一的一次外联，本着对自己负责的最朴素想法，他加入了学院学生会外联部。受学长学姐的安排，尤其是在一个学长极不相信的眼神中，被派出去拉赞助，此项工作着实不是一件简单的事情。

“去呗！”想起第一次拉赞助时，小聪轻松地说。

“第二天就发现不是那么回事，于是改变想法，广撒网，重培养，踏踏实实地跑啊，聊啊，发挥自己优势，从有意向中谈意向……腿快跑折了，终于敲定了，200 元，当天中午在外吃饭，本想要个矿泉水，看了一眼忍住了……”

这也让他成为所有大一同学中第一个也是唯一一个拉来赞助的同学。如果说第一次赞助来源于勤奋，之后天生不服输的他，却慢慢找到了其中的乐趣。当别人都走向“仕途”时，他选择了——坚守。

一个熟悉他的老师这样描述他：“小聪，这个小孩很有意思，他身上最大的特点就是，具有持续的学习能力。当时拉外联挺成功，但他没有接着按这条路继续走下去，既然拉外联和商家交换的条件是给他们印广告、印传单、印横幅，为什么还要和人家拉外联啊？那就开个印刷店好了，不管拉的外联是甲火锅店、乙火锅店，还是其他店，总之都要印横幅、印传单，所以建立个广告公司，专门印制这些东西。随后(他)经营广告公司过程中忽然又发现一个问题，开始观察谁印得多，广告力度最大呢？那么，他就是大客户。小聪发现，不是火锅店，不是这些小店小作坊，是 LSGB，是 WX，是 TX，它们的校园推广力度大，要求高，还印彩页。他直接去接触这些人，希望能给他们做校园推广，给他们公司做上游，在大学里有外联、宣传、活动策划、主持等一条龙，然后(大客户)就同意由小聪做校园推广。一段时间之后他忽然又发现，校园推广中最挣钱的是什么？……从那个时候，我就开始指导他了，我就(给他)说，你就是卖牛仔裤的，西部淘金的时候大家都去西部淘金，好多人淘不到金子，但是所有人都需要一条牛仔裤。”

输不丢人，怕才丢人，危机，熬过去就是转机。他，一直在路上……

(资料来源：作者教学案例)

然而，如何面对创业？创业前应该如何进行创业准备呢？

第一节　创业基础

创业是创业者对自己拥有的资源或通过努力对能够拥有的资源进行优化整合，从而创造出更大经济或社会价值的过程。创业是一种思考、推理结合运气的行为方式，它为运气带来的机会所驱动，需要在方法上全盘考虑并拥有和谐的领导能力。

一、创业的概念

顾名思义，“创”即创造，“业”即职业、事业，“创业”就是创造一份职业或事业，这是创业最广义的定义。从这个意义上讲，只要通过自己的努力，独立自主地开创一份前所未有的事业，不论是个人家业、商业企业，还是社会文化或政治事业，都可称之为创业。

创业的狭义定义是创建一个新企业。企业是现代社会最普遍的经济活动载体，也是创业者最普遍的创业途径。从广义上理解为“创造你的人生事业”。当你在大学毕业前，思考未来何去何从时，创业也可以成为你未来人生的一种选择。狭义的创业，需要从大学阶段就开始准备和积累；广义的创业，需要将之转变为一种思维方式，去面对未来的种种具体选项：用创业精神去考研，用创业精神去求职，用创业精神去留学……

正因如此，创业不是一件“少数人的独门绝技”，创业是人人都需要了解的。也正因如此，“大众创业，万众创新”近几年经常被社会主流媒体提及，甚至成为一种风潮。

二、创业的特征

按照创业的狭义定义，创业行为应具备以下几个特征。

(1) 自主性。自主性即创业应是完全凭借创业者自己的力量完成的，整个创业过程是由创业者自己主导的，而不是由他人主导的。创业者运用自己的资本、知识和技能，自主进行产品开发、生产或提供服务，是一种完全独立自主的行为。这是创业和就业最主要的不同。

就业就是到别人提供的岗位上去工作，这个岗位不是就业者自己创造的，在这个岗位上去或留也不是由就业者自主决定的。

(2) 创新性。创新性即创业者所创造的一份职业或事业，是先前不存在的，只有通过创业者的创新才首次诞生。因此，创业总是和创新联系在一起。当然，创新性有强弱之分。比如，自己投资在家门口开了一个书报摊和利用自己的一项科技发明专利创办了一家公司，创新性是不可同日而语的，但毕竟都是从无到有，也都可称之为创业。相反，如果是从长辈那里继承一份家族企业，即使通过你的努力，企业又取得了巨大成就，也不能称之为创业。

(3) 功利性。创业是一个创造财富、积累财富的过程，创业者尽管有不同的创业动机，但追求财富几乎是创业的最原始、最直接的动力。如果没有利益的驱动，人们就不会甘冒风险去创业。无论创业者采取什么手段或方式创业，其目的只有一个——获取利润，这是创业的共性。

(4) 复杂性。从创业者的角度看，创业活动所涉及的内容要比打工复杂得多。创业者要研究和分析各种环境因素，要随时根据市场变动做出正确的决策，要充分开发和利用身边的各种资源，组织协调企业内部的各种因素，要处理企业创办和经营过程中出现的各种情况，包括各种突发事件和风险挑战……所以，创业是一个非常复杂的过程。

(5) 风险性。正因为创业是一个复杂的过程，会面临许多不利的、不确定因素的影响，因而创业也充满了风险性。一旦创业过程中出现一些挑战而创业者应对不当，企业随时都有可能面临危险，甚至失败。

三、创业的类型

《新华字典》对“类型”的解释是：类型是具有共同特征的事物所形成的种类。《创业中国》整理了中国富豪发财致富的九种类型，大致分为志存高远型、逼上梁山型、争气型或受刺激型、创业家族遗传型、顺理成章型、赌徒型、热血型或冲动型、因缘际遇型、知识型。《创业中国》对中国富豪发财致富类型的划分，主要是基于这些富豪创业的起因而进行的划分。大学生创业的类型依据类似的划分方式，可分为以下几种类型。

(1) 成果转化型。大学生利用专业学习的优势，在某个领域获得具有领先意义的创造、发明或技术改进，申请专利，依托科研成果的优势，创办企业，然后把科研成果投入生产，从而实现科研成果向产品的转化。这种类型的创业称为成果转化型创业。

(2) 有志创业型。许多抱有创业想法而没有投入创业实践的大学生最普遍的心态就是等待、观望。大学生创业最大困难就是缺乏社会经验，特别是缺乏资金支持。因此，虽然有创业的想法，但是大学毕业或大学读书期间即开始创业的大学生很少。即使有创业想法的人也多是先找工作，有了积累后再创业；或者边工作边创业，在工作中积累社会经验、筹措创业资金、寻找志同道合的朋友、寻找创业机会，时机比较成熟后开始创业。这种类型的创业称为有志创业型。

(3) 家族创业型。根据调查，在当今世界上，家族企业仍是最普遍和最主要的企业组织形式之一。在美国约有90%的企业为家族企业；在英国有70%的企业为家族企业；在我国台湾除公营和外资企业外，其他几乎都属于家族企业。世界各国或地区的大企业中有相当一部分属于家族企业。父辈或亲属从事企业经营活动，他们的后代以及亲族从小受家庭影响，很多人对创业感兴趣，另起炉灶，开拓新的事业领域。虽然家族型创业的大学生，拥有家族的资金、人脉优势，但是若家族型创业要想成功，仍然要有付出艰苦的努力，并兢兢业业地为之奋斗，才有可能收获成功。

(4) 辍学创业型。大学生休学或者退学创业，称作辍学创业型。Google原全球副总裁李开复说："我最担心的是'创业明星'的经历会误导很多大学生，让他们走上不该走的路。"人们大多看到辍学创业者的成功，可能不知道这些成功者在创业之前已具备常人不具备的创业条件，如比尔·盖茨在辍学前已经开始在校园里进行电脑的组装和销售，他的寝室门前常常排着很长的队伍，等待购买他的产品。还有其他机遇和个人品格的特质等种种因素，铸就了少数大学生辍学创业成功的神奇。而对于多数大学生来说，如果不顾及主客观条件就轻易辍学创业，一旦创业失败的话，职业规划将会十分困难。

(5) 就业遇挫型。一些大学生在就业遇到挫折时往往会想到创业，也确实有少数大学生因此走上创业的道路。但是仅仅因为就业遇挫而选择创业，事先没有充分的准备，心血来潮想自己闯荡一番是很难成功的，因为创业的难度远远大于就业。

一位从事大学生创业指导的老师深有体会地说："临近毕业，每天都有很多学生来咨询创业的事情，但我觉得对那些不具备创业素质的学生来说，就业比创业更适合。因为一名创业者要有很多素质，领导协调能力就很重要。"

四、创业的意义

大众创业万众创新是深入实施创新驱动发展战略的重要支撑，大学生是大众创业万众创新的生力军。创业带动就业具有倍增效应。劳动者在创业的时候，不但解决了自己的就业问题，还可以通过合伙创业、组建公司等方式带动更多的人就业，培养和造就更多的创业主体。但现实中，不少高校学生对创业心存疑虑。随着新产业蓬勃发展、新业态不断涌现，鼓励支持创业带动就业，有利于让更多有才华的年轻人闯出新天地、让创业企业抢抓新契机，有利于培育发展新动能、激发宏观经济活力。

(一) 促进就业，推动经济发展

就业是一个重大的社会问题。人人有事干、有钱赚，社会才会稳定、和谐，如果有相当一部分人失业，极有可能会引起一系列不良后果，甚至引起社会的动荡不安。从世界范围来看，解决就业问题的主力并不是大型企业，而是中小型企业，其中就业人数在 1～19 人的小企业贡献尤大，而这些小企业大部分属于新创办的企业。创业活动对就业的重大意义已越来越引起政府和有关研究者的关注。

创业活动不断地把各种新人员、新技术、新机制引入经济活动中，为社会带来巨大的财富和价值，对推动经济发展具有非常积极的意义。

据美国小企业管理局的统计，新公司创造的新产品数比老企业多 250%。而美国国家经济基金会的一项研究认为，新公司 1 美元研究与开发费用所获得的创新产品大约是老公司的 4 倍。当今美国财富中超过 95%是由创业一代在 1980 年以后创造出来的。美国经济由于创业革命而发生了巨大的转变，创新创业者们正在创造出前所未有的巨大财富。

创业活动的活跃程度始终被看作观察经济发展的“寒暑表”。《全球企业观察》对 42 个国家的创业状况进行了研究，发现在主要的 7 个工业国中，创业活动的水平与该国的年经济增长是高度相关的。因此，从全球角度来看，可以得出这样一个结论，创业对一国经济发展起着至关重要的作用。

(二) 中国创业时代来临

当今时代是知识经济时代，是高科技革命的时代。其主要特点就是快节奏、个性化、开放、竞争、自主。这是一个充满利润诱惑和挑战的全新时代。消费者知识程度提高，需求快速变化；网络基本普及，潜在消费群体巨大；创新寿命期进一步缩短，商机不断涌现，这些都为我们开展创业做好了环境铺垫。但要在这个创业时代生存发展，使自己从容地生活在不断进步的社会之中，每一个人都必须适应时代的变迁和需要，不断调整自己。

通过知识的生产、交换获取社会财富已成为财富积累的主要方式，伴随而来的是社会转型和结构调整日益加快，经济成分日趋多样化，新的产业部门将取代传统的产业部门。一方面，现有行业能吸纳的就业人口无法满足就业需求，更多的毕业生需要自行创业、自谋职业；另一方面，随着职业转换频率不断加快，个人主动或被动转换职业的情况将越来越普遍，很多人在一生中将面临不止一次的职业选择。

这就意味着，时代对创业素质和能力的要求并不限于自主创业者，而是对未来劳动者的共同要求，因为即使就业，也会面临原有企业的内部创业，也会有自己的职业转换。因此，当代大学生必须具有从业和创业的双重能力，具备多方位的职业转换能力和自主创业能力。这既是社会进步对人的要求，也是人发展的必然趋势。所以，当今时代是创业的时代，只有适应时代的要求，响应社会变革的召唤，才有望实现自己的人生价值，在时代的大舞台上大展身手。

(三) 大学生创业的独特优势

生存环境决定生存意识。大学生在进行职业生涯规划时，要问自己：我的价值观是什么？价值观决定着一个人的生存方式，涉及人应当如何活着才有意义、有价值。个人的生活方式决定了个人事业的方向，在确定大的发展方向以后，还要结合自身的性格、兴趣、气质、意愿确定职业发展方向。很多人片面地分析了自己未来工作的环境，而忽视了对创业环境的分析。在当前环境下，我国的创业环境不断优化，法律、政策、社会环境持续改善，特别是大学生创业的独特优势充分显现。

(1) 知识经济为大学生提供了广阔的创业舞台。知识经济时代最根本的特征就是资金让位于知识，知识成为最宝贵的资源、最重要的资本，这为一切有知识、有智慧的人提供了机遇。例如，随着高科技的发展，大量的新兴行业不断涌现，使得受过良好教育并具有专业知识的人才可以施展才华，当代许多创业明星就是在网络技术和服务领域创业成功的；随着知识更新速度加快，“继续教育”成为人们的终身行为，文化教育、信息传播也成为一个大有前途的创业领域。

(2) 第三产业成为我国一个极具魅力的投资领域。从总体上看，我国第三产业仍比较落后，特别是一些新兴的第三产业还不能跟上时代的步伐。随着我国加入 WTO 和市场经济的进一步发展，第三产业将为创业者提供许多大显身手的舞台，且第三产业投资少、见效快，十分适合资金和经验积累较少的大学生创业。

(3) 大学生创业扶持政策不断增加。为了促进青年创业，国家和地方各级政府(如人力资源和社会保障、财政、金融、工商、税务、团组织等)纷纷出台了相关政策，给创业者提供各方面的政策支持。例如，2023 年福建省出台《进一步支持大学生创新创业若干措施》从 10 个方面推出 44 项措施为大学生创新创业营造良好环境、创造有利条件，增强创新创业活力，进一步支持大学生创新创业。

因此，如果能更全面地分析所面临的职业环境，大学生就会发现自己在创业领域所拥有的独特优势，从而可能诞生新的职业发展机遇，实现人生新跨越。

第二节　创业认知

在普通人看来充斥着混乱、矛盾和迷惘的地方，创业者却可以从中找到机会。创业者是市场变革的强力催化剂，他们能够以前所未有的速度开创企业，创造新的工作岗位。当前，自主创业正在成为全球经济发展的支柱，创业激情正推动着商业进步，创业者正不断挑战未知、创造未来。

一、创业者

创业者一词由法国经济学家坎蒂隆于 1755 年首次引入经济学。在欧美学术界和企业界，创业者被定义为组织、管理一个生意或企业并承担其风险的人。

创业者的对应英文单词是 entrepreneur，entrepreneur 有两个基本含义：一是指企业家，即在现有企业中负责经营和决策的领导人；二是指创始人，通常理解为即将创办新企业或者是刚刚创办新企业的领导人。

总之，创业者的内涵随着经济的发展而不断丰富。但有一点始终不变，创业者可以通过创业教育培养和提高创业素质和能力。

(一) 创业者的心理素质

(1) 积极的自我暗示。

① 增强自信：对一个想成功的人来说，或许自信是非常重要的。自信与成功相辅相成，越自信越可能成功，越成功就越自信。

② 学会减压：在创业的过程中，或许会面对很多困惑，或许来自工作或是家庭的压力特别大，这时就要学会减压。

③ 敢于面对失败：创业的人要有面对失败的能力，能够在失败时依旧保持成功心态，敢于一搏再搏、一败再败。因为真正伟大的事业，其阻碍越大，要克服的困难越多。所以说，创业的人必须有足够的胆量和坚定的信念。

(2) 学会沟通交流。在创业过程中，创业者要善于通过语言、文字等多种方式与客户、供货商、公众媒体、内部员工进行沟通、交流和合作。良好的沟通、交流和合作，可以排除障碍、化解矛盾、降低工作难度、增加信任度、提高办事效率和成功的机会。

(3) 勇于实践。在创业中，机会与风险共存，且事业的范围和规模越大，伴随的风险和心理负担就越大，创业者必须敢闯敢干、有胆有识，才能变理想为现实。成功的创业者总是事先分析与比较成功的可能性和失败的风险，选择那些成功可能性大而失败风险小的目标采取行动。

(4) 克服弊病。在创业中，创业者要善于控制和协调自己的情绪和行动，善于克制盲目冲动和私利欲望，把自己的活动始终控制在正确的轨道上，要做到行为瞄准目标、决策依据可靠，采取的行动方法得当。

(5) 培养较强的市场适应性。面对市场的激烈竞争和快速变化，创业者要善于因客观条件变化而灵活地适应变化，有较强的适应性，做到“胜不骄，败不馁”。

(二) 创业者的能力素质

创业能力是一种高层次的综合职业能力，具体应有以下几方面内容。

(1) 组织指挥能力：建立有效快速的指挥机制，使各要素与环节准确无误地高效运转。

(2) 谋略决策能力：通过各种渠道认真听取与分析各方面意见，并不失时机地做出科学合理的决策。

(3) 创新创造能力：要有强烈的时代感和责任感，敢于开拓进取，不断创新，并保持思维的活跃。不断吸取新的知识和信息，开发新产品，创造新方法，使自己的事业不断充满活力和魅力。

延伸阅读 12-1
李开复：创业者需要具备的 10 项能力

(4) 选人用人能力：能够知人善任，善于发现、使用、培养人才，充分调动他们的主观能动性。

(5) 沟通协调能力：善于妥善安置、处理与协调各种人际关系，建立起和谐的内外部环境。

(6) 社交活动能力：创业者在从事经济活动过程中，通过各种社会交往活动，扩大企业影响，提高企业的经济效益。

(7) 语言文字能力：语言能力主要是指口头表达能力，表现为一个新创企业者对演讲、对话、讨论、答辩、谈判、介绍等各方面所具有的技巧与艺术的运用。文字能力主要是指书面文字的表达能力，对创业者来讲主要是指对企业发展规划、战略报告、总结执行等的写作能力。

除此之外，我们可以通过很多案例看到创业者身上很多不同的特质，例如比尔·盖茨的审时度势、拉里·佩奇和谢尔盖·布林的冒险精神及埃隆·马斯克的专业能力。约翰·霍纳迪(John Homaday，1982)总结出了创业者的42项特征，如表12-1所示。

表12-1 创业者的42项特征

1. 自信	22. 有责任心
2. 有毅力，坚定	23. 有远见
3. 精力充沛、勤奋	24. 执行认真
4. 机智多谋	25. 团队、合作精神
5. 风险承担能力强	26. 利润导向
6. 有领导力	27. 从失败中快速学习
7. 乐观	28. 有权力感
8. 追求成功	29. 性格开朗
9. 知识丰富	30. 个人主义
10. 创新，创造力	31. 有勇气
11. 有影响力	32. 有想象力
12. 善于与人相处	33. 有洞察力
13. 积极主动	34. 能够容忍不确定性
14. 灵活	35. 有进取心
15. 聪明	36. 懂得享受
16. 目标明确	37. 追求效果
17. 勇于迎接挑战	38. 全力以赴
18. 独立	39. 信任下属
19. 开放的心态	40. 敏感
20. 追求效率	41. 诚实
21. 决策果断	42. 成熟，考虑周全

二、创业团队

创业团队是指有着共同目标的两个或两个以上的个体形成的，一起从事创业活动，建立起一个新创企业的团队。这个团队在创业初期(包括企业成立前和成立早期)，是由一群才能互补、责任共担、愿为共同的创业目标而奋斗的人所组成的特殊群体。

一般而言，创业团队由五大要素组成，也就是团队的 5P 要素。

(1) 目标(purpose)：是将人们的努力凝聚起来的重要因素，从本质上来说组建创业团队的目的就是实现团队的共同目标。

(2) 人员(people)：任何商业计划的实施最终是要靠团队成员去完成的，团队的每个成员作为知识的载体，所拥有的知识对创业团队的贡献程度将决定企业在市场中的命运。

(3) 定位(place)：明确团队成员在新创企业中担任的职务和承担的责任。

(4) 职权(power)：虽说创业团队的核心工作不在于管理，而是在于生存，然而，责权不明最终将引发团队的混乱。因此，要遵循“平等中的不平等原则”。某些情况下，一人独断会比过分的民主更有价值。

(5) 创业计划(plan)：即制订成员在不同阶段分别要做哪些工作以及怎样做的指导计划。

例如，唐僧西游团队是典型的优秀创业团队，师徒四人目标明确，通力合作，但每个人的特质不同。

唐僧：对目标执着追求，有极强的自律、自控能力(“贫僧从东土大唐而来，前往西天拜佛求经”)。无论遇到什么样的艰难险阻以及金钱、地位或美女的诱惑，他从未放弃自己的追求，以博爱和仁慈之心在取经途中不断地教诲和感化众位徒弟。

孙悟空：能力担当者。神通广大、极有能力，富有创新意识与开拓精神，敢想、敢做、敢当。

猪八戒：贪色、嘴馋、懒惰，但脑袋灵光，脾气温和，总能为团队舒缓压力，带来乐趣，而且还是一个颇具人际交往技能的人(调节师)。

沙僧：勤勤恳恳、任劳任怨，忠诚、可靠。默默无闻，并不显眼，虽然没有孙悟空的本领，也不会像猪八戒一样甜言蜜语，但在取经途中始终挑着一副重担，挑担就是沙僧对团队目标最大的贡献，而且不可或缺。

因此，人员的定位可以确定如下。

唐僧：创业团队创始人(首席执行官，CEO)。

孙悟空：冲在一线的核心员工(营销与市场总监，CMO)。

猪八戒：人际关系的润滑剂(人力资源总监，CHO)。

沙和尚：勤勤恳恳的日常事务者(财务与支持部门负责人，CFO)。

从目标来看，虽然每个人的个人目标不同：有的希望拜佛求取真经，有的想要取下金箍重回花果山，有的想要回高老庄过上想吃就吃、想睡就睡的日子，有的一心赎罪……但是核心目标把他们聚拢到一起：确保唐僧通过九九八十一关。

另外，职权与团队的人员定位有关：繁重的体力劳动，基本都交给沙和尚；而打怪升级的工作则以孙悟空为主；其中欢乐的场景，主要交给猪八戒；而权力的掌控者，当属唐僧。

延伸阅读 12-2
周鸿祎谈凝聚创业团队

最后，谈到唐僧团队的计划，你能够清晰地发现：这个创业团队的最终目标并不是到达西天求取真经，而是必须经历八十一难，拿到真经，才能回东土大唐，弘扬佛法。取真经只是西游记的初步计划之一。

三、创业过程模型理论

创业过程包括创业者从产生创业想法到创建新企业或开创新事业并获取回报，涉及识别机会、组建团队、寻求融资等活动。20 世纪 90 年代以来，创业过程逐渐成为创业研究的焦点。较为典型的创业过程模型如下。

(一) 蒂蒙斯创业过程模型

蒂蒙斯于 1999 年在他所著的《新企业创立：21 世纪的创业学》一书中提出了一个影响深远的创业过程模型。模型采用机会、创业团队和资源三要素的动态平衡过程来描述创业过程，高度揭示了创业过程的动态性与复杂性特征，奠定了规范创业管理理论的基础，如图 12-1 所示。

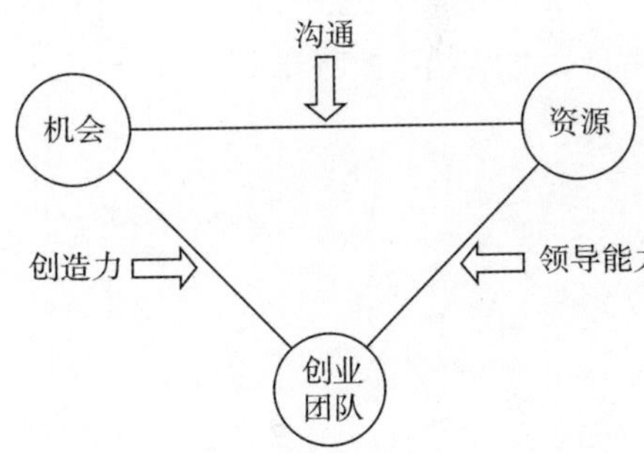

图 12-1　蒂蒙斯创业过程模型

蒂蒙斯创业过程模型的特点是：三个创业核心要素构成一个倒立的三角形，创业团队位于三角形的底部。在创业初始阶段，商业机会较大而资源较为缺乏，三角形将向左边倾斜；随着企业的发展，企业拥有较多的资源，但这时原有的商业机会可能变得相对有限，这就导致另一种不均衡。成功的创业活动必须能将机会、创业团队和资源三要素做出最适当的搭配，并且要能随着事业发展不断调整，最终实现动态均衡，这就是新创企业发展的实际过程。

(二) 威克姆创业过程模型

威克姆创业过程模型是由创业者、机会、资源、组织四个要素构成的，创业者处于创业活动的中心地位，是创业活动的主导者，其作用在于识别和确认商业机会，整合和管理创业资源，创立和领导创业组织。其基本任务就是有效地管理机会、资源和组织之间的关系。

创业者管理的重心是：使组织不断适合所要开发的机会，整合资源以形成组织，将资源集聚于追逐的商业机会。资源、机会、组织间的动态平衡是创业者有效管理的目标。同时，创业过程是一个不断学习的过程，创业组织不仅要对商业机会做出及时的反应，还要根据变化的情势及时总结、积累、调整，要通过“干中学”，在不断的成功与失败中学习和锤炼，从而不断发展、完善和壮大。威克姆创业过程模型如图 12-2 所示。

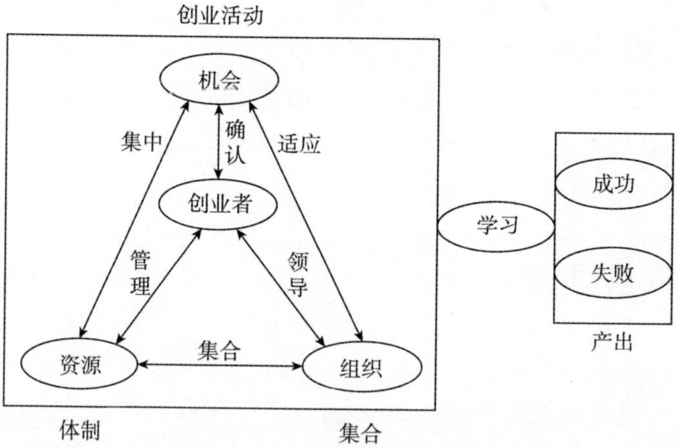

图 12-2　威克姆创业过程模型

(三) 加特纳创业过程模型

加特纳于 1985 年在其名篇《描述新企业创立现象的理论框架》中提出了创业过程理论模型，如图 12-3 所示。

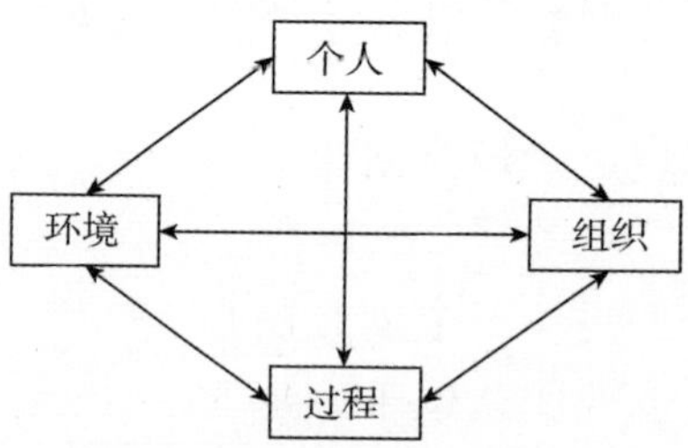

图 12-3　加特纳创业过程模型

加特纳认为，新企业的创立主要包括四个维度：个人，即创立新企业的个人；组织，即所创立的新企业；环境，围绕并影响组织的情势；过程，指个人所采取的创立新企业的行动过程。任何新企业的创立都是这四个要素相互作用的结果。

加特纳的创业过程理论模型，突破了尝试识别创业者特殊人格特质研究的局限，率先从创业过程复杂性出发解释创业过程，比较全面地概括了创业过程的构成要素，为后续的创业过程理论模型构建了雏形。然而，该模型侧重创业过程的复杂性，只对一系列的构成要素进行集合(四个维度下的变量总数达 50 个以上)，使模型显得非常复杂，未能清晰阐释各要素之间的相互作用和关系。

以上介绍了常见的创业过程模型，但需注意以下两点。

(1) 尽管学者们从不同角度提出了不同的创业过程模型，但是在创业实践中，创业过程实际上并没有一个固定的或严格遵循的模式。

(2) 创业模型的构建很大程度上依赖于以发达国家尤其是美国为背景的创业案例。我们应该立足于中国国情和创业实践，借鉴国外的研究成果，总结出符合我国国情的创业过程理论模型，以指导我国的创业实践。

四、创业意愿与决策

(一) 创业意愿

在创业方面，即便一个人认为“我适合创业”，也并不意味着“我要立刻创业”。即使他立刻决定创业，这样冲动的决策方式也很难做出理性的决定。

不打击任何一个准备创业者的决心，也不怂恿任何一个对创业无兴趣的人去创业。“我还没有准备好”，是很多人面对创业时的常态。

对于那些“没有准备好”的准创业者，他们如何迈出最后一步，正式决定成为创业者？从创业学角度讲，那些有了创业意愿的人，他们会怎样将创业的想法转化为创业的行动呢？

创业行为相较于就业(或稳定工作)是一种风险更高的生活方式。然而我们会发现，创业者的动机是千差万别的，这也是本节主要探讨的话题。

通过对创业者的跟踪研究可以发现，创业者的个人经历会影响其选择创业还是选择就业。研究表明：

(1) 长期生长于创业氛围(家庭、社会环境)中的个体更容易创业。

(2) 接受创业教育(课程、指导等)越多的个体更容易创业。

(3) 长期在创业环境熏陶下的家庭更容易创业。

外在的环境虽然会影响一个人的决策，但是个体行为还是要从个人的意愿去理解。每个创业者产生创业意愿并执行下去的心路历程都有所不同。

徐逸(Bilibili 网站创始人)在说到他创办弹幕网站的动机时，他讲到了自己的童年：“我很小的时候想当科学家，后来又想当医生，可惜从小学习不好，脑子不太好。”但是，徐逸会思考人生来到底是为什么？不仅仅自己思考，高中时他与自己的物理老师也探讨过这个问题，到底有什么意义呢？后来他意识到“其实是为了做一点什么，你喜欢做什么，你就要跟着那个感觉走”。某种意义上，徐逸就是为了服务于这类群体，创办了 Bilibili 网站。

在个体层面上，你会发现很多有趣的现象。“创业者在头脑中想到创业”并没有统一的规律；另外，创业者如同普通人一样，都会受到虚假记忆现象的影响——人们其实很难真实还原过去的事件，大多数是记忆的再加工，更何况人们还会因为自利服务产生偏见而对于过去的记忆有所润色。

(二) 创业决策模型

人们在做出人生选择之前，大概要经过什么样的过程？对此，理论界已经有很多深入的研究。结合认知心理学和职业生涯理论，盖瑞·彼得森、詹姆斯·桑普森和罗伯特·里尔登整合出认知信息加工理论，提出了理性的生涯决策模型。

认知信息加工理论认为，生涯选择基于认知与情感历程的交互作用。过分强调选择中的理性和感性都是偏颇的。有的人在创业决定之前，会有一系列极其理性的思考过程，甚至会拿出纸笔，用表格来评分；也有的创业者在确定之前仅仅来源于一时的冲动。更为有效的创业选择则来源于理性和感性的交互结合。

生涯选择的解决能力，依赖于认知运作，也依赖于知识。面对选择时，信息的缺失和不足，也会让人们无法做出理性客观的决定。如果没有创业大赛的信息以及体验，也很难对于创业有最为切身的体会。因此，增加对于自身以及环境的认知，本质上就有利于“是否选择创业”这一问题的实现。

根据认知信息加工理论的金字塔模型，进行决策的第一步在于信息的了解和掌握程度，也就是金字塔的底座：信息层面。当你想要创业时，需要问自己：

- 在你的心目中，是如何理解创业的？
- 你认为如果自己选择创业的话，最大的优势是什么？可能需要面对的阻碍是什么？你需要哪些方式来应对这些方面的挑战？
- 目前的创业环境如何？如果创办企业，你需要考虑哪些现实层面的问题？
- 只有个体足够了解自己和环境，才有可能做出更为成熟的选择。

关于决策问题请参考本书第七章“职业决策”进行学习决断。

延伸阅读 12-3
不同角色对团队的贡献

【测试】

你的创业准备度

下面 10 个问题的描述，符合你想法的，请填写“是”，反之则为“否”：

- 我曾经/现在学习创业的相关知识，有过创业体会。 (　　)
- 我旁边的人们(家人、亲友)曾经有过创业，对我有一定的影响。 (　　)
- 即便我现在打工/学习，我也对创业充满热情。 (　　)
- 我相信我会成为一名优秀的创业者。 (　　)
- 未来是不确定的，但我愿意承担其中的风险。 (　　)
- 常年的压力环境，对我来讲是一件轻松的事。 (　　)
- 当我想创业时，我周围会有丰富的资源(人、事、物)支持我。 (　　)
- 我曾经有过一定的商务经验(经商等)。 (　　)
- 我所在的环境/地区拥有良好的经商文化氛围。 (　　)
- 每每想到创业，都会让我热血沸腾，激动不已。 (　　)

以上 10 个题目，来自创业准备度的三个子因素：需求认知，可行性认知，把握机会予以实践的倾向。

一般而言，你选择“是”的项目越多，你的创业准备度越高。当你选择“是”的项目超过 7 个以上时，你的内心已经准备好创业了。

当然，有人尽管 10 个题目均回答“是”却没有创业，这也是正常的。正如同创业事件理论的观点：即便你内在准备好创业，没有外在触发事件的影响，人们仍然很难踏出创业行动的这一步。

【课堂活动 12-1】

认识自己创业的优势与劣势

请对自身进行创业所具有的优势与劣势进行分析，填写表 12-2。

表 12-2 创业者优势与劣势分析

优势分析	劣势分析

【课堂活动 12-2】

创业者素质和能力分析

请结合表 12-3，对创业者素质和能力的分析进行评估，了解创业者应具备哪些素质和能力。

表 12-3 创业者素质与能力分析

项目	创业者素质与能力	自我评估		
		较好	一般	较差
身心素质	1. 心理素质，包括自我意识、性格、气质、情感等要素			
	2. 身体素质，身体健康、体力充沛、精力旺盛、思路敏捷			
知识储备	3. 深厚的专业知识和广博的非专业知识			
	4. 企业管理知识			
	5. 商业与财务知识			
	6. 法律知识			
职业素质	7. 学习、创新和实践			
	8. 正直、守信、有责任感			
	9. 具有远见和洞察力，具有敏锐的商业意识			
	10. 良好的社交、沟通能力			
管理能力	11. 领导决策能力			
	12. 管理能力			
	13. 经营能力			

第三节　创业计划

在头绪纷繁的创业初期，每个人都不可能拥有所有必备的知识。但是，只要经过学习，并且与其他创业者一起探讨，就可以大大提高创业者的经营管理能力，增长专业知识。通过对管理方法的研究，特别是对成功企业家的观点和行为方式的学习，会对创业者产生巨大的催化作用。

在创业之前，创业者必须开始学习如何“推销”自己的经营思路、设想，因此首先要学会撰写一份专业的、完整的创业计划书，去说服团队、客户以及投资人。当创业者确定创业项目以后，需要对这个项目进行更深一步的细化和分解，并通过一系列的调研和论证，最后制定一份具有可操作性的行为指南。可以说，创业计划书是对创业者整个经营设想的总结和概括。

一、创业计划书的撰写目的

撰写创业计划的主要目的有两个。

(1) 对内：梳理项目，并展示给创业团队成员，尤其是一些新加入的团队成员。创业团队中有的成员倾向于倾听团队理念和“创业故事”，也有成员更倾向于阅读理性的计划和流程。这需要你满足不同类型的创业伙伴，完善你的创业团队。

(2) 对外：获取资源，获得融资机会。没有一位投资人愿意投资给一个连自己想法都不能“落在纸上”的创始人。没有一个明确的计划，他们往往认为你不专业。

二、创业计划书的撰写对象

明确你的计划为谁而写，比写什么更重要。一般主要以三类群体对象进行说明。

1. 第一类群体：创业团队成员

一份清晰的创业计划，能够让创业者的想法更为理性和有实践性。研究者发现，对于个体来讲，有的人更容易受情绪和人际关系影响，这一类人的性格类型称为情感型；有的人更容易受到理性和思维逻辑影响，这一类人称为理性型。创业计划书应体现清晰的逻辑、无懈可击的思路过程，让技术人员、研发工作者能够倾听完你的想法，阅读完你的计划。

2. 第二类群体：投资人及其他外部利益相关者

那些能帮你介绍到资源的人，都可以称为外部利益相关者，比如投资人、商业合作伙伴、融资机构，甚至有可能仅仅是路上遇到的一位能够帮忙推荐项目的人。这类人更想看到实事求是的、理性客观的计划。另外，换个视角看问题，作为一个外部利益相关者，他们会怎么看待创业计划？

“没人会要求你必须把商业计划书写得十全十美，但是字里行间，VC(风险投资人)一眼就能看出你是否诚心诚意、认认真真，是否功夫做尽、‘佐料’加足。”天使投资人查立如实地告诉你，真诚是必备的。

“创业计划不用那么多，10 页 PPT 就足够了！投资人那么忙，哪有时间看你 100 多页的计划书呢？”360 公司创始人周鸿祎很坦诚地告诉大家，简洁、直接很重要。

从这个视角来看，创业计划所呈现的创意可行性分析必须显得有效、简洁明朗，能够让相关者看出，本项目与类似项目的不同点(竞争力)以及项目可行性的发展(前景)如何。

3. 第三类群体：项目的发起者/团队

许多创业计划的撰写者经常会忽略，创业计划的利益第一相关对象就是他们自己。

如何让别人更好地看懂一个创业计划、一个执行的过程，愿意为创业计划“埋单”，其前提是创业者对于自己的事业是坚定的、清晰明确的。

很多时候，完成创业计划的过程就是允许自己在一个安静的环境里，重新审视自己所想或初步执行的项目。这样的梳理有益于创业者团队，明确自己现在的处境以及未来想要走向何方。

三、创业计划书的撰写

(一) 创业计划书的基本格式

创业计划书通常包括封面、保密要求、目录、摘要、正文(综述)、附录几部分。

(1) 封面(标题页)。标题页可以放一张企业的项目或产品彩图，但需留出足够的版面排列以下内容：创业计划书编号、公司名称、项目名称、项目单位、地址、电话、传真、电子邮件、联系人、公司主页及日期等。

(2) 保密要求。保密要求可放在标题页，也可放在次页，主要是要求投资方项目经理妥善保管创业计划书，未经融资企业同意，不得向第三方公开创业计划书涉及的商业秘密。

(3) 目录。目录标明各部分内容及页码，要注意确认目录页码同内容的一致性。

(4) 摘要。摘要是对整个创业计划书的概括，目的在于用最简练的语言将计划书的核心、要点及特色展现出来，吸引阅读者仔细读完全部文本，因而一定要简练，一般要求在两页纸内完成。摘要十分重要，它是出资者首先要看的内容，必须能让读者有兴趣并渴望得到更多的信息，给读者留下长久的印象。计划摘要应从正文中摘录出投资者最关心的问题，包括对公司内部的基本情况、公司的能力以及局限性、公司的竞争对手、营销和财务战略、公司的管理队伍等情况的简明而生动的概括。如果公司是一本书，它就像是这本书的封面，做得好就可以把投资者吸引住。

(5) 正文。正文是创业计划书的主体部分，要分别从公司基本情况、经营管理团队、产品/服务、技术研究与开发、行业及市场预测、营销策略、产品制造、经营管理、融资计划、财务预测及风险控制等方面，简单说就是创业九宫格包含的问题(见图 12-4)，向投资者进行介绍，要求既有丰富的数据资料使人信服，又要突出重点、实事求是。

市场问题	解决方案	用户定位
市场规模	竞争优势	商业模式
收入描述	团队介绍	投资期待

图 12-4　创业九宫格

(6) 附录。附录是对正文中涉及的相关数据、资料的补充，作为备查。

(二) 创业计划书的注意事项

计划书“七分策划，三分包装”，是技术和艺术的统一体。在撰写创业计划书时，应注意以下事项。

(1) 尽量精练，突出重点。撰写创业计划书的目的是让投资者了解商业计划，其内容必须紧紧围绕这一主题，开门见山，使投资者在最短时间内了解最多的关于商业计划的内容。如要第一时间让读者知道公司的业务类型，避免在最后一页才提及经营性质；要明确阐明公司的目标及为达到目标所制定的策略与战术；陈述公司需要多少资金以及时间和用途，并给出一个清晰和符合逻辑的允许投资者撤资的策略。一般摘要以 2 页，主体内容以 7～10 页为佳。注重企业内部经营计划和预算的编制，而具体的财务数据则可留待下一步会见时面谈。

(2) 换位思考。撰写创业计划书的一个重要方法就是换位思考，即融资者要设身处地，假设自己是战略合伙人或风险投资人，思考自己最关心的问题是什么，自己判断的标准是什么。就是说，要按照阅读创业计划书的读者的思路去写作创业计划书，这样就会弄清哪些是重点，应该具体描述，哪些可以简单描述，哪些是不必要的东西，从而获取投资者青睐。

撰写创业计划书应忌讳用过于技术化的用词来形容产品或生产营运过程，要尽可能用通俗易懂的条款，使读者容易理解。

(3) 以充分的调查、数据、信息为基础。市场销售是投资获利的基础，融资人要充分考察市场的现实情况，广泛收集有关市场现有产品、现有竞争、潜在市场及潜在消费者等具体信息，使市场预测建立在扎实的调查、数据之上，否则后面的生产、财务及投资回报预测则都成为空中楼阁。为此，创业计划书中忌用含糊不清或无确实根据的陈述或结算表。

同时，在收集资料时，一定要做到客观公正，避免只收集对自己有利的信息，而不去收集或者故意忽略那些对自己不利的信息。一般来说，战略投资者或风险投资家都是非常专业的人士，提出的问题会非常尖锐，如果只收集对自己有利的信息，在遇到质疑时会显得准备不充分。

(4) 实事求是，适度包装。创业计划书的作用固然重要，但它仍然只是一个敲门砖。

过度包装是无益的，企业应该在盈利模式打造、现场管理、企业市场开拓及技术研发等方面下硬功夫。

(5) 不过分拘泥于格式。创业计划书固然有很多约定俗成的格式，但很多资金供给方在实际运作中会忽略这种格式，直接关注几个关键点，关注他们想看到的东西。因此，企业在组织撰写创业计划书的过程中，不要过分拘泥于固定的格式，只需把企业的优势、劣势呈现出来，就可能是最后的赢家。

(三) 创业计划书的推介展示

推介创业计划是创业者展示自己能力的大好机会，同时也是投资者考察创业者的关键阶段。尽管项目好坏是投资者考虑的主要方面，但是大多数情况下，投资者不会将资本交给一个连自己的创意都表达不清楚的人。

1. “10-20-30”原则

“10-20-30”原则，指的是通过 10 张幻灯片、20 分钟时间、30 磅左右的幻灯片文字来指导推介演讲。

- 10 张幻灯片，包括标题、解决方案、商业模式、项目优势与独特性、市场营销、竞争、管理团队、财务计划等内容。通常使用的幻灯片越少，讲述的内容越引人注目。
- 20 分钟的陈述与演讲。一般推介会议时间为一个小时左右，创业者用 20 分钟陈述，可以加强对推介会议的时间控制，也可以有更充足的时间进行交流与讨论。在展示过程中，应该保持条理清晰的风格，要有针对性，突出市场前景以吸引投资者的注意力。
- 30 磅左右的文字字体，是醒目、吸引注意力的表达方式。不要使用较小的字体、字号，也不要将过多的内容与细节写在幻灯片上，陈述的过程应注重口头表达。

2. TED 模式

TED(technology，entertainment，design，科技、娱乐与设计)，即邀请相关行业最出色的从业者，用精彩的演讲将自己的想法分享给与会者，并免费上传至网络供人学习。TED 对于演讲者的要求是：相关领域绝对的权威，并且有很好的分享和演讲的能力。因为每一次演讲必须控制在 18 分钟以内，要求演讲内容言简意赅，并且能打动他人(Gallo，2015)。

为了确保效果，TED 专门设计了演讲的“十诫”，同样，也适用于日常的演讲中。

(1) 拒绝寻常：你所讲授的话题，不能是大家都知道的事情。

(2) 描绘一个全新事物：所谓的描绘是指绘声绘色地向别人描述一个与众不同的事物。

(3) 展示好奇心和热情：你的热情会打动别人，不要在演讲中显得沉闷。

(4) 说一个故事：最好可以说出无数个故事，因为故事非常容易吸引别人的注意力。

(5) 自由评论他人：在这 18 分钟内，你可以自由地谈你想说的任何一切。

(6) 分享真实的自己：向别人展示你自己真实的个性，不要伪装。

(7) 不可强硬推销：演讲时间内没有广告时间，不要推销自己，用你的魅力去打动别人。

(8) 更多欢笑：鼓励讲述有趣的经历，鼓励讲述让别人开怀的桥段。

(9) 不可读稿：绝对不允许带着演讲稿上台。

(10) 按时完成：准时完成。

以“十诫”为原则，希望你可以设计好自己的演讲，并且不断变得熟练，相信你会向公众展示最好的自己。

延伸阅读 12-4　如何创办你的企业

3. 保持激情

激情是指一种强烈的内驱力，一种极度的喜爱，一种偏执的信念。人在激情的支配下，常能调动身心的巨大潜力，完成看起来不可能完成的事情。很多投资家和基金都很看重创业者的激情，因此在你的字里行间、你的PPT展示时，要充满发自内心的激情。

第四节　创业与大学生职业发展的关系

创业是大学生职业发展中非常重要的一部分，可以帮助大学生提升自己的职业能力、明确自己的职业定位，为自己的职业发展打下坚实的基础。

一、创业：生活方式的选择

自从2012年8月教育部印发了《普通本科学校创业教育教学基本要求(试行)》，关于大学生创业的讨论就甚嚣尘上。支持鼓励，拒绝反对，观望顾盼……各执一词。

支持派：

“大学生创业输得起啊，就算失败了又如何，反正还年轻！”一位大学生这么说。

“大学生有自己独到的想法和专业知识的系统培养，创业会产生更好的点子，同时，也积累了宝贵的人生财富。”这是一位高校老师的感受。

“大学生嘛，还是要闯，不能指望社会，不能指望家里，还是要靠自己!”这是一位家长的观点。

反对派：

“在大学生就业难的大背景下，社会鼓励大学生毕业后去创业，实际上是一个误导，原因当然是大学生心智不成熟、没有格局、容忍度低、自我反思能力差等，所以先通过就业学习几年公司和产品运营的相关经验后再出来创业也不迟，而且成功率会更高。”俞敏洪如是说。

“现在创业风险就那么大，大学生从小都是在温室长大的，万一失败了，承担不起了怎么办？”这是一位大学老师的顾虑。

“创业四大坑：融资、跑会、孵化器和大学生。”一篇网络热文这样评价。

观望派：

“很难说。麦可思 2013 年调查，大学生想要创业的心动率是 89.3%，真正创业的比例只有 3.2%。我觉得大部分大学生也没有想清楚，我们还是等一等吧。”一位创业学的授课老师通过数据，表达了自己的想法。

无论支持、反对还是观望，习惯于跳出环境看现实的人们会去思考：创业是否一定要创办企业？跳出“创业一定是要创办公司”这样的思维限制时，你会如何重新理解创业这件事？

对于持有创业思维的人，他们愿意去发现周围的问题，并且从中寻找机会，积极主动地行动，通过自身以及周围资源支持，最终获得一定的价值。即便到了事业稳定的状态，持有创业思维的人也会不断地变革，以更好地应对时代的变化，例如海尔集团的张瑞敏，面对未来移动互联网的时代浪潮，毅然决然地将企业平台化、员工创客化、用户个性化。这就是创业精神的体现。

创业只是在你原有的生活中增添一点积极主动的思考与改变，把你想要去做的东西，转化为真实的存在，发现环境的“不可能”，转化为“我试试看”，最终会变为“我真的做到了”！

二、创业：为大学生职业生涯发展助力

（一）创业对大学生的意义

(1) 创业可以充分发挥个人才能。许多上班族感到厌倦，积极性不高，重要原因之一是个人的创业得不到肯定，个人的才能无法充分发挥，在工作中缺乏成就感。而创业则可以摆脱原有的种种羁绊，充分施展自己的才华，发挥最大潜能，提高个人价值。

(2) 创业可以积累财富，拥有自主人生。成功创业能够改变工薪阶层的窘困，可以为寻找出路的大学生另辟蹊径。无论出于何种动机和意愿，开创一份完全属于自己的事业，都既能满足自我需求、实现自我价值，又能为社会提供一系列的就业机会，终究是一件造福当下甚至惠及未来的好事情。不仅如此，还可以使自己摆脱上班的约束，使自己的人生价值得到更完美的体现。

(3) 创业可以享受过程，激励人生。在创业过程中，创业者可以感受到无穷的变化，遇到无数的挑战和机遇，这本身就是令人兴奋的。重要的是，在这个过程中，创业者可以不断积累经验，为日后的成功和长足发展奠定根基。创业还能够使个人有足够多的机会和力量回馈社会，从而获得极强的成就感。创业更能使人做自己喜欢的事，并从中获得乐趣，能够激励自己不懈怠、不骄傲，一路踏实走下去。总之，创业是实现人生价值、获得自身全面发展的有效途径。

(二) 创业能力对大学生职业生涯发展的作用

现在这个时代是一个创业的时代，改革开放为有志于创业的人们开辟了道路，提供了良好的环境，召唤每一个人投身于创业的潮流之中。创业对于国家、社会、个人尤其是大学生群体有着十分重要的意义，是实现人生理想和价值、获得自身全面发展的有效途径。

创业能力，本质上就是企业的经营管理能力。从管理学理论来看，创业能力按照由高到低分为四个等级，即操作与协调能力、执行与指挥能力、企划与计划能力、决策与控制能力。创业者要能够胜任各个能级的岗位的工作。因此，创业的过程，就是培养创业能力的过程。创业能力的培养和提高，对个人职业发展有重要的意义。

(1) 创业能力的提高有利于确定职业发展目标。培育和提升创业能力使大学生能够从职业生涯规划的层面上更加深入地了解创业的内涵，把创业作为一种可能的职业选择来看待，在创业选择时更加理性。创业能力的提高是一个不断发展的过程，有什么样的创业能力，就可规划什么样的职业发展目标。创业能力发展到一个新层次，职业发展目标就可以发展到一个更新的层次。

(2) 创业能力的提高有利于实现职业发展目标。在创业能力培育过程中，大学生能通过了解商业运作的基本规律和过程，掌握一定的创业技能和市场分析方法，更加深入地理解市场需求和职业环境，为未来的职业选择提供方向和正确引导，从而增强职业生涯规划的科学性和可行性。职业生涯发展目标越明确，需要的创业能力就越强。没有创业能力的提高，职业发展就变成无源之水、无本之木，个人的理想就无法实现。

(3) 创业能力的提高是职业发展的基础。就业是实现职业发展的第一步，这是大学生职业规划的基本选择。就业意味要选择职业，有了职业，才可能进一步发展事业和创业。创业能力的培育有效增强了大学生重要的职业素质，包括机会识别能力、团队合作能力、沟通能力、创新能力、管理能力、资源获取与整合能力等，从而提高了大学生毕业后的职场适应能力和竞争力，有助于提升个体职业生涯发展空间的高度和广度。创业能力的提高，有助于人们从容选择理想的职业，为个人职业发展奠定基础。

创业能力的提高已不仅局限在自主创业上，更具有广义上的开创事业、开拓事业、创新业绩等含义，其内涵体现了开拓创新、创业能力和综合素质的提升和发展，而这些素质对于社会各个领域的就业岗位十分重要，对个人职业生涯发展更起着积极作用。

讨论与思考

1. 作为新时代大学生的你，如何看待创业？说说你理解的创业及身边的创业故事。
2. 根据你所理解的创业者和创业团队，进行一次生涯访谈，写出访谈提纲。
3. 以“如何在学校卖一杯‘生涯咖啡’”为题，展开讨论，列出一份可行性方案。
4. 通过本章学习，你认为风险投资者最关心创业计划书的哪些内容？
5. 参加学校或者学院“创青春”大学生创业大赛答辩环节，学习创业者或者创业团队是如何推介自己的创业计划。

6. 根据自己认为最好的原始创意，结合自身所学专业或者兴趣知识，撰写一份属于自己的创业计划书。

7. 如何理解创业与个人发展的关系？

8. 举例说明，创业思维在自己的学习生活中的应用或者启发。

参 考 文 献

[1] 习近平. 高举中国特色社会主义伟大旗帜 为全面建设社会主义现代化国家而团结奋斗——在中国共产党第二十次全国代表大会上的报告.

[2] 田兆富. 新时代大学生职业生涯规划与就业指导[M]. 北京：清华大学出版社，2023.

[3] 田力，黄泓嘉. 大学生就业指导与实物[M]. 北京：清华大学出版社，2022.

[4] 党亚莲，董薇. 大学生职业生涯规划[M]. 北京：清华大学出版社，2022.

[5] 里尔登. 职业生涯发展与规划[M]. 侯志瑾，等译. 北京：中国人民大学出版社，2010.

[6] 唐娜 J. 叶纳(Donna J. Yena). 职业生涯规划自测技能与路径[M]. 刘红霞，杨伟国，译. 北京：机械工业出版社，2011.

[7] 陈德明. 大学生创业规划[M]. 广州：广东高等教育出版社，2014.

[8] 陈姗姗，吴华宇. 大学生职业生涯规划与就业创业指导[M]. 北京：中国经济出版社，2012.

[9] 陈夏初. 大学生职业生涯规划与管理[M]. 南京：江苏人民出版社，2016.

[10] 程小冬，杨国锋，马静. 梦想起航——大学生职业生涯规划[M]. 北京：中共中央党校出版社，2018.

[11] 储玲，肖琦. 专业认知与职业规划(商务类)[M]. 江苏：中国纺织出版社，2014.

[12] 顾雪英. 当代大学生职业生涯规划[M]. 北京：高等教育出版社，2011.

[13] 贾杰. 活的明白[M]. 北京：北京大学出版社，2017.

[14] 金树人. 生涯咨询与辅导[M]. 北京：高等教育出版社，2007.

[15] 李肖鸣. 大学生创业基础[M]. 北京：清华大学出版社，2018.

[16] 李中莹. 重塑心灵[M]. 北京：北京联合出版公司，2015.

[17] 苏文平. 大学生职业生涯规划与就业创业指导[M]. 北京：中国人民大学出版社，2018.

[18] 孙宗虎. 职业生涯规划管理实务手册[M]. 北京：人民邮电出版社，2018.

[19] 王占军. 大学生职业生涯规划咨询案例精编[M]. 上海：华东师范大学出版社，2017.

[20] 薛艺，乔宝刚. 创行——大学生创新创业实务[M]. 青岛：中国海洋出版社，2016.

[21] 张景岫. 大学生职业发展与就业指导[M]. 北京：现代教育出版社，2016.

[22] 张硕秋. 大学生职业生涯指导[M]. 北京：北京大学出版社，2013.

[23] 钟谷兰，杨开. 大学生职业生涯发展与规划[M]. 上海：华东师范大学出版社，2008.

[24] 钟思嘉，金树人. 大学生职业生涯规划：自主与自助手册[M]. 北京：高等教育出版社，2017.

附　录

附录 A　《霍兰德自我探索量表》职业索引表

附录 B　世界 500 强 HR 部分面试问题及评价要点

附录 C　大学生涯规划书

附录 D　大学生生涯规划案例

附录 E　求职信、推荐信、感谢信、拒绝信格式

附录 F　高校毕业生的就业形式